토픽 한국사 12

是

非

토픽
한국사
12

김용태 지음

여문책

是/非

이 책은 일종의 한국사 스펙트럼이다. 빛이 파장에 따라 갈라져 퍼지듯이, 12개의 토픽으로 한국사의 횡단면을 가로질러보았다. 책 한 권에 한국사의 모든 것을 담아낼 수는 없지만, 한국사의 특성은 무엇이며, 역사를 어떻게 바라봐야 하는지 생각해보고자 했다. 필자의 전공은 한국 불교사다. 그런데 느닷없이 왜 이런 한국사 책을 쓰게 되었을까? 그 실마리는 30년 전 과거로 거슬러 올라간다.

필자가 기억하는 1980년대는 청소년의 파릇파릇한 감수성, 미래에 대한 낙관적 동경과 함께 마음 한편에 우울한 잿빛 이미지가 스쳐 지나간다. 텔레비전을 통해 시민군이 등장하는 광주민주화항쟁과 득의에 찬 대통령의 얼굴을 보았고, 컬러텔레비전이 보급되고 어린 눈에 세상이 총천연색으로 바뀐 뒤에도 광장과 거리를 가득 메운 학생, 시민과 전경들 사이로 오고가는 화염병과 최루탄의 잔상은 여전히 흑백으로 남아 있다. 그나마 88서울올림픽 개막식의 벅찬 장면, 상모를 쓰고 달리는 호돌이와 굴렁쇠 소년이 그나마 알록달록한 색깔로 선명히 떠오른다. 최근 방영된 드라마 〈응답하라 1988〉에서 복고풍으로 그려진 1980년대 후반의 모습은 따뜻한 이웃과 친구들의 추억을 과거에서 끄집어냈다. 하지만 그 시대를 겪은 많은 이는 각자 자신만의 색으로 그때 그 시절을 그려낼 것이다.

1980년대에 10대를 보낸 필자는 치기 어린 민족주의자였다. 고대 한 민족의 웅대한 역사와 광활한 영토를 그려낸 『단』과 『환단고기』에 푹 빠진 원조 '환빠'였다. 여름에는 모시한복을 입고 단전호흡을 하며 고대사의 영광을 되찾는 꿈에 부풀기도 했다. 고등학교 졸업식 때 두루마기 한복을 입고 갔던 일은 지금도 동문들 사이에서 화제가 되곤 한다. 민족에 대한 애착과 고대사 복원의 책임감으로 무장한 필자는 대학에 입학할 때 조금의 망설임도 없이 국사학과를 택했다. 당시 15세에 학문에 뜻을 둔다는 『논어』의 공자 말씀을 실현했다고 자부했지만, 대학 생활은 전혀 다른 세계였다.

20대 전반의 학부 시절은 젊음의 열정과 딱히 뭘 해야 할지 모르는 혼돈 사이에서 갈팡질팡했다. 시간의 자유와 자율적 생활은 난생처음 겪는 것이었고, 넘쳐나는 시간을 어떻게 요리해야 할지 알 수 없었다. 물론 그때는 그 많은 시간이 그렇게 빨리 지나가버릴 줄은 미처 몰랐다. 무엇보다 현실로 접한 한국 사회의 모습은 세상에 점차 눈뜨게 만들었고 젊은 혈기의 울분을 자아냈다. 자연히 생각이 많아지고 사고가 깨이면서 민족주의의 좁은 울타리를 나와 넓고 탁 트인 세계로 발을 내딛게 되었다.

복학을 앞두고 감행한 한 달간의 유럽 일주 배낭여행은 참으로 많은 것을 느끼게 했다. 말로만 들었던 박물관과 미술관에서 교과서에서나 보던 명품 유물과 그림들에 감동했고, 고색창연한 도시들의 중심가에 우뚝 선 거대한 성당을 직접 마주하면서 인류 문명사와 문화유산의 가치를 처음으로 생각해보게 되었다. 고려청자를 닮은 비취빛 가을 하늘과 새빨간 단풍을 우리나라만의 자랑이라고 여겼던 10대 때의 어설픈 자의식을 깨는 순간이었다. 그러면서 보편적 인문학이 꽃펴야 한국도 선진국이 될 수 있다는 자각을 하게 되었다. 그런 경험 덕분에 동양과 서양을 오가며 역사, 철학, 문학의 고전을 탐독하고 인문학의 숲을 이리저리 배회했다. 또 역사학자가 갖춰야 할 무기인 한문을 배우러 곳곳의 서당과 전문교육기관을 찾아다녔다.

보편적 관점과 열린 시야에 대한 선망은 한국의 전통과 서양의 근대에 대한 고민을 낳았다. 과 동기와의 술자리는 우리에게 근대는 무엇이고 전통은 단절된 과거의 유산일 뿐인가 하는 화두를 안주 삼아 밤새 이어지고는 했다. 이후로 점차 한국을 넘어 동아시아로 관심이 확대되면서 동아시아 세계의 공통된 전통이면서 근대까지 이어지는 사상과 문화의 코드는 무엇일까 생각해보게 되었다. 그리고 그 해답으로 불교를 발견했다.

필자가 불교와 인연을 맺게 된 첫 계기는 사학과에서 매 학기 떠나는 답사의 추억에서 찾을 수 있겠다. 웬만한 사찰들은 고즈넉한 풍광으로 둘러싸인 전통문화의 보고였고 답사 내내 음주가무로 지친 몸과 마음을 달래주었다. 그때 다가온 불교는 한국의 오랜 문화유산이자 전통종교였고 살아 있는 정신적·지적 자산이었다. 또 하나의 요인은 일본의 고도古都인 교토와 나라에 갔을 때 느낀 시각적 충격이었다. 도심의 달밤에 늘어선 사찰과 탑의 은은한 자태를 보며 그 옛날 신라의 서라벌과 백제의 사비성이 이런 모습이었겠구나 하는 탄식과 함께 환영이 떠올랐다. 불교는 그렇게 필자의 마음속에 어느새 들어와 앉았다. 무엇보다 은사이신 최병헌 선생님의 학부 강의를 들으면서 불교사를 공부하겠다는 마음을 굳혔다.

대학원 진학 후 지금까지 20년간 필자는 한국 불교사를 공부해왔다. 동아시아를 시야에 두면서 전통과 근대의 문제를 계속 고민해왔고 조선시대와 근대 불교사를 연구하고 있다. 그런데 갑자기 전공이나 연구 분야와 직접적 관련이 없는 한국사 교양서를 내는 것은 보기에 따라서는 외도일 수 있다. 그럼에도 이렇게 책을 펴낼 결심을 하게 된 것은 필자의 10대와 20대를 지탱해주고 학문의 꿈을 꾸게 해준 한국사에 대한 애정과 부채의식 때문이다. 필자는 그 시절의 열정과 고민을 이 책에 다 쏟아붓고 싶었고 그럼으로써 마음의 짐을 조금이나마 덜고자 했다.

『토픽 한국사 12』는 고대부터 근현대까지 한국 역사의 모든 사건과 주제들을 남김없이 다룬 통사는 아니다. 또한 전공 분야나 시대에 대한 전문적 개설서는 더더욱 아니다. 이 책은 논점과 이야깃거리를 담은 12개의 토픽을 뽑아 시대를 읽고, 전통을 보고, 현재를 생각해보려는 시도다. 역사는 시간의 흐름이며 지금은 곧 과거가 된다. 역사는 머물러 있지 않고 끊임없이 변화하고 흘러간다. 많은 물줄기가 모여 바다를 이루듯이 수많은 '어제'가 쌓여 '오늘'이 되고 '내일'이 온다. 그렇기에 오늘의 눈으로 어제를 보고 읽고, 또 내일을 그려보는 것이 역사를 공부하는 이유일 것이다.

책의 첫머리를 열면 고조선과 단군이 나온다. 이어 광개토왕릉비와 임나일본부를 거쳐 원의 세계체제와 고려, 임진왜란과 병자호란으로 머나먼 시간여행을 떠나게 된다. 다음으로 불교와 유교, 친족과 혈연, 근대로의 이행과 삶의 변화라는 토픽과 만나면서 우리의 전통은 과연 무엇인지를 떠올려볼 수 있다. 끝으로 타자와의 교류와 한국의 이미지, 식민지와 역사교과서를 어떻게 보고 이해할 것인지, 그리고 한국사의 위기와 도전에 대해 현재적 관점에서 생각하고 성찰할 기회를 가져볼 것이다. 이를 통해 독자들은 한국의 '오늘'이 저절로 주어진 것이 아님을 쉽게 알 수 있을 것이다.

이 책은 역사에 조금이라도 관심이 있는 사람이라면 누구나 알 만한 한국사 지식과 주제들을 다루고 있다. 하지만 다른 한편 일반의 상식을 뒤엎는 주장이나 처음 들어봄직한 내용을 소개함으로써 독자들에게 생각거리와 논쟁거리를 제공하고 있다. 한국사를 제대로 보려면 각 시대의 연속성과 변화, 동아시아 세계 안에서의 공통점과 차이점을 함께 고려해야 한다. 이 책에서는 특수성(로컬)과 보편성(글로벌)을 결합한 융합적 고유성(글로컬)의 관점에서 한국사를 바라보려 했다. 우리는 단군이나 아담과 이브 이전에 슬기로운 사람, 생각하는 사람인 호모사피엔스에서 시작된 만큼 한국사를 깊이 생각해보고, 역사에 대한 친근한 느낌과 슬기로운 지혜를 가져보도록 하자.

이 책을 쓰면서 많은 분의 도움을 받았지만 특히 임진왜란과 병자호란, 친족과 혈연관념의 두 토픽은 한명기, 이종서 선생님의 연구에 전적으로 의존했음을 밝힌다. 바쁜 와중에 감수와 자문을 맡아 책의 완성도를 높여준 박성현, 박준형, 송웅섭, 최종석, 허태구 선생에게도 감사드린다. 끝으로 항상 힘이 되어주신 어머니와 아내 최민영, 밝고 씩씩하게 자라는 딸 태린에게 고마운 마음을 전한다.

목멱산 아래서 책을 내는 소회를 담아

김용태

1부

토픽으로
읽는 시대

1

한국사의 시작,
한민족의 상징

고조선과 단군
다시 보기

고조선과 단군 하면 한국사의 최초 국가, 그리고 한민족의 혈연적 원류라는 생각이 먼저 든다. 이처럼 고조선과 단군은 우리의 민족적 정체성을 상징하며 한국인으로서 같은 역사공동체에 속해 있다는 유대감을 갖게 해준다. 지난 100여 년간 식민지배와 그에 대한 반감, 자의반 타의반의 민족주의의 홍수 속에서 고조선과 단군에 관한 인식에는 환상과 자부심이 깔려 있었다. 역사적 실체에 대한 정확한 이해보다는, 마땅히 그래야 한다는 당위적 해석이 우선이었던 것이다.

고조선과 단군에 관한 인식이 역사의 전면에 떠오른 것은 13세기 몽골과의 항쟁을 거치면서였다. 이후 조선시대에 그 계승사관이 정착된 뒤, 근대기에는 한민족의 자의식과 일체감 형성에 큰 역할을 했다. 해방 후 국민국가가 성립하고 민족주의가 고조됨에 따라 한국사의 기원에 대한 관심이 매우 높아졌다. 최근에도 중국의 동북공정, 일본과 한국의 정치적 우경화 속에서 민족과 국가 위주의 역사인식이 재점화되고 있다. 더불어 지금 한국 사회가 다문화 사회로 넘어가는 과정에서 지나친 민족주의와 혈연을 매개로 한 공동체 인식이 과연 타당한지, 무엇보다 어떤 방향으로 나아가야 할지를 두고 많은 논의가 나오고 있다. 안과 밖으로 열린 사회와 다문화 공동체를 만드는 데 고조선과 단군은 어떤 역할을 해야 할까? 이것이 바로 오늘날 고조선과 단군을 역사의 기억 속에서 끄집어내어 다시 봐야 하는 이유다.

1. 고조선은 어떤 나라인가?

고조선은 언제, 어디에 있었을까?

'한국사 최초의 국가가 뭐냐'고 물으면 대다수는 망설임 없이 고조선이라고 답한다. 그런데 고조선이 언제, 어디에 있었는지 물으면 정확히 답하는 사람이 생각보다 적다. 학창 시절에 배운 국사교과서의 내용을 얼핏 떠올린다면, 고조선은 청동기시대 이후에 만주나 한반도 서북부에서 생기지 않았느냐고 되물을지도 모른다. 만주와 한반도에서 청동기가 생겨난 것은 기원전 15세기에서 10세기 사이의 일이다. 따라서 그 이후 어딘가에 고조선이 세워졌을 것이라고 답한다면 정답에 가깝다. 물론 이렇게 대답할 수 있는 사람 역시 극소수겠지만 말이다.

'고조선은 언제 망했을까'라는 질문에 답하기는 더 어렵다. 진시황의 진秦을 이어 중국을 통일한 나라는 한漢이었고, 한의 무제가 위만조선을 멸망시키고 한사군을 설치한 것은 기원전 108년이다. 따라서 고조선은 기원전 2세기 말까지 존재했다고 볼 수 있다. 하지만 이 정도 지식을 정확히 아는 사람도 실은 매우 드물다. 더욱이 '고조선의 중심지, 오늘날로 치면 수도는 어디였을까', '고조선 사회와 국가의 성격, 발전의 수준은 어땠을까'라는 질문에는 전공자를 제외하고 정확히 답할 수 있는 사람이 거의 없을 것이다.

상식적으로 고조선은 기원전 어느 시기에 만주와 한반도에 있었던 나라다. 하지만 그 중심지가 요서인지 요동인지, 만주의 북부인지 남부인지,

그도 아니면 한반도의 어디였는지 구체적으로 물어보면 대개 어디쯤일 것 같다고 감으로 대답하는 경우가 많다. 이러한 현상은 보통의 한국인이 역사에 관심이 없거나 무지해서 그런 게 아니다. 또 한국사교육이 부실해서 그런 것도 아니다. 고조선이 언제 생겼고, 그 중심지가 어디인지에 대해서는 학계에서도 논란이 이어져왔다. 그렇기에 가설과 이설이 아닌 누구나 인정하는 정설이 명확하지 않은 것이 현실이다. 그 이유는 고조선에 대한 문헌사료가 매우 적고, 그것도 중국의 시각을 반영하거나 신빙성이 의심되는 후대의 자료들이기 때문이다. 고고학적 발굴 성과도 대부분 중국이나 북한에서 나온 것이고, 그마저도 우리는 생생한 현장을 접하기가 쉽지 않은 것이 현실이다.

그럼에도 지금까지 문헌사학과 고고학 분야 연구를 통해 고조선의 윤곽이 희미하게나마 드러났다. 그에 따라 고조선이 있었던 시기와 위치, 발전의 정도를 추정해볼 수 있다. 지금까지 고고학의 발굴 성과에 따르면 초기 고대국가가 세워지기 위한 기본 전제인 청동기문화의 시작은 만주는 물론 한반도에서도 기원전 15~10세기까지 거슬러 올라간다. 특히 고조선의 성립과 관련해 현재 중국 랴오닝(요령) 성 일대의 요서와 요동 지역에서 대륙의 중원과는 다른 모양의 비파형 동검, 다시 말해 비파 악기를 닮은 청동검 문화가 적어도 기원전 10세기 이후에는 형성되었다.

청동기를 쓰는 지배층의 등장은 무늬가 없는 무문토기 단계의 도작 농경, 쉽게 말해 벼농사를 비롯한 농업생산력이 크게 늘어났음을 뜻한다. 농업생산력이 오르면 남는 곡식과 재화가 늘어나고 그에 따라 많은 인구가 집단으로 거주할 수 있었다. 청동기 유물은 농업생산과 관련된 도구보다 칼과 창, 활촉 등의 무기와 거울, 방울, 제례 의기 등 지배세력의 힘과 권위를 보여주는 것이 다수를 이룬다. 이를 통해 씨족과 같은 원시 공동체 사회를 넘어서 지배층을 중심으로 한 개인적 소유와 계급의 형성, 권력 독점이 이루어졌음을 알 수 있다. 이처럼 고조선 지배집단이 규모를 갖춘 정치세력으로 떠오른 것은 시기를 아무리 앞당겨 잡아도 청동기문화가 정착되는 기원전 10세기 이후다. 물론 고도로 조직화된 정치기구와 강력한 군사력을 갖춘 고대국가 고조선의 성립은 그로부터 한참 뒤에나 가능한 일이었다.

역사학에서 주요 근거로 삼는 문헌자료의 경우 한국 쪽의 사료는 대체로 고려시대 이후의 것이다. 그렇기에 고조선 당시의 상황은 고조선과 접해 있던 중국 쪽의 옛 문헌을 통해서야 엿볼 수 있다. 고조선은 기원전 4세기 전후의 시기를 다룬 중국 측 문헌에 처음 등장한다. 기원전 5~3세기 중국 전국시대의 역사를 수록한 『전국책』(기원전 1세기 후반)에는 전국 7웅의 하나이자 중원 대륙의 동북쪽 끝에 자리한 연나라의 동쪽에 조선이 있다고 기록하고 있다. 또 한나라에 이은 중국 삼국시대 위나라의 역사서 『위략』(3세기 말)에는 연이 왕을 칭하자 기원전 323년 조선도 왕이라 하며 연을 공격하려 했다고 나온다. 기원전 7세기 춘추시대에 활동한 제나라 재상 관중의 저술로 알려져 있지만 기원전 4~3세기에 저술된 것으로 보이는 『관자』에도 산둥반도의 제나라와 조선이 호랑이나 표범의 가죽을 교역했음을 적고 있다.

이처럼 중국의 문헌기록을 통해 기원전 4세기 무렵에는 중국 대륙의 동북부 너머에 대외적으로 왕을 칭할 정도의 강한 권력과 넓은 영토, 해외무역을 할 수 있는 경제력을 갖춘 조선이라는 고대국가가 있었음을 알 수 있다. 고고학적으로도 '한국식 동검문화'로 불리는 가늘고 긴 모양의 세형 청동검이 주로 한반도 서북부 일대에서 출토되는데, 그 제작시기가 기원전 4세기까지 올라간다. 이 시기에는 강력한 고대국가의 성립을 알리는 철기도 보급되기 시작했다. 따라서 기원전 4세기에는 고조선이 존재했다는 사실이 유물을 통해서도 입증된다. 또한 유물이 나오는 지역을 고려하면, 당시 고조선의 영역은 요동에서 만주 남부, 한반도 서북부 일대까지로 추정해볼 수 있다. 유물의 발견은 시기별 고조선의 중심지를 찾는 데도 일차적인 자료가 되기 때문이다.

비파형 동검과 세형 동검

현존하는 중국의 문헌기록에는, 고조선이 연나라 장수 진개에게 중국과 맞닿은 서쪽 영토를 잃고 동쪽으로 중심지를 옮겼으며, 이후 중국계 위만이 왕위를 빼앗았고, 다시 한나라 무제 때 위만조선이 망한 사실이 나온다. 그러나 안타깝게도 고조선보다는 위만조선의 정치와 사회에 대한 내용이 대부분이어서 그 내용을 바탕으로 앞서 존재했던 고조선의 실상을 유추해볼 수밖에 없는 상황이다.

기록과 고조선의 역사

현재 전해지는 단편적 기록으로 볼 때 고조선은 국읍이나 지방 중심지에 성으로 둘러싸인 읍치가 있는 성읍국가였을 것이다. 비슷한 시기 그리스의 폴리스나 인도의 도시국가, 중국 춘추전국시대의 읍성을 중심으로 한 제후국들을 떠올리면 된다. 고조선의 정치적 수장인 단군은 나중에 왕을 칭했지만 중앙집권적인 절대권력을 휘둘렀다고 보기는 어렵다. 단군은 고조선 지배세력의 정치적 대표자인 군장의 성격을 가졌고, 고조선은 다수의 지배집단이 연맹체를 이룬 국가였던 것으로 보인다. 연나라에서 고조선에 망명해온 중국계 위만이 세력을 키워 기원전 194년 준왕을 내쫓고 왕이 된 것도 강력한 왕권 아래서는 있을 수 없는 일이다. 또 한과의 전쟁 중에 내분이 생겨 자신의 무리를 이끌고 떠난 조선상이라 불린 역계경, 기원전 108년 니계상이라 불린 삼이 우거왕을 죽이고 한에 항복한 사실에서도 고조선의 정치권력이 연맹체적 성격을 가졌음을 유추해볼 수 있다.

고조선에는 기원전 4세기에 이미 대부大夫와 같은 관직이 있었고 기원전 2세기에는 상相, 장군, 박사 등의 직함이 기록에서 확인되는 등 분화된 고도의 정치조직을 가졌다. 단군(왕)과 상들은 중앙과 지방에 독자적인 직할 집단을 가지고 있었으며 읍락 단위의 피복속민 집단이 존재했던 것으로 보인다. 고조선을 이끈 지배세력은 만주와 한반도 북부의 예맥족의 일파라고 하며, 각 세력을 대표하는 수장들이 중앙에서 단군과 함께 연합체적 정치세력을 이루었다. 단군신화에 나오는 단군의 모습은 주로 제의의 기능을 수행하고 있다. 이는 권력이 분산된 정치연합체에서 최고 수장인 단군의 권위와 대표성을 천군의 혈손이라는 데서 찾고, 의례를 통해 그것을 상징적으로 과시했음을 말해준다. 후대의 고구려와 신라도 부, 촌을 중심으로 한 중앙의 연맹체적 정치세력이 각각의 권역을 지배하는 시스템을 갖고 있었기 때문에 초기에는 왕권이 매우 취약했다. 따라서 그 이전에 있었던 고조선이 고구려와 신라보다 더 강력한 왕권을 가졌다고는 보기 힘들다.

고조선 사회가 어땠는지는 중국 한나라의 역사서 『한서』 지리지에 실린 낙랑 조선민의 8조 범금 조항을 통해 알 수 있다. 그중 오늘날까지 전해지는 내용은 다음의 세 가지다. 사람을 죽이면 바로 죽여서 갚고, 남에게 상해를 입히면 곡식으로 배상하며, 다른 사람의 물건을 훔친 남녀는 그 집의 노비로 삼는데 이를 면제받으려면 50만(전)을 내야 한다. 이는 살인과 폭력, 절도에 대한 강력한 처벌조항을 둔 것으로 윤리적 차원의 법규라기보다 노동력과 곡물을 중시하는 시대 분위기의 반영이었다. 고조선은 이처럼 농업 중심 사회였고 생산력 증대와 부의 축적에 따라 화폐와 사유재산이 존재했다. 또 생산력과 직결된 노비가 존재했을 정도로 계급이 분화된 상태였으며 이에 부합하는 법률제도가 운영되었다.

고조선에는 선진적 청동기문화에 더하여 기원전 4~3세기에 중국을 통해 철기가 들어왔다. 철기문화의 수용은 강력한 영역국가의 성립을 뜻하며, 이는 당시 만주와 한반도 일대에 다수의 고대국가가 생겨나는 배경이 되었다. 철기 도입 이후 고조선 북쪽의 만주 지역에 부여가 세워졌고, 뒤이어 압록강 중부 지역에는 고구려, 한반도 동북부에는 옥저, 한반도 남부에는 삼한이 등장했다. 고조선도 기원전 2세기 초반에 위만조선이 되고 중국의 한으로부터 선진 철기문화를 곧바로 받아들이면서 정치적 통합과 주변세력 복속을 통해 강력한 국가로 부상했다. 주변세력을 압도하는 정치적 위상과 군사력의 우위를 바탕으로 중국과의 교역권을 독점했고 경제적 번영도 이루었다.

중국 측 사료에 나오는 고조선의 역사와 패망과정은 다음과 같다. 고조선에 대한 구체적 기록은 전하지 않지만, 중국과의 관계를 중심으로 고조선 말기의 대체적 상황은 알 수 있다. 기원전 280년 무렵 연의 장수 진개가 군대를 이끌고 공격해와 고조선은 서쪽 2,000여 리의 땅을 잃었는데, 이때 중심지가 동쪽으로 옮겨간 것으로 보인다. 현재 학계에서 통용되는 '중심지 이동설'로서, 원래 요하 유역에 있던 중심지를 현재의 평양 지역으로 옮긴 것으로 추정한다. 준왕 때인 기원전 202년에는 진을 이어 한이 중국을 통일한 후 패수를 경계로 고조선과 대치했다. 패수의 위치에 대해서는 중국 랴오닝 성의 대릉하, 한반도 북부의 압록강, 청천강 등 여러 설이 있다.

기원전 195년에는 연왕 노관이 한에 반기를 들고 흉노로 도망치는 와중에 연의 위만이 약 1,000명의 무리와 함께 고조선으로 망명했다. 고조선의 준왕은 위만에게 서쪽 100리의 땅을 다스리며 변방 수비를 담당하게 했고 박사 관직을 주었다. 하지만 위만은 세력을 모아 다음 해에 준왕을 내쫓고 자신이 왕이 되어 위만조선을 건립했다. 다만 조선이라는 국호와 정체성은 그대로 유지되었다. 위만의 손자 우거왕 때에 이르러 진국辰國을 비롯한 한반도의 여러 나라가 한과 직접 교역하는 것을 막고 중계무역의 이익을 독점했다.

이 무렵 한은 북방 유목민족인 흉노와의 오랜 대결에 종지부를 찍고 무제가 흉노세력을 몰아내면서 고조선과 격돌하게 되었다. 기원전 109년에는 한의 5만 대군이 수륙 양면으로 고조선을 침공했고, 다음 해에 고조선의 수도 왕검성이 함락되었다. 그 과정에서 고조선 지배층 사이에 항전과 항복을 둘러싼 내분이 일어났다. 그 결과 우거왕이 살해되었으며 왕자를 비롯해 연맹체 권력을 나눈 상과 장군들이 한에 투항했다. 그에 앞서 항복을 주장했던 조선상 역계경은 자신이 관할하는 2,000여 호를 이끌고 삼한의 진국으로 내려갔다. 그 외에도 고조선 지배세력 일부가 한반도 남부로 이주했다.

한은 고조선의 영토에 낙랑, 임둔, 현도, 진번의 4군을 두었는데 이것이 바로 한사군이다. 이 중 현재 평양 지역에 세워진 낙랑군은 토착민과 융합하는 형태로 한사군 가운데 제일 큰 세력을 이루었다. 낙랑군은 발전된 선진 문화를 자랑했으며 313년 고구려에 복속될 때까지 가장 오랜 기간 존속했다. 낙랑군은 고구려 대무신왕의 아들 호동왕자와 낙랑공주의 로맨스, 적의 침입을 저절로 알리는 북인 자명고의 전설로 널리 알려져 있다. 낙랑군의 중심지가 위치했던 평양에서는 중국 문화와 토착문화가 결합된 기와류, 짧은 문자기록이 적힌 목간 등 낙랑시대의 유물이 20세기 전반부터 다수 출토되었다.

2. 단군신화와 단군, 어떻게 볼 것인가?

단군신화의 스토리텔링

단군신화는 고려시대인 13세기 후반에 승려 일연이 지은 『삼국유사』와 유학자 이승휴의 『제왕운기』에 수록된 단군과 고조선에 대한 이야기다. 신화라고 불릴 만큼 사실 그대로의 역사라기보다 전승되어 내려온 고대의 전설에 가까운 내용이다. 일제강점기에 총독부가 주관해 전체 37책의 『조선사』를 펴낼 때도 일본인 학자들은 역사가 아닌 신화에 불과하다고 무시하며 서술에서 제외했다. 최남선을 비롯한 한국인 학자들의 거듭되는 요청

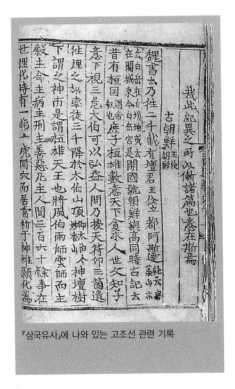

『삼국유사』에 나와 있는 고조선 관련 기록

에도 단군은 끝내 한국사의 첫머리를 장식하지 못했다.

　물론 단군신화의 모든 이야기를 역사적 사실로 보기는 어렵다. 하지만 믿을 수 없는 신화라고 가볍게 치부하는 것 또한 비역사적 인식이다. 모든 신화가 순전히 가상의 허구는 아니며 고대의 역사적 사실이 어느 정도 그 안에 담겨 있기 때문이다. 다시 말해 이미 실재했던 역사가 신화의 형태를 빌려서 후대에 전해졌을 가능성이 있는 것이다. 이러한 '역사의 신화화'를 받아들인다면, 신화가 말하는 역사적 진실이 과연 무엇인지에 대해 생각해볼 필요가 있다. 단편적이나마 단군신화의 스토리텔링을 분석해보자.

　고려 후기 사료에 등장한 단군의 신화적 요소는 무엇일까? 『삼국유사』에 따르면 천신의 아들 환웅과 곰에서 인간 여성으로 변신한 웅녀가 혼인을 해 단군왕검을 낳았다고 한다. 이에 비해 『제왕운기』는 인간이 된 환웅의 손녀와 박달나무신이 결합해 단군이 태어났다고 하여 모계 천손 계보와 나무신을 내세웠다. 이는 부계와 모계의 천손, 동물과 식물로 구분되는 서로 다른 계통의 단군 전승이 전해왔음을 보여준다. 어쨌든 이런 식의 허황된 이야기는 후세 사람들의 전적인 상상의 산물이라기보다 고대의 천손신화, 동물을 부족의 시조로 삼는 수조獸祖신화, 우주목신앙에서 비롯된 것이다. 『삼국유사』에 등장하는 곰과 호랑이는 시조신을 동물로 상징화한 토템신앙을 반영한다. 또한 단군신화를 통해 떠올려볼 수 있는 것은 선진 청동기문화를 보유한 이주민 집단이 자신들을 하늘의 후예인 천손족으로 자부했고, 곰과 호랑이를 토템으로 하는 토착집단 사이의 경쟁에서 이긴 곰족과 연계해 고조선을 세웠을 가능성이다.

단군신화의 스토리텔링을 조금 더 독해해보면, 단군왕검은 정치적 군장이면서 제사장 성격도 갖고 있다. 단군은 천손이었고 부친 환웅은 하늘에서 풍백, 우사, 운사를 거느리고 신단수 아래로 내려와 신시를 열었다. 그는 곡식, 수명, 질병, 형벌, 선악 등 인간 세상의 360여 가지 일들을 주관하며 세상을 다스렸다. 곡식, 형벌 등은 8조 범금에도 나오듯이 고조선이 농경사회, 계급사회에 기반을 두고 있었음을 말해준다. 그런데 단군이 단군이 된 이유는 전쟁에서의 승리와 같은 영웅적 활약 때문이 아니라 환웅으로부터 물려받은 혈통의 신성성 때문이었다. 단군이 가졌던 권력의 정당성은 하늘과 소통하는 제사장의 권위와 직결되어 있다. 고조선의 제천의식은 환웅이 하늘에서 내려와 세상을 다스리고 단군이 나라를 여는 모습을 매년 퍼레이드로 엮어 재현한 것이 아니었을까? 그리고 그러한 역사가 신화의 형태로 후대까지 전승되어온 것이 아닐까? 또 단군이 1,500여 년을 재위한 후 신선이 되었다고 하는데, 단군은 한 사람의 자연인이 아닌 임금을 뜻하는 보통명사다. 티베트의 달라이라마처럼 몇 대에 걸쳐 다수의 단군이 존재했던 것이다.

단군신화에는 설화의 구조를 통해 전해온 고조선 당시의 원형이 녹아 있다. 그와 함께 오래된 전승이 문자로 기록되면서 자연스럽게 녹아들어간 고려 당대의 인식이 뒤섞여 있다. 환인과 환웅을 설명하면서 불교용어인 제석과 천왕을 주석으로 붙인 점도 그렇고, 논란은 있지만 하늘을 뜻하는 몽골어 텡그리와 유사한 발음의 음차어인 단군을 군장의 타이틀로 쓴 것도 그렇다. 무엇보다 중국 상고시대의 요 임금이 재위한 기원전 2300년 무렵, 천신의 손자인 단군왕검이 왕검성에 도읍을 정하고 고조선을 건국했다는 기록에는 당시의 시대상이 반영되었다. 이때는 고려가 몽골과의 오랜 항쟁을 거치면서 결국 항복하고 원 간섭기로 들어간 시기였다. 고려인의 상처받은 자존심을 달래고 역사공동체로서 정체성을 공유하기 위해 단군을 요임금 때로 소급하여 고려가 중국과 대등한 유구한 역사를 가진 나라임을 자부하는 역사인식이 나온 것이었다.

단군의 역사적 부활

고려 후기에 '역사화'된 단군에 관한 인식은 각기 다른 시대상황을 반영하여 시기별로 조금씩 달라졌다. 단군과 고조선에 대한 인식을 전하는 삼국시대의 사료는 남아 있지 않다. 대신 고려 후기의 기록을 통해 당시까지 전해진 단군관의 단편을 엿볼 수 있다. 단군 인식은 조선시대를 거치면서 정형화되었고 근대에 들어 한민족의 정체성, 한국사의 연원과 직결되는 문제로 논란의 중심이 되었다.

고구려, 백제, 신라 삼국의 건국신화는 고려시대까지 전승되어 『삼국유사』 등에 수록되었다. 고구려의 시조 고주몽은 알에서 태어났으며 부여에서 탈출해 고구려를 건국하고 동명성왕이 되었다. 백제의 온조는 고구려에서 내려왔다고 하지만 백제 왕실은 스스로 부여계임을 표방했다. 신라는 박, 석, 김의 세 성씨가 이어서 나라를 다스렸는데, 시조 박혁거세는 우물가의 큰 알에서 나왔고 천마총에 그려진 것과 같은 흰말이 그에게 절했으며, 석씨의 개조 석탈해는 표류해온 배 안의 궤짝에 들어 있었는데 그 역시 알에서 태어났다. 이들에게서 공통적으로 나타나는 알에서 태어난 난생신화는 가야 김수로왕의 설화에서도 볼 수 있다. 신라 김씨의 비조 김알지는 탈해왕 때 금궤에서 나왔다. 시림始林에서 닭 울음소리가 나서 가보니 아이가 든 금빛 함이 나무에 걸려 있고 그 밑에서 흰닭이 울고 있었다고 한다. 신라는 닭의 숲인 계림이라는 명칭에서 알 수 있듯이 닭을 토템으로 신성시했다.

하지만 삼국의 개창자와 건국신화 어디에도 단군과 고조선에 대한 내용은 보이지 않는다. 다만 중국 사료에 따르면 고조선이 망할 때 많은 유망민이 진한을 비롯한 한반도 남부로 내려왔다고 한다. 『삼국사기』의 신라본기에도 "신라가 건국되기 전에 조선의 유민들이 와서 살며 육촌을 이루었다"고 기록하고 있다. 그렇지만 고조선과의 직접적인 관계를 알려주는 삼국시대 사료는 전해지지 않았다. 통일신라 때나 후삼국을 통일한 고려 태조 왕건의 경우에도 삼한일통이나 삼국통일 의식은 가졌지만, 고조선 계승인식이나 단군에 대한 언급은 보이지 않는다.

그럼에도 고조선과 단군에 대한 구전이나 비공식적 기록은 고려시대까지 이어지고 있었다. 『삼국유사』나 『제왕운기』의 단군 관련 서술과 고기古記 등의 인용자료가 그 사실을 말해준다. 고려시대에는 평양, 묘향산, 구월산 등 한반도 서북부 지역에 단군과 고조선에 대한 전승이 남아 있었던 것으로 보인다. 이 지역에서 단군이 지역신, 시조신으로 떠받들어진 사실에서 그것을 알 수 있다. 『삼국유사』에는 고조선의 마지막 수도 왕검성이 평양이라고 나와 있고, 『삼국사기』 고구려 동천왕 조목에는 '평양은 본래 선인仙人 왕검王儉의 도읍'이라고 기록되어 있다. 『고려사』 충렬왕 조도 단군을 평양 지역 시조신이자 수호신이라고 기술했다. 이 밖에도 평양 묘나 평양군 사당, 구월산의 단군사당인 삼성사 등을 통해 단군에 대한 추숭의식이 이 지역에서 오롯이 계승되고 있었음을 볼 수 있다.

그런데 13세기에 들어 몽골과의 전국적인 오랜 항쟁을 겪으면서 단군은 특정 지역을 벗어나 일약 전국구 스타로 떠올랐다. 『삼국유사』의 내용에서도 알 수 있듯이 단군은 고려라는 역사공동체의 시원으로 자리매김하기 시작했고, 아득한 과거에 대한 고려인들의 기억 속에 들어오게 된다. 이제 이전과 같은 지역적 연고나 삼국의 분립적 인식에서 벗어나 공동체의 시조, 역사의 원류로서 단군과 고조선이 새롭게 주목받기 시작한 것이다. 『삼국유사』 기이편 고구려 조에는 『단군기』를 인용해 부여의 부루가 단군과 강의 신 하백의 딸 사이에서 태어났고, 부루는 고구려를 세운 고주몽의 이복형제라고 했다. 이는 부여, 고구려와 같은 북방 지역의 고대국가를 단군과 고조선에 연결시키려는 의도에서 나온 것이다. 『제왕운기』에서도 단군조선과 문명을 상징하는 기자조선을 연계하고 부여, 옥저, 예맥, 비류, 고구려, 신라 등을 모두 단군의 후예라고 했다. 이처럼 단군과 고조선은 13세기 이후 우리 역사의 시작이자 공동체의 유대감을 형성하는 원형으로 재창출되었다. 그리고 이후 상상의 기억과 관념 이상의 현실적 파급력을 갖게 된다.

고조선과 조선

13세기 이후 단군과 고조선에 대한 역사인식은 점차 확산되고 고양되었다. 그 결과 1392년 새로 창업한 왕조국가는 국호를 '조선'이라고 했다. 태조 이성계는 고향 함흥의 옛 지명인 화령을 곁다리로 끼워 조선이라는 명칭을 명에 올렸고, 결국 조선을 국명으로 한 책봉이 이루어졌다. 이는 조선이 고조선(원래는 조선)을 계승한다는 의미였고, 고조선에서 역사적 정통성을 이어받았음을 천명한 것이었다. 그런데 유교국가를 표방한 조선은 역사적 시조 단군 외에도 중화문명의 교화를 상징하는 기자를 강조하며 높이 떠받들었다. 기자는 『삼국유사』, 『제왕운기』에도 등장하며, 14세기 초 고려 충숙왕 때 평양에 기자 사당이 중건되고 제사가 행해지기도 했다. 몽골과의 항쟁을 거치며 고려인의 공통 시조로 단군이 부상했지만, 고려 국왕이 원나라 황제의 공주와 결혼해 혼혈 왕실이 되면서 혈연보다 문명 계승의식이 더 강조된 것으로 생각된다.

　기자는 중국의 고대국가 은나라의 왕족 출신이다. 그는 기원전 11세기에 은이 주나라에 멸망하자 그 이전 하나라의 우왕이 남겼다는 정치규범 '홍범구주'를 주 무왕에게 전했다고 한다. 그 후 기자가 동쪽으로 가서 조선의 왕이 되었고 주 무왕이 기자를 조선의 왕으로 책봉했다고 하는 기자동래설이 『사기』, 『한서』 등 한나라 이후 중국 사서에 나온다. 조선은 중화문명의 계승자를 꿈꾸었기 때문에 기자를 역사인식에 적극 활용했던 것이다. 하지만 근대 이후 역사 연구를 통해 기자조선은 그 실체가 없음이 확인되었다. 1970년대 중국 요서 대릉하 유역에서 '기후箕侯'라는 명문銘文이 쓰인 청동 예기가 발굴되었지만, 주나라의 건국으로 밀려난 기자 집단이 고조선 주변 지역에 정착한 후 토착세력에 흡수된 것으로 보인다.

　조선 전기에는 고조선과 단군, 기자에 대한 역사 계승인식이 적극적으로 표명되었다. 정도전의 『조선경국전』에는 기자조선 계승의식이 분명히 드러나 있다. 또 책봉을 받기 위해 명에 보낸 권근의『응제시』에도 단군이 하늘에서 내려와 조선을 열었다고 하여 천명을 받은 단군의 정통성을 은 연중 강조했다. 세종 때는 평양에 단군과 고구려 동명왕의 사당을 세웠고, 세조대에는 단군을 조선 시조, 기자를 후조선 시조로 확정하는 위패를 모 셨다. 15세기 말 서거정이 편찬한『동국통감』에도 동방 도학의 시조로서 기자가 추숭되었다. 한편 민간에서는 단군이 신앙의 대상이 되기도 했는 데, 임진왜란 때 일본에 잡혀간 조선 도공 일부가 신사에 단군을 모셨다고 하며, 19세기에는 토속신앙의 기원이 단군에서 시작한다는『무당내력』이 라는 책이 나오기도 했다.

조선 후기에는 조선의 영토인 한반도를 '아방我邦'이라고 하여 중시했 다. 이는 만주에서 발원해 중국을 제패한 청을 의식한, 고유 영역에 대한 방어적 인식이 묻어난 것이다. 그래서인지 역사서를 쓴 대부분의 인물은 고조선의 영역을 한반도 안으로 보았다. 17세기 초 한백겸은『동국지리 지』에서 고조선과 중국의 접경 패수를 청천강으로, 왕검성이 있던 열수를 서울의 한강으로 추정했다. 이후 정약용은『강역고』에서 패수를 조선과 청 의 국경인 압록강이라고 했다. 반면 고조선과 그 후계 국가들의 영역을 만 주까지 확장해서 본 진취적 주장도 제기되었다. 안정복은『동사강목』에서 고조선의 도읍은 평양이지만 그 영역은 요동에 미쳤다고 서술했다. 18세 기 말 이종휘도『동사』에서 부여, 고구려, 백제, 예맥, 옥저 등이 모두 단군 의 후예라고 하며 한반도와 만주 일대를 우리 역사의 고유 영역으로 인식 했다.

조선 후기에는 삼한 등 우리 역사의 주 무대인 한반도에 있던 나라들과 고조선을 동시에 강조하는 병렬적 역사인식이 주류를 이루었다.『동국지

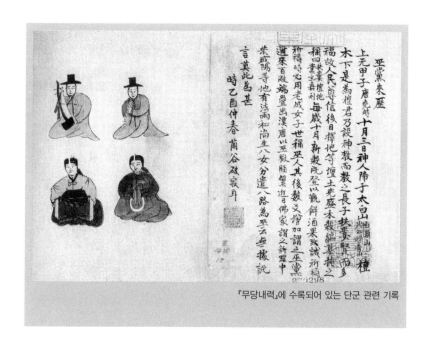

『무당내력』에 수록되어 있는 단군 관련 기록

리지』는 고조선과 삼한을 이원적으로 파악하는 한편 삼한 계승의식을 특히 강조했다. 17세기 후반 홍여하는 『동국통감제강』에서 정통성을 강조하는 강목법에 따라 (기자)조선 – 삼한(마한) – 신라의 역사계보에 무게를 두었다. 18세기 초 홍만종은 『동국역대총목』에서 역사의 시원과 문화 계승을 함께 주목하여 (단군)조선 – (기자)조선 – 삼한(마한) – 삼국 – 통일신라 정통주의를 내세웠다. 이것이 당시의 주류적 역사인식이었다. 앞서 말한 이종휘도 『동사』에서 (단군)조선 – (기자)조선 – 삼한 – 후조선(위만조선)으로 연결시켜 고조선과 삼한을 결합하는 한편 조선 정통주의를 내세웠다.

　1895년 학부아문에서 나온 일종의 국사교과서인 『조선역대사략』에서는 역사적 시조로 단군을 언급하면서도 유교문화의 연원인 기자의 위상을 특히 강조했다. 그런데 1897년 조선이 대한제국을 선포하면서부터 고조선보다는 삼한의 '한'을 내세우며 그 계승의식을 분명히 했다. 물론 기자에서 시작되었다고 하는 중화문명의 전통은 존중되었지만 단군은 전보다 위상이 떨어졌다. 이는 조선이 아닌 대한이라는 국호를 쓰면서 생긴 미묘한 변화였다. 역사시대 이후 한국사에 족적을 남긴 주요 나라들을 열거해보면, 북방에서 발원한 고조선 – 부여 – 고구려·백제, 남방의 삼한 – 신라·가야가 있고 통일신라·발해를 거쳐 고려 – 조선 – 대한으로 이어져왔다. 이 가운데 뒤에 나온 고려, 조선, 대한의 국명은 앞서 존재했던 고(구)려, (고)조선, 삼한에서 이름을 따온 것이다. 이와 같이 국명은 그냥 하늘에서 떨어진 것이 아니라 역사 계승인식과 국가 정통성을 상징적으로 보여주는 것이며, 한국사에서 그러한 패턴은 반복되어왔다. 그렇다면 대한민국과 조선민주주의인민공화국이 훗날 완전한 통합을 이룬다면 통일 한국의 국명은 무엇이 될지 자못 궁금해진다. 아마 고려Korea가 1순위로 떠오르지 않을까.

3. 고조선과 단군은 우리에게 어떤 존재인가?

근대에 들어 전과는 다른 차원의 민족의식이 생겨나면서 한민족의 역사적 정체성을 상징하는 단군과 고조선은 다시금 스포트라이트를 받게 되었다. 다만 현실은 근대 민족국가의 성립이 아닌 그 반대의 식민지화로 귀결되었고, 민족의 좌절감과 상실감을 달래기 위한 방안으로 고대사의 화려한 영광을 되살려내려는 노력이 이어졌다. 단군과 고조선은 잊어버린 고대사의 기억 속으로 떠나는 타임머신이었고, 중국과 대등한 4,000년의 유구한 민족사를 거슬러 올라가는 데 가장 중요한 매개체가 되었다. 이제 2,000만 한민족은 모두 단군의 자손이 되었으며 일본과는 비교가 되지 않는 오랜 역사를 지닌 선택받은 민족으로 거듭날 수 있었다.

일제강점기 때 일본인 관변학자들은 한국이 식민지가 될 수밖에 없었던 이유를 열등한 민족성과 타율적이고 정체된 역사에서 찾으려 했다. 구체적으로 말하자면 한국사는 중국에 종속된 역사이고 발전이 없는 정치사회구조와 빈약한 경제력 때문에 주체적 근대화가 불가능했으며, 그렇기에 일본이 근대화를 시켜줄 수밖에 없었다는 논리였다. 이것이 바로 식민사관인데, 일본인 관변학자들은 중국의 한나라가 직할 통치한 한사군, 더 올려봐야 그전에 중국인이 다스린 위만조선에서 한국사가 시작된 것으로 보았다. 그리고 그 결말은 중국을 대신해 일본이 종주국이 되어 한국을 발전시켜준다는 자기합리화로 이어졌다. 따라서 그들은 고조선을 역사상에 존재했던 국가로 인정하지 않았다. 나아가 고조선의 성립 근거가 되는 독자적인 청동기문화가 한반도에 있었다는 사실마저 부정했다. 그 대신 평양 지역을 한사군 낙랑군의 중심지로 보고 대대적으로 유적 발굴을 감행했는데, 이때 기와를 비롯한 많은 유물이 출토되었다.

이와는 정반대로 민족주의 사학자들은 고조선이 한반도뿐 아니라 요동과 만주 일대를 아우르는 거대한 제국이었다고 주장했다. 단재 신채호는 국가를 '민족정신으로 구성된 유기체'라고 규정하고 그 정신적 원류인 고대사에 주목했다. 그는 만주 일대를 제패한 고조선 – 부여 – 고구려의 북방국가 정통사관을 제기했다. 고대사의 영광에 대한 아련한 환상과 단군 민족주의는 당시 지식인과 일반 대중에게 큰 감흥을 주었다. 식민지기에 단

단군 영정

군을 받드는 대종교를 비롯한 민족종교가 교세를 급속히 확장할 수 있었던 것은 이러한 배경에서 생긴 일이었다. 대종교 2대 교주 김교헌이 쓴 『신단실기』(1914)를 보면, 단군은 역사적으로 실재했던 민족의 시조이며 단군의 신교 및 신도사상은 민족혼의 상징, 민족정신의 정수라고 추켜세웠다. 조선 후기에 찬술된 것으로 보이는 『규원사화』 역시 단국(고조선)의 군주로 역대 47대 단군을 열거하고 각각의 재위기간과 치적을 기술했다.

이러한 민족주의 계열에서 나온 단군과 고조선에 대한 이해에는 식민지 현실이 가져온 자괴감과 콤플렉스를 극복하려는 자의식이 작동하고 있다. 근대에는 군사력과 자본에 의한 제국주의, 인종과 민족, 사회를 우등과 열등으로 나누고 경쟁을 부추기는 사회진화론이 풍미했다. 더불어 당시는 세력과 힘이 민족의 존망을 결정짓는 약육강식의 시대였다. 일본의 식민지가 되고 열등한 민족으로 전락한 현재 상황은 잊고 싶은 현실이었고, 그 탈출구로 삼은 것이 바로 고대의 광활한 영토, 강대한 제국의 힘을 추억하고 동경하는 일이었다.

그런데 문제는 만주의 아주 먼 옛 영토에 집착하면 할수록 한국사의 주

무대였던 한반도의 역사적 주도권이 알게 모르게 타자의 영역으로 흡수되어갔다는 점이다. 당시 식민사학은 한반도 역사가 중국의 한사군에서 시작되어 임나일본부를 거쳐 현재 일본이 지배하고 있다는 논리를 펼쳤다. 이는 기억의 영역인 만주는 내버려둔 채 한반도에 대한 일본의 역사적·실효적 지배를 확고히 하는 데 이용되었다. 이처럼 고대사에 대한 포장과 활용의 유혹은 우리만의 것이 아니었다. 약자의 기억은 강자의 현실적 힘 앞에 손쉬운 포식대상이 될 수밖에 없었다.

최남선은 1920년대에 '불함문화론'을 주창했다. 이는 동방의 문화가 백두산에서 발원했고 고조선이 이 문화권의 주역이었음을 골자로 한다. 다시 말해 단군을 동북아시아 동이민족의 원조로 내세운 일종의 대동이주의였다. 하지만 이는 곧바로 일본의 건국신화에 나오는 아마테라스 오미카미(천조대신)가 단군의 위이며, 따라서 일본이야말로 동이족의 큰집이자 맏형이라는 황당한 주장에 휩쓸려버렸다. 권력과 힘의 판세가 분명했던 식민지 현실에서 단군은 천황제 이데올로기를 지탱하는 일본 신도의 방계 신격이자 지류가 된 것이다. 고대에 한민족의 웅장함을 말하려 했던 대동이주의가 일본과 조선의 내선일체, 동아시아를 하나로 묶는 대동아공영권 논리를 뒷받침하는 역사적 전거로 활용된 셈이다.

해방 후 남북한의 역사학계는 식민사관을 타파하고 이를 극복하기 위해 노력하는 한편, 고조선에 대한 기존 통념을 바꾸면서 연구의 새 지평을 마련했다. 고고학 유적 발굴 등 지역적 이점을 가진 북한에서는 비교적 이른 시기부터 고조선 연구가 진행되었다. 그 결과 1960년대 전반에 고조선에 대한 새로운 입론이 나올 수 있었다. 리지린은 『고조선연구』(1963)에서 고조선이 서만주 지역인 중국 랴오닝(요령) 성에 중심지를 둔 고대 노예제

사회의 국가였다고 주장했다. 그는 당시 성행하던 외인론, 문화이식론 등을 거부하며, 고조선 문화는 중국에서 전파된 것이 아니라 독자적으로 발생했음을 강조했다. 이 시기는 사회주의 종주국인 소련과 중국이 외교적 마찰을 빚으면서 북한이 주체사상을 내세운 때였는데, 고조선의 주체성과 독자성을 강조한 것은 그러한 시대상황과도 관련이 있다.

고조선에 대한 북한의 이해는 정치사회적 상황이 변화함에 따라 또 한 번 달라졌다. 1993년 북한 당국은 평양에서 단군릉이 발견되었다며 대대적으로 홍보했다. 이는 고조선의 중심지가 처음부터 북한의 수도 평양에 있었다는 주장으로 기존의 요령설을 뒤집은 것이다. 그러나 북한의 주장은 단군릉의 연도측정 방식부터 문제가 있으며, 아마도 고구려 귀족의 묘일 것으로 추정된다. 1990년대 초는 북한이 체제 위기를 극복하기 위해 전력을 기울일 때였고, 평양을 중심으로 고조선과 고구려, 고려로 이어지는 한국사의 정통성을 북한이 계승한다는 역사인식을 내세워 체제 안정과 내부 결속을 꾀하려 한 것으로 보인다.

한국 사학계에서 고조선 연구는 1980년대까지 문헌에 근거한 실증주의 사학이 주류를 이루었다. 지금도 그렇지만 당시 일부 학자들은 재야 사학자들에 의해 식민사학의 계승자라고 비난받았으며 친일파라는 오명까지 뒤집어썼다. 고조선은 남북 분단으로 갈 수 없었던 북한과 사회주의 중국에 걸쳐 있던 나라였고, 그쪽에서 나오는 최신 고고학 발굴 성과를 얻기도 어려운 상황이었다. 따라서 중국 문헌과 후대의 한국 사서에 전적으로 의존할 수밖에 없었는데, 그것은 단편적이면서 이미 충분히 알려진 사료였다. 그런 한계로 식민지 때부터 제기된 위만조선의 마지막 수도 평양 중심지설을 벗어날 수 없었고, 중국 문헌에 나오는 기원전 4세기 이전 고조선의 역사적 실상을 알아낼 방법도 없었다.

1990년대 이후에야 한국과 중국이 수교를 맺고 북한과의 정보교류도 점차 원활해지면서 이들 나라의 고고학 발굴 성과나 연구가 국내에 본격적으로 소개되었다. 한국의 고조선 연구도 새로운 단계로 진입해 고조선의 실체에 대해 좀더 뚜렷한 윤곽을 잡을 수 있었다. 그 결과 고조선의 영역과 역사상을 이해할 때 관건이 되는 중심지 문제에 대한 논의가 진전되었다. 그동안 제기된 고조선 중심지설은 다음의 세 가지로 요약된다. 첫째, 요령설로 중국 요서 지역 초기 청동기문화에 근거해 그곳에서 고조선이 고대국가로 성립했다는 것이다. 둘째, 평양설로 고고학 유적과 유물에 의거해 평양 지역이 고조선 - 위만조선 - 낙랑군의 연속적 중심지였다는 설이다. 셋째, 이동설로 고조선의 중심지가 초기에는 요동 일대였다가 연나라와의 전쟁을 거치면서 동쪽으로 밀려나 평양으로 옮겼다는 주장이다.

현재 학계에서는 이동설을 정설로 받아들이는 분위기다. 이동설에서는 비파형 동검 형태가 요하의 동쪽과 서쪽에서 차이가 나고 당시 평양 지역 유물이 매우 빈약하므로, 고조선이 처음에 요동 지역에 근거지를 두고 성립했다고 본다. 그런데 기원전 3세기에 고조선이 연나라와 대립하다가 패하면서 중심지를 평양으로 옮겼는데, 그 무렵 한반도 서북부에서 발전된 형태의 세형 동검 유물이 나오고 있음을 증거로 든다. 이에 덧붙여 위만조선을 무너뜨리고 성립한 한의 낙랑군 조선현 위치가 평양이며 무덤, 유적, 유물뿐 아니라 낙랑이 평양에 있었다는 고구려 사신의 언급에서도 그 사실이 증명된다고 보는 것이다.

고조선과 단군은 한국사의 원천이며 한국인, 한민족의 정체성과 직결되므로, 21세기를 사는 현재의 한국인들에게도 중요한 의미를 갖는다. 우

리는 식민지에서 벗어나 해방을 맞이한 기쁨도 잠시 분단과 동족상잔의
전쟁을 겪었고, 70여 년이 지난 지금도 휴전상태의 분단시대를 살고 있다.
정치·경제·사회 등 여러 측면에서 남북통일은 먼 장래의 일이자 그것이
과연 가능할지도 알 수 없는 현실이다. 그럼에도 통일을 준비하기 위해서
는 두 개의 대결국가가 아닌 하나의 역사적 민족임을 강조해야 하며, 고조
선과 단군이야말로 이에 가장 적합한 통합의 상징기제다.

적대적 분단국가인 남과 북은 역사적 정통성을 서로 독차지하기 위해
노력해왔다. 한국은 고조선과 삼한, 삼국에 이어 통일신라를 강조하며 고
려와 조선으로 이어지는 한국사의 정통을 잇는다고 자부했다. 이에 비해
북한은 고조선 – 고구려 – 고려로 연결되는 한반도 북부의 북방 왕조 정통
주의를 견지해왔다. 한국이 독점하고 있는 삼한, 통일신라, 조선은 한반도
남부, 대한민국의 영역을 상징한다. 이처럼 갈라진 역사인식을 딛고 남과
북의 역사 쟁투를 피하려면 그 시원인 단군과 고조선에 대한 다시 보기와
합의점 모색이 필요하다.

고조선 문제는 중국의 동북공정이나 일본의 자의적 고대사 인식에 대
한 대응 차원에서도 중요하다. 중국은 현재 중국 영토 내의 모든 과거사를
자국사로 편입시키려 한다. 중국은 역사상 가장 넓은 영토와 소수민족을
보유하고 있지만 위구르, 티베트, 내몽골처럼 분리독립을 주장하는 자치
구들도 있다. 다민족 사회의 지형, 심화되는 경제적·지역적 양극화, 공산
당 일당 체제로 말미암은 정치사회적 통합의 어려움 등 여러 요인과 필요
때문에 동북공정이 시작되었다. 문제는 만주와 관련 있는 고조선, 부여, 고
구려, 발해가 모두 중국사에 편입되고 있다는 점이다. 일본의 편향적 사관
도 문제인데 한사군과 임나일본부와 같이 한국사의 타율성을 강조하거나

허구의 고대사를 쓴 경우도 있다. 고조선은 그에 대한 대응논리이자 무기로서 중요한 의미를 갖는다.

고조선을 활용하려면 고조선이 어떤 나라였는지를 구체적으로 밝히려는 노력과 함께 고조선과 단군에 대한 고려시대와 조선시대의 역사 계승인식에 주목해야 한다. 고조선을 잃는다면 고구려를 포함한 한국 고대사의 대부분이 중국사로 편입되어 우리 고대사를 한국사가 아닌 동양사에서 배워야 할지도 모른다. 그렇기에 고조선 이후 한국사의 역사적 계보를 세우고 계승의식을 확고히 해야 한다. 또한 그 방향은 영토나 정치세력보다 역사와 문화 영역에 초점을 맞추어야 한다.

그렇다면 단군과 관련해 오늘날 한국인의 정체성은 어디에서 찾을 것인지 깊이 생각해봐야 한다. 단군은 한민족이 오랜 세월 일궈낸 역사공동체의 구심점이자 한국인의 시조로 여겨져왔다. "아랫집 윗집 사이에 울타리는 있지만 기쁜 일 슬픈 일 모두 내 일처럼 여기고 서로서로 도와가며 한 집처럼 지내자. 우리는 한겨레다. 단군의 자손이다"라는 노랫말처럼 단군은 한국인을 하나로 묶는 상징이다. 하지만 우리의 현실은 미국과 유럽처럼 점차 다문화 사회로 옮겨가고 있다. 따라서 근대 일본이 만든 단일민족의 신화는 이제 폐기처분해야 한다. 혈연을 매개로 한 '민족'보다는 언어, 문화, 가치관을 공유하는 '우리'가 더 중요하다. 단군도 이제 혈연이 아닌 문화적·역사적 아이콘으로 거듭나야 한다. 배타와 차별이 아닌 포용과 통합의 열린 공동체를 상징하는 단군이 점차 필요해지고 있다.

고조선과 단군은 한국 역사의 시작이자 한국인의 정체성을 담은 상징적 존재다. 고려 후기 대몽항쟁과 원 간섭기를 거치며 당대인들은 공동체의 연원과 자의식을 고조선과 단군에서 찾았다. 그것은 조선이라는 나라의 탄생으로 이어졌고 고조선 역사 계승인식이 정착되었다. 근대에 들어 식민지배와 민족주의의 영향으로 고조선과 단군은 영광의 과거, 민족의 구심점으로 각광받았다. 오늘날 고조선과 단군은 단순한 과거의 역사가 아니다. 중국의 동북공정으로 잃어버릴 위험에 처한 고대사의 시공간 찾기, 통일을 대비하는 민족통합의 상징, 혈연이 아닌 문화적·역사적 아이콘 등의 다층적 의미를 갖는다. 안과 밖으로 열린 공동체를 만들기 위해서도 여전히 효용가치를 갖는 매력적인 대상이다. 단군이 혈연의 시조로만 인식되고 종교의 대상으로 추앙되는 것은 단군을 좁은 울타리에 가둬두는 것이다. 단군은 다문화적 한국 사회, 나아가 남북한과 동아시아 문화공동체의 특수와 보편을 연결하는 메신저 역할을 해야 한다. 이야말로 단군을 21세기에 다시 불러내야 하는 이유다.

2

고대사를 둘러싼
기억 쟁탈전

광개토왕릉비와
임나일본부의 진실

광개토대왕은 고구려의 영역을 북만주 일대까지 넓혔고 우리에게
강대한 고대사에 대한 아련한 추억을 일깨워주는 위대한 군주다. 반
면 임나일본부는 고대에 왜가 한반도 남부 지역을 지배했다는 일본
측의 주장으로, 현재는 부정되고 있지만 식민지기에는 통설로 자리
잡았다. 19세기 말부터 한국을 침탈해 식민지로 삼은 일제는 광개토
왕릉비의 자의적 해석을 통해 임나일본부가 역사적 사실이었음을
입증하고자 했다. 이는 근대에 들어 형성된 국민국가의 강고한 틀
속에서, 제국 일본이 한국의 고대사에 대한 기억을 독차지하고 식민
지 타자의 고대사를 마음대로 재단하려 한 것이었다. 이처럼 근대
에 들어 민족과 국가의 배타적 관점에 선 고대사의 기억 쟁탈전이
전개되었고 약자의 역사는 강자에게 강탈되어 제국의 화려한 이미
지로 조형되었다. 하지만 광개토왕릉비와 임나일본부는 고구려인의
눈, 가야인의 시선을 통해 바라보아야만 진실에 접근할 수 있다.

1. 광개토왕릉비, 무엇이 문제인가?

망각의 잠에서 깨어난 왕릉비

광개토대왕은 고구려 19대 왕으로 391년부터 412년까지 20여 년간의 재위기간 동안 활발한 정복전쟁을 통해 주변 지역을 아우르며 고구려의 영역을 크게 넓혔다. 그의 비문에 나오는 정식 왕명은 '국강상광개토경평안호태왕國岡上廣開土境平安好太王'이며 영락永樂대왕으로 칭해졌는데, 광개토라는 명칭 자체가 땅을 크게 넓혔다는 의미다. 한국사에 등장하는 군왕들 가운데 그리스와 페르시아 일대를 제패한 마케도니아의 알렉산더 대왕에 비견되는 거의 유일한 임금일 것이다. 39세에 세상을 뜨자 아들 장수왕이 수도 국내성 인근에 왕릉을 조성하고 414년에 부왕의 업적을 기리기 위해 높이 6미터가 넘는 거대한 비석을 세웠다.

그런데 만주에 세워진 이 비는 668년 고구려 멸망 후 발해, 요, 금을 거치고 중국에서는 원, 명, 청의 왕조교체가 거듭되면서 사람들의 기억 속에서 망각된 채 그 존재 자체가 잊혔다. 만주는 중국 최후의 왕조 청을 세운 여진족의 옛 땅으로서 성역이라고 하여 출입이 제한되었다. 하지만 청의 조정은 러시아의 극동 진출을 막기 위한 방책으로 사람들을 이 지역으로 이주시켰고, 1876년 비가 위치한 곳에 새로운 군현이 설치되었다. 이즈음 비문의 탁본이 유통되기 시작하면서 사면에 걸쳐 1,775자의 글자가 빽빽이 새겨진 광개토왕릉비의 존재가 세상에 알려지게 되었다. 일본은 매우 발 빠르게 움직여 1883년 참모본부에서 파견된 사코 가게아키酒勹景信 중위가 묵본 형태의 탁본을 떠서 본국으로 가져갔다. 당시 중국 베이징의 금석문 학자들도 비문에 관심을 가졌고, 1887년에서 1889년 사이에 사람을 보내 석회 탁본을 수집했다고 한다.

일본에서는 1888년 육군교관 요코이 다타나오橫井忠直 등이 판독문을 확정했고, 다음 해에는 『회여록會餘錄 5』에 발표해 비문 내용을 세상에 공개했다. 당시 일본의 유명한 동양사학자인 나카 미치요那珂通世는 이 비문 내용을 가지고 신공황후 삼한정벌설을 입증하는 데 활용했다. 그는 신공황후의 섭정기에 왜가 가라加羅 등 7국을 평정했다는 『일본서기』의 기사 연대를 기존의 249년에서 120년을 끌어내려 369년이라고 보았다. 광개토왕릉비에 나오는 고구려와 왜의 전투 내용을, 왜가 삼한을 정벌해 통치하던 시기의 일이라고 주장하기 위해서였다. 이때는 일본에서 적극적으로 정한론이 제기된 시기였다. 정한론은 메이지 유신 이후 러시아 등의 군사적 위협으로부터 일본을 보호하기 위해 한반도에 진출해야 한다는 주장이었다. 따라서 과거 역사에서 한반도 진출의 명분과 정당성을 찾기 위해 고대에 일본이 한반도 남부를 지배했음을 입증하고 그것을 활용하려 했던 것이다.

이러한 과정을 통해 역사적 사실로 포장된 삼한정벌설은 식민지기에 더욱 고착화되어 1933년에 경성제대 교수였던 한국 고대사 전공자 스에마쓰 야스카즈末松保和가 남한경영론을 주장하기에 이르렀다. 이것이 바로 '임나일본부설'로서 왜가 한반도에 진출한 4세기 후반 신공황후 때부터 가야가 신라에 병합되는 6세기 중반까지 거의 200년간 왜가 한반도 남부 가야 지역을 통치했다는 주장이다. 이후 일본학계는 기본적으로 임나일본부설에 찬동하는 입장이었고 일부에서 문제제기와 회의론적 시각을 표명하긴 했지만, 스에마쓰가 1949년에 내놓은 『임나흥망사』의 시각에서 크게

광개토왕릉비와 광개토지호태왕이 쓰인 청동그릇

벗어나지는 못했다.

　1959년 미즈타니 데이치로水谷悌二郞가 누락 부분이 적은 광개토왕릉비 석문 탁본을 제시하면서 기존 탁본의 오류 가능성이 제기되었다. 1972년에는 재일교포 사학자 이진희가 사코 가게아키와 일본 육군이 비에 석회를 칠해 글자를 조작했다는 변조설을 주장해 큰 파문이 일었다. 이후 1984년에 현지를 직접 답사한 중국학자 왕젠췬王建群이 새 판독문을 발표해 비문의 내용을 석회로 조작한 흔적은 없다고 하여 변조설을 부정했다. 그럼에도 지워지거나 해독하기 어려운 글자의 판독이 문제가 되고 있고 논란의 불씨 또한 여전히 남아 있다.

391년에는 어떤 일이 있었나?

광개토왕릉비에서 임나일본부와 관련해 문제가 되는 부분은 광개토대왕의 연호인 영락 1년, 391년 신묘년에 있었던 다음의 기록이다.

百殘新羅舊是屬民(백잔신라구시속민)
由來朝貢而倭以辛卯年來渡(유래조공이왜이신묘년래도)①▨破百殘(파백
잔)■■新羅以爲臣民(신라이위신민)
以六年丙申王躬率(이륙년병신왕궁솔)②▨軍討伐殘國(군토벌잔국)

여기서 글자가 분명하지 않은 ①▨은 비를 발견한 당시부터 '海'자로 판독되었는데, 현재는 '二'자와 비슷한 가로획 정도만 보이며 비의 다른 글자와 글자체가 달라서 일찍부터 조작설이 제기되었다. 다음 백잔과 신라 사이에 있는 두 글자 ■■는 전혀 알 수 없을 정도로 심하게 마모되어 있다. ②▨도 글자가 명확하지 않은데 이 또한 비의 발견 이후 '水'자로 해독되어왔다. 이 신묘년 부분의 해석을 둘러싸고 많은 논란이 있어왔는데, 먼저 식민지기에 제기되어 일본학계의 통설로 굳어진 스에마쓰의 번역인 〈가〉부터 소개한다.

〈가〉 스에마쓰 야스카즈
백잔(백제)과 신라는 예로부터 (고구려의) 속민으로서 조공을 해왔다.
百殘新羅舊是屬民由來朝貢
그런데 왜가 신묘년(391)에 바다를 건너와 백잔(백제) ○○ 신라를 쳐서 신민으로 삼았다.
而倭以辛卯年來渡海 破百殘■■新羅以爲臣民
그래서 (영락) 6년 병신년(396)에 왕이 몸소 수군을 이끌고 잔국(백제)을

토벌했다.

以六年丙申王躬率水軍討伐殘國

391년에 왜가 바다를 건너와 백제, 신라 등을 쳐서 신민으로 삼았으며, 5년 후인 396년에 광개토대왕이 직접 수군을 지휘해 백제를 토벌했다는 해석이다. 이는 자신의 속국인 백제, 신라 등을 왜가 복속시키자 고구려가 백제를 쳤다는 내용으로, 주적인 왜에 대한 고구려의 대응이 부각되지 않았다는 점에서 논리적 모순이 있다.

다음 〈나〉는 민족주의 사학자인 위당 정인보가 1930년대 말에 내놓은 해석이다. 이는 스에마쓰의 번역에 대한 본격적인 문제제기이자 비문의 주체인 고구려의 입장에서 접근했다는 점에서 주목할 만하다. 맨 처음과 뒷부분의 번역은 스에마쓰와 큰 차이가 없으므로 왜와 관련된 다음 부분의 해석만 소개한다.

〈나〉 정인보
왜가 신묘년에 오자 (고구려가) 바다를 건너 격파했다.
倭以辛卯年來 渡海破
그런데 백잔(백제)이 (왜와 함께) 신라를 (침략해) 신민으로 삼았다.
百殘■■新羅以爲臣民

이는 왜군이 오자 고구려가 바다를 건너가 격파했고, 이에 백제가 왜와 연합해 신라를 쳐서 신민으로 삼았으며, 그렇기에 5년 후에 광개토대왕이 수군을 동원해 백제를 토벌했다고 본 것이다. 주체인 고구려의 입장에서 당시 정황을 해석하려 한 점이 돋보인다. 하지만 이 또한 번역 문맥의 흐름이 자연스럽지 않으며, 또 백제가 신라를 신민으로 삼았다는 주장을 뒷받침할 사료상의 근거가 없다는 점도 문제다. 이 시기에 신라는 고구려의 속국 형태로 그 영향력 아래에 있었고, 백제와 왜의 위협을 고구려가 막아주던 상황이었다. 정인보 해석의 이러한 문제점을 해결하면서 해방 후 새롭게 제기된 것이 북한의 김석형이나 한국의 이기백이 제기한 아래 〈다〉의 해석이다.

〈다-1〉김석형
왜가 신묘년에 왔으므로 (고구려는) 바다를 건너 백제를 쳐부수고 신라를 ○○하여 신민으로 삼았다.
倭以辛卯年來 渡海破百殘 ■■新羅以爲臣民

〈다-2〉이기백
(고구려가) 왜를 신묘년 이래로 바다를 건너가 격파했다.
而倭以辛卯年來渡海破

김석형의 해석 〈다-1〉은 왜가 와서 백제와 연합하자 고구려가 바다를 건너 왜와 연계된 백제를 쳐부수고 신라를 신민으로 삼았으며, 5년 후 다시 수군을 보내 백제를 토벌했다는 것이다. 고구려의 주체적 입장, 왜와 백제의 연합과 고구려와의 대립, 고구려와 신라의 상하관계를 설명하는 데 크게 무리가 없다. 그런데 당시의 여러 정황을 고려해볼 때, 지워진 ■■ 부분을 왜로 보고 앞의 백제와 연결시키면, 고구려가 바다를 건너 백제와 왜를 처부수고 신라를 신민으로 삼았다는 해석이 가능하다. 앞의 해석에서도 마찬가지지만 고구려가 바다를 건넜다는 표현은 고구려 수군이 서해의 해로를 따라 남쪽으로 내려갔다고 이해하면 된다.

이기백은 〈다-2〉처럼 고구려가 바다를 건너가 왜를 격파했고, 이어 백제와 신라 등을 신민으로 삼았다고 하여 고구려를 주어로, 왜를 목적어로 보았다. 하지만 앞에 나오는 왜를 목적어로 해석하는 것은 한문 해석상 어색한 점이 없지 않다. 현재 상태에서 명확하지 않은 글자를 빼고 직역한 노태돈의 아래 번역 〈라〉를 제시하는 것으로 신묘년 기록에 대한 해석문제를 마무리한다.

〈라〉노태돈

백잔(백제), 신라는 예로부터 고구려 속민으로 조공을 해왔다. 그런데 왜가 신묘년(391)에 건너와 백잔을 파하고 (2자 결락) 신라 (……) 하여 신민으로 삼았다. (영락) 6년(396) 병신년에 왕이 친히 군을 이끌고 백잔국을 토벌했다.

百殘新羅舊是屬民由來朝貢　而倭以辛卯年來渡▨破百殘　■■新羅以爲臣民　以六年丙申王躬率▨軍討伐殘國

2. 광개토왕릉비는 무엇을 말하고자 했나?

광개토대왕 당시의 국제정세

고구려는 압록강 중류 지역을 본거지로 세워진 고대국가다. 기원전 3~

2세기에 철기문화를 바탕으로 한 여러 지역집단인 나那 또는 나국那國에서 비롯되었다고 한다. 이들 나국 연맹체는 기원전 75년 한의 현도군을 쫓아냈고, 북부여에서 내려온 주몽 집단이 이들과 연합해 고구려를 건국했다. 1세기 태조왕 때에 왕권을 강화하면서 여러 나를 국왕 아래 5나부로 편입했고, 왕실이 속한 계루부를 위시해 연맹체적 5부 체제를 형성했다. 이후 주변 지역으로 확장과 복속을 거듭하면서 4세기 이후 중앙집권

고구려의 안악 3호분 벽화 주인(동수 추정)

적 국가 형태의 영역국가로 발전했다. 왕권이 강화되면서 나머지 4부의 지배세력이 왕의 신하로 들어왔으며 동부, 북부 등 방위에 따라 부가 편제되면서 지방관을 파견하기도 했다.

고구려가 성장하던 시기에는 중국이 5호 16국의 북조와 위·진에서 시작된 남조로 나뉘어 대립했다. 따라서 당시 만주와 한반도에는 중국의 힘이 미치지 못했고, 고구려는 그러한 공백상태를 틈타 313~314년에 낙랑군과 대방군을 토벌할 수 있었다. 하지만 선비족 모용부가 세운 북조의 전연과 충돌하면서 342년 연왕을 자칭한 모용황이 고구려 수도 환도성을 공격해 빼앗았다. 이때 고국원왕은 옥저로 피난했지만 5만 명의 고구려인이

포로로 잡혀갔다. 355년 고구려는 잡혀간 왕의 모후를 데려오기 위해 황제 국을 표방한 전연과 조공 – 책봉관계를 맺었다. 안악 3호 고분의 명문에 나오는 동수는 앞서 336년 전연에서 고구려로 망명해 20년간 고구려의 고위 관직을 역임했는데, 당시 국제정세에 비추어 매우 눈길을 끄는 인물이다.

고구려는 이후 전연을 대신해 중국의 화북 지역을 장악한 전진과 우호 관계를 유지했다. 이 무렵 소수림왕은 373년 태학을 설립하고 율령을 반포했으며 전진을 통해 불교를 수용했다. 고구려는 중앙집권화와 체제 정비를 이룬 후 4세기 말 광개토대왕 때에는 과감히 영역확장을 꾀했고 만주와 한반도의 최강 국가로 부상했다. 이때는 전진이 동진에 패한 뒤 중원이 다시 분쟁에 휩싸인 시기로 광개토대왕은 그 틈을 타서 거란과 숙신을 정벌하고 요동 지역으로 진출했다. 한편 광개토왕릉비에는 당시 한반도에서 고구려와 왜, 백제의 대립관계를 보여주는 또 다른 기록이 나오는데, 그 내용을 잠깐 살펴보자.

영락 9년(399) 기해년에 백잔(백제)이 맹서를 어기고 왜와 화통했다. 왕이 평양으로 내려가자 신라에서 사신을 보내 아뢰기를, "왜인들이 국경에 가득 차 성지城池를 부수고 왜의 백성으로 삼으려 하니 왕께 귀의하여 왕명을 청합니다"라고 했다. 영락 10년(400) 경자년에 왕이 보병과 기병 5만 명을 보내 신라를 구원했다. (고구려군이) 신라의 도성에 이르니, 그곳에 왜군이 가득했다가 퇴각했다. 그 뒤를 급히 추격하여 임나가라任那加羅의 종발성從拔城에 이르니 성이 곧 귀복되었다. '安羅人戍兵(안라인수병)▨▨新羅城(신라성)▨▨城(성)' 왜구가 크게 무너졌다. (이하 77자는 불분명, 安羅人戍兵 두 번 더 나옴.) 이전에는 신라 매금寐錦이 몸소 고구려에 와서 보고한 적이 없었는데, 왕 때에 이르러 신라 매금이 (직접 와서) 조공했다.

앞에서 언급한 것처럼 신묘년에서 5년이 지난 396년에 광개토대왕은 직접 군대를 이끌고 백제를 토벌했다. 고구려의 정예군이 아리수(한강)를 건너 백제의 수도 위례성을 포위했는데, 백제의 아신왕은 남녀 1,000명과 포 1,000필을 바치며 항복하면서 영원히 고구려왕의 노객奴客(속민)이 되겠다고 맹세했다. 고구려는 백제의 58성 700촌을 얻었고 백제 왕의 동생과 대신 10명을 볼모로 잡아갔다. 그러나 고구려의 신민이 될 것을 맹세한 백제는 불과 3년 만에 약속을 저버리고 왜와 손을 잡았다. 백제의 동맹국인 왜가 고구려의 속민이었던 신라의 국경을 침범하자 고구려는 군사 5만을 보내 왜의 군대를 내쫓았다. 이어 임나가라까지 쫓아가 성을 무너뜨리고 왜군을 물리쳤다. 신라는 그 보답으로 처음으로 (내물)마립간이 직접 가서 조공을 바치고 고구려의 신민임을 거듭 확인했다.

그런데 고구려와 백제는 왜 이렇게 적대적 관계가 되었을까? 고구려 광개토대왕과 비슷한 백제의 정복왕은 근초고왕이었다. 근초고왕은 마한 지역이었던 지금의 충청도, 전라도 일대로 영역을 확장했고 가야를 통해 왜와 교류했다. 고구려와 맞서기 위해 신라와 동맹을 맺었고 중국의 남조와도 외교관계를 수립했다. 근초고왕은 371년 3만의 군대를 직접 거느리고 평양을 공격했는데 이때 고구려의 고국원왕이 전사했다. 이 일로 백제는 고구려의 원한을 사게 되었는데, 광개토대왕이 백제를 직접 친 것도 그러한 맥락에서 이해할 수 있다.

한편 앞의 인용문에서 논란이 되는 것은 '안라인수병安羅人戍兵'의 해석문제다. 이전에는 이를 가야연맹체의 안라(아라가야)인 군대로 해석했다. 한국 학계에서는 대체로 백제와 관련된 가야의 동맹군으로 보았으나 일본 학계에서는 임나일본부에 속한 현지 군대로 이해했다. 안라가 백제와 왜, 어느 쪽의 영향을 받았거나 속했는지를 둘러싸고 한국과 일본 사이에 입장 차이가 존재했던 것이다. 다만 안라를 고구려에 대항한 가야세력이라고 본 점에서는 같은 입장이다. 그런데 왕릉비는 어디까지나 고구려의 입장에서 서술한 고구려의 기록이라는 점을 잊지 말아야 한다. 그러므로 안라가 만일 안라가야이고 또 고구려의 적이었다면, 백제를 백잔이라 하고 왜를 왜구로도 쓴 것처럼 폄하의 뜻을 담은 비칭을 썼을 것이라는 지적에도 귀를 기울일 필요가 있다.

이런 문제 때문에 전혀 다른 방향의 해석들이 제기되었다. 먼저 중국 학자 왕젠췬은 "신라인(羅人)을 두어(安) 지키게 했다(戍兵)"고 보았고, 김태식과 일본의 일부 학자는 "(고구려의) 순라병(羅人)을 두어 지키게 했다"고 해석했다. 고구려가 신라를 구한 뒤 왜군을 쫓아가 임나가라 종발성을 함락시킨 사실, 그리고 왜구가 크게 무너졌다는 기술 사이에 나오는 구절이므로 충분히 그럴 만하다. 또한 뒤에 결락된 한 글자 ▨를 건너뛰고 '신라성▨성(新羅城▨城)'이 나오므로 문맥상 "나인(신라인/순라병)을 두어 신라성 ▨성을 지키게 했다"는 해석이 가능하다. 왜와 백제는 그 뒤에도 계속 연합해 고구려에 대항했는데, 404년(영락 14)의 다음 비문 기록에서도 그 사실을 알 수 있다.

왜가 법도를 지키지 않고 대방帶方 지역에 침입했다. (……) 석성石城을 공격하고 배를 연이어 붙여 (……) 왕이 몸소 군대를 이끌고 평양을 거처 (……) 왕의 군대가 적의 길을 끊고 막으며 좌우로 공격하니 왜구가 궤멸했고 참살한 수가 무수히 많았다.

이에 대해 『삼국사기』 백제본기에는 고구려와 백제가 황해도와 경기도 북부 지역에서 전투를 벌인 것으로 나온다. 지금까지 살펴본 것처럼 당시 한반도를 둘러싼 국제정세는 고구려와 신라가 한 축을 이루고, 백제가 왜와 연합해 또 다른 한 축을 형성하며 가야에 영향력을 미쳤다. 고구려는 신라를 영향권 아래 두고 백제·왜와 대립했고, 백제와 동맹했던 왜는 가야 지역 일부를 전초기지로 삼아 신라를 침공했다. 이 시기의 한반도 정세와 신라가 왜의 침략을 받자 고구려에 도움을 청한 사실을 잘 보여주는 기록이 있다. 바로 신라 박제상(363~419)에 얽힌 다음의 유명한 일화다.

『삼국사기』 열전 박제상 전에 따르면, 박제상은 신라를 건국한 박혁거세의 후손이자 파사이사금의 5세손이다. 그는 전왕인 실성마립간 때 고구려와 왜에 볼모로 보내진 동생들을 데려오라는 눌지마립간의 명을 받았다. 박제상은 418년 고구려로 가서 장수왕을 설득해 복호를 데리고 왔고, 같은 해에 바로 왜에 가서 미사흔을 신라로 몰래 도망치게 했다. 이를 알게 된 왜왕은 박제상을 유배 보낸 후 불태워 죽이고 목을 베었다. 『삼국유사』에서는 그를 김제상이라 했고 눌지마립간의 동생들 이름도 각각 보해와 미해로 적었지만 줄거리는 『삼국사기』와 거의 비슷하다. 다만 그가 왜왕의 회유를 받자 "계림(신라)의 개나 돼지가 될망정 왜왕의 신하는 될 수 없고, 계림의 형벌은 받을지언정 왜의 벼슬과 상은 받지 않겠다"고 말했다는 전승을 싣고 있다. 그의 부인은 남편을 그리워하다 치술령 고개에서 왜 쪽을 바라보고 통곡하다 죽어 치술 신모가 되었다고 하며, 또 남편을 기다리다

망부석이 되었다는 설화도 민간에 전해졌다.

텍스트에 비친 콘텍스트

광개토왕릉비는 만주와 한반도 북부의 광활한 영역을 개척한 광개토대왕의 업적을 기리고 후세에 전하기 위해 아들 장수왕이 세웠다. 이는 고구려의 공식 기록물이므로 고구려인의 눈에 비친 국제정세와 고구려의 입장, 비를 세운 목적이 그 안에 담겨 있다. 그렇기 때문에 근대 민족주의나 국가주의 관점, 타자의 시각을 배제하고 텍스트가 말하는 당시의 콘텍스트를 그대로 읽어내야 한다. 1,775자에 이르는 비문 내용은 크게 세 단락으로 되어 있다.

첫째, 천제의 아들로서 고구려를 세운 추모왕(동명성왕)의 신성한 혈통, 그 계보를 이은 광개토대왕의 정통성을 표방했다. 추모왕은 천제와 물의 신 하백의 딸이 낳은 이로 알에서 태어났다. 북부여를 떠나 신이한 기적을 경험한 후 홀본(졸본)에 도읍을 정하고 고구려를 세웠다. 죽은 뒤에는 황룡을 타고 하늘로 올라갔다고 한다.

둘째, 광개토대왕이 왕위에 있는 동안 이룬 업적을 8년간의 공적을 중심으로 자세히 기록했다. 여기에서는 백제나 왜와 같은 주변 나라들과 만주에 살던 패려, 숙신 등의 종족을 쳐서 복속한 지역들을 하나하나 기술했다. 동부여는 64성 1,400촌을 격파했다. 그런데 광개토대왕의 최대 공적 가운데 하나인 중국 북조의 북연과 싸워 이긴 사건은 적혀 있지 않다. 그 이유는 이 비가 세워진 목적과 관련이 있다.

셋째, 왕릉을 지키는 가호인 '수묘인연호守墓人烟戶'를 수록했다. 수묘인 가호 330호의 출신지와 구성, 이를 사고파는 행위를 금지하는 법령 등이 다음과 같이 기재되어 있다.

왕이 생전에 말했다. "선조 왕들은 오직 주변의 구민舊民(고구려인)들을
데려다 무덤을 지키고 관리하게 했다. 이들 구민들이 점차 몰락하게 될
까 우려되노라. 내가 죽은 뒤에 묘를 지키는 일은 내 직접 잡아온 한인
韓人과 예인穢人을 데려다 수호하게 하라"고 명했다. 그에 따라 왕의 사
후 한족과 예족 220가에게 광개토왕릉을 지키게 했다. 하지만 그들이
수묘의 예법을 모르기 때문에 구민 110가를 추가해 모두 330가로 했
다. 330가 가운데 국연國烟은 30가, 간연看烟은 300가이다.
선조 왕들 이래로 능묘에 돌비석을 세우지 않아 수묘인연호 제도가 혼
란스럽게 되었다. 이에 왕이 선조 왕들을 위해서 능묘 옆에 비를 세우
고 연호를 새겨 착오가 없도록 하라고 명했다. 또 규정을 제정하시어
"이제부터 수묘인을 다시는 서로 팔아넘기지 못하게 하며, 설혹 부유
한 자일지라도 함부로 사들이지 못하도록 하라. 만일 이 법령을 위반하
는 자가 있으면 판 자는 형벌을 받게 하고 산 자는 자신이 대신 묘를 지
키도록 하라"고 했다.

광개토왕릉비를 세운 주요 목적이 왕릉을 지키는 수묘인을 구체적으로
명시하고 확정해 이들을 사고팔지 못하게 하는 데 있었음을 보여준다. 수
묘인은 조선시대로 치면 종9품 능참봉 역할인데, 고구려 때는 왕권의 존
엄과 직결된 중차대한 문제였다. 광개토대왕은 전쟁을 통해 자신이 복속
한 지역에서 데려온 한인과 예인을 자신의 수묘인으로 정했고, 그에 고구
려인을 추가해 제도의 영속성을 꾀했다. 당시 수묘역 제도의 혼란상을 바

로잡기 위해 선대 왕릉에 비를 세우고 수묘인 전매를 금하는 내용을 법제화했는데, 이것이 바로 비를 세운 가장 중요한 목적이었다.

수묘역 제도는 왕릉의 신성함과 왕가의 위신을 나타낸다. 그래서 훌륭한 업적을 세운 광개토대왕의 권위를 바탕으로 이를 적극 수호하고자 했던 것이다. 그런데 여기서 대왕이 직접 언급한 왕릉 수묘인을 사고파는 부유한 자들은 누구일까? 그것은 아마도 고구려의 중앙권력을 국왕과 나누어 가진 5부 귀족세력일 것이며, 금령은 이들을 견제하기 위한 조치였다. 덧붙여 중국 북연과의 전쟁을 빼고 정복을 통해 데려온 한족과 예족 관련 기사만을 부각시킨 것도 왕권강화와 직결된 수묘인 제도의 확립을 내세우기 위한 것이었다.

광개토왕릉비의 텍스트가 전해주는 콘텍스트를 좀더 깊이 살펴보자. 고구려에서 만들어진 텍스트는 고구려인의 눈으로, 고구려의 콘텍스트라는 거울로 비춰봐야 한다. 먼저 광개토왕릉비라는 텍스트를 읽는 독자는 누구일까? 1,600년이나 지난 후대 사람들, 그것도 민족주의와 국가의 틀 안에서 고대사 주도권을 놓고 경쟁하는 한국인과 일본인을 위한 텍스트는 분명 아니다. 주요 독자는 바로 고구려의 지배층이자 권력을 나누어 가진 5부의 유력 귀족들이었다. 5부는 계루부(왕족), 절노부(왕비족), 소노부(구왕족), 순노부, 관노부로서 공동으로 권력의 균형을 맞추고 있었다. 광개토대왕은 전에 없던 영토확장의 업적을 세워 왕의 권위가 높아졌지만 그에 앞선 고구려 왕권은 5부 세력을 초월하는 절대적인 힘을 갖지 못했다. 그런 상황이 왕릉 수묘인제의 혼란으로까지 나타난 것이다. 광개토대왕과 장수왕은 왕의 혈연적 신성함과 정통성, 정복전쟁의 공적과 수묘인제의 중요성을 만천하에 알렸는데, 그것이 바로 거대한 규모의 왕릉비 조성이었다.

장수왕은 부친 광개토대왕의 위엄과 확고해진 권력을 바탕으로 427년에 국내성에서 평양으로 고구려의 수도를 옮겼다. 비의 건립과 수도 이전은 5부의 균형과 상호 견제가 아닌 왕권의 절대적 우위를 잘 보여준다. 오늘날도 그렇지만 더욱이 고대에는 외침이 있지 않으면 기득권 세력의 저항과 반발 때문에 도읍을 옮기기가 쉽지 않았다. 장수왕이 이를 감행할 수 있었던 것은 광개토대왕의 후광 덕에 확대된 영역을 기반으로 왕권의 절대적 안정성을 확보했기 때문이다. 구 도읍이 될 국내성의 질서를 유지하고 상징적 기념물을 세우는 차원에서 왕의 치적과 강력한 왕권을 내세운 광개토왕릉비 건립을 추진한 것은 아닐까?

시야를 더 넓혀 왕릉비 텍스트에 드러난 고구려의 외적 관계망을 떠올려보자. 당시 한반도와 만주를 주름잡은 고구려의 천하관, 그것을 가능케 한 국제질서의 콘텍스트는 어떠했을까? 중국 대륙이 수백 년간의 남북조시대 동안 대결과 혼란을 거듭할 때 고구려는 만주와 동북아시아의 최강자로 떠올랐다. 당시에 고구려인은 스스로를 중국과 다른 독자적 세계의 중심이라 여겼고, 이는 주변 나라들을 아우르는 고구려의 천하관으로 나타났다.

고구려의 천하관은 첫째, 고구려왕인 태왕의 은택이 직접 미치는 왕의 국토를 기본으로 하며 이는 고구려 자체를 뜻한다. 둘째, 주변국과 연계된 상하 조공관계로서 '왕이 지켜야 할 천하守天'를 가리킨다. 동부여처럼 무력으로 귀속시킨 대상은 물론, 신라처럼 조공을 바쳐 속민, 신민이 된 경우도 포함한다. 이를 왕에게 귀복했다는 뜻의 귀왕歸王이라고도 한다. 셋째, 고구려가 주도한 천하질서 전체를 대상으로 하며, 신민이 될 것을 약속했다가 바로 뒤집고 대립했던 백제와 왜까지 포함된다.

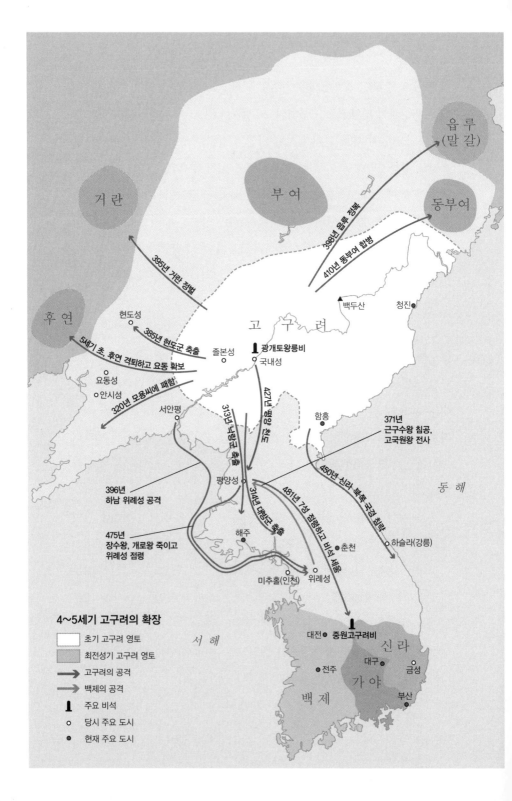

읍 루
(말 갈)

거 란

부 여

동부여

398년 읍루 정복

410년 동부여 합병

395년 거란 정벌

백두산

청진

후 연

현도성

385년 현도군 축출

고 구 려

5세기 초, 후연 격퇴하고 요동 확보

졸본성

광개토왕릉비

국내성

427년 평양 천도

요동성

안시성

320년 모용씨에 패함

서안평

313년 낙랑군 축출

함흥

371년
근구수왕 침공,
고국원왕 전사

동 해

396년
하남 위례성 공격

평양성

450년 신라 북후 국경 점령

해주

춘천

하슬라(강릉)

475년
장수왕, 개로왕 죽이고
위례성 점령

314년 대방군 축출

481년 7성 점령하고 비석 세움

미추홀(인천)

위례성

중원고구려비

4~5세기 고구려의 확장

☐	초기 고구려 영토
▨	최전성기 고구려 영토
→	고구려의 공격
→	백제의 공격
⚑	주요 비석
○	당시 주요 도시
●	현재 주요 도시

서 해

대전

신 라

전주

대구

금성

가 야

백 제

부산

이 가운데 왜는 지리적으로 멀리 떨어져 있어 복속하거나 점령하기가 쉽지 않아 군사적 대결만을 벌인 이질적 존재였다. 이 때문에 왕릉비에서도 주적, 강적의 이미지로 몇 차례 기록되었다. 고구려의 입장에서 지배공동체를 결속하고 왕권을 강화하기 위해서는 왜를 주요 표적으로 삼아 '악의 축'으로 몰아야만 했다. 왕릉비에서 왜와의 전투를 승리로 이끈 일을 특히 강조한 것은 왕의 위상을 높이려는 목적 때문이었다. 또한 백제와 신라가 속민, 신민으로 등장하고 백제, 왜와의 대결구도와 고구려 우위를 내세운 것은 고구려의 천하관을 반영한 것이었다. 천하를 제패한 대왕의 능력, 신성한 왕권의 초월성을 대내외에 선포한 것이다. 이처럼 '고구려인의 눈으로 고구려사를 본다'는 대전제에서 비문의 텍스트를 읽어야 한다.

3. 두 민족국가의 서로 다른 시선

임나일본부를 둘러싼 사실 공방

일본에서 임나일본부 주장은 19세기 말 세상에 알려진 광개토왕릉비 신묘년조 기사를 근거로 해서 확대 재생산되었다. 임나일본부는 100년이 지난 지금도 한일 양국의 역사학계에서 평행선을 그은 채 접점을 못 찾고 있다. 한국 학계는 임나일본부설을 아예 부정하거나 6세기 무렵 가야가 백제와 신라의 압박을 받았을 때 일시적으로 안라(함안)에 '왜신(倭臣)'이 상주했다고 본다. 고대에 왜가 한반도 남부 지역에 영향력을 미쳤다고 해도 이는 동맹인 백제와 관련 있는 일이며, 임나일본부와 같은 상시적 점령체제를 인정하기 어렵다는 것이다. 일본의 동양사학계는 한국처럼 임나일본부를 부정하거나 그 성격을 축소해서 이해한다. 이에 비해 일본 사학계는 신공황후의 삼한정벌 후 임나일본부가 한반도 남부에 군사적·정치적 영향력을 행사했다고 보는 것이 일반적이다. 그렇다면 이들은 어떤 기록을 근거로 이러한 주장을 하는 것일까?

일본에서 임나일본부를 주장하게 된 가장 중요한 사료적 근거는 『일본서기』다. 이 책은 일본의 건국신화부터 지통천황이 사망한 697년까지 연대순으로 기록한 통사이며 『고사기』와 함께 일본 고대사, 그와 관계된 한반도 역사를 서술한 중요한 사서. 임나일본부와 관련해 신공황후의 삼한정벌, 일본부의 존재와 관료명, 활동 등이 기재되어 있는데 임나일본부는 5회, 일본부는 30회나 등장한다. 『일본서기』는 8세기 초에 성립되었으므로 1145년에 편찬된 『삼국사기』에 비해 400년이나 일찍 만들어졌다. 또 『삼국사기』에 없는 내용을 다루고 있어 고대 한반도의 역사상을 구체적으로 밝히는 데 도움을 준다.

하지만 『일본서기』의 기록을 액면 그대로 받아들이기에는 많은 문제점이 있는 것이 사실이다. 『일본서기』는 과거 일본 열도와 한반도의 역사나 양자의 관계를 철저히 일본 중심의 관점에서 쓴 책이다. 왕을 천황으로 개칭해 일본을 중국과 대등한 천자국의 위상에 올려놓았고 고구려, 백제, 신라 등 한반도 여러 나라를 일본에 조공을 바친 제후국으로 보았다. 일본을 우위에 둔 국제질서의 역학관계를 상정하고 역사적 사실들을 자기네 입맛에 맞게 재가공해 서술했을 가능성이 농후하다. 또한 『일본서기』는 720년에 만들어졌는데, 일본이라는 국호는 7세기 중후반에 처음 쓰였고 702년 당나라로부터 공인받았다. 그러므로 일본부라는 명칭 자체는 절대 7세기 전에는 존재할 수 없었다.

물론 삼국이 일본에 문물을 전한 사례나 삼국이나 가야와 관계된 구체적 기록들이 모두 허구는 아니다. 또 우리에게는 전해지지 않은 다양한 역사적 사건이 『일본서기』를 통해 빛을 보게 된 측면도 있다. 하지만 인물이나 사건이 실제 있었다고 해도 행위의 주체를 고구려, 백제, 신라에서 일본으로 바꾸거나 전후 순서와 상하관계를 뒤집어버리는 등 의도적인 왜곡과 조작이 이루어졌을 가능성이 있다. 따라서 고고학 발굴 성과와 결정적 근거, 당시의 정황에 대한 객관적 이해 없이는 실제 존재했던 역사였다고 쉽게 믿어서는 곤란하다. 특히 같은 사건에 대해 『삼국사기』와 다르게 기술한 경우는 더욱 그렇다.

식민지기에 일본 학자들이 고대사 기술을 둘러싸고 『삼국사기』의 문제점을 드러내고 비판한 이유도 『일본서기』가 좀더 신빙성이 있음을 주장하려는 의도였다. 『삼국사기』는 당시 구할 수 있는 자료의 성격상 신라 위주로 서술되었다. 또 『일본서기』보다 훨씬 뒤에 만들어졌다는 점도 약점이다. 그러나 유학자였던 김부식이 유학의 합리적 원칙을 지키면서 자료를 판별하고 엄정하게 서술했던 만큼 그 가치를 폄하해서는 안 된다. 따라서 천황가를 높이기 위해 자국사의 관점에서 쓴 『일본서기』를 맹신하고 『삼국사기』를 부정할 이유는 없다. 일본 학자들도 이 점을 알고 있었기에, 중국이나 한국의 다른 사료에서 임나일본부의 존재를 입증하고자 노력했다. 그것이 바로 광개토왕릉비의 신묘년조, 그리고 중국 남조 송나라의 역사책인 『송서』의 기록이다.

5세기 초의 광개토왕릉비에는 임나가라의 명칭, 신라와 가야 등에서 펼쳐진 고구려와 왜의 전투와 대립관계가 서술되어 있다. 일본에서는 이를 임나일본부가 존재하던 상황에서 벌어진 사건이라고 보았다. 그런데 중국

측 기록인 『송서』를 보면 5세기에 왜왕이 조공을 바쳤고, 남조의 송에서 책봉을 내려 왜가 국제무대에서 공식적 지위를 얻은 것으로 나온다. 송 황제가 내린 책봉 내용은 왜, 백제, 신라, 임나, 가라, 진한, 모한(마한) 7국의 군사를 관장하는 '안동대장군 왜국왕'이라는 칭호였다. 이는 동아시아 세계에 왜가 처음 데뷔한 것으로 당시 왜의 위상과 존재감을 보여주는 기록이라고 여겨졌다. 이후 일본사에서 가마쿠라, 무로마치, 에도로 이어지는 막부체제의 수장은 안동대장군에서 유래한 장군將軍의 일본어 명칭인 쇼군이었다. 조선 국왕이 일본 국왕에게 보내는 국서의 수취인이 막부의 쇼군이었을 정도로 쇼군 직함은 천황을 대신해 일본을 대표하는 의미를 지녔다.

이 밖에도 「봉림사진경대사탑비」에서 통일신라 말의 선승 심희가 원래 임나의 왕족 출신이라고 한 점, 『삼국사기』에 임나일본부 기록은 없지만 신라가 왜인의 침입을 받은 기사가 25회 등장하고, 7세기 신라의 6두품 유학자 강수가 임나가량인任那加良人이라는 점 등의 한국 자료를 들어 임나가야의 존재를 뒷받침하려 했다. 하지만 『송서』 기록은 지리적으로 멀리 떨어진 왜와 한반도의 상황을 정확히 반영한 것이라기보다 왜의 첫 조공에 대해 송이 인사치레로 준 허명의 칭호였을 수 있다. 그리고 광개토왕릉비와 기타 한국 측 기록들은 가야연맹에 임나가야가 있었음을 알려주지만, 그것이 일본의 통치기구인 임나일본부가 존재했음을 보여주는 결정적 증거는 되지 않는다. 당시 왜가 군사적으로 강성했고 한반도 남부 지역에 진출해 활동한 사실은 인정되지만, 이 또한 백제와 왜의 관계, 양자의 동맹과 고구려에 대한 군사적 공조 차원에서 바라보아야 한다.

여기서 잠깐 일본과 한국에서 그간 제기된 임나일본부 관련 학설들을 짚고 넘어가자. 먼저 식민지기에 주장되고 1949년 『임나흥망사』로 정리된

스에마쓰 야스카즈의 '남한경영론'이다. 이는 19세기 후반에 제기된 정한론에서 역사적 근거로 삼은 신공황후 삼한정벌설에 의해, 369년 왜의 군대가 가야 지역을 정벌하고 임나를 왜의 지배 아래 두었다는 설이다. 4세기 말에서 5세기 초에는 광개토왕릉비에 나오는 것처럼 한반도 남부의 지배권을 놓고 왜와 고구려가 대결했고, 한반도 남부의 영유권에 대해 중국의 인정까지 받았다는 것이다. 또한 왜는 가야가 신라에 병합되는 562년까지 이 지역에 큰 영향력을 미쳤다고 주장한다.

일본에서는 1945년 패전 직후 천황제 이데올로기와 황국사관의 그늘에서 탈피한 새로운 학설이 제기되어 큰 파문을 불러일으켰다. 바로 에가미 나미오江上波夫의 '기마민족 정복왕조설'로서 부여 – 고구려계 북방 기마민족이 남쪽으로 내려와 한반도와 일본에 여러 고대국가를 세웠다는 가설이다. 이 설에 의하면 남한 지역을 지배한 이들 가운데 진한辰韓의 왕족이 4세기 초에 일본으로 건너와 규슈에 한과 왜의 연합왕조를 세웠다. 그 지배자가 숭신천황이었고 5세기 초에 그 후손인 응신천황이 현재 나라와 교토가 있는 기내畿內 지역(천자가 직접 다스리는 영지)에 진출해 야마토大和 왕조를 열고 일본을 통합했다는 것이다. 일본 천황의 계보는 『일본서기』와 『고사기』에 나오는데, 15대 응신천황과 거대한 고분이 남아 있는 16대 인덕천황 이전의 실재 여부는 불투명하다. 어쨌든 한과 왜의 연합왕조가 규슈에서 시작해 영역을 넓히고 한반도 남부까지 세력권에 두었다가 6세기 중엽에 그 영향력을 잃었다는 것이다.

1960년대에는 북한학자 김석형이 기존 통설을 뒤엎는 참신한 주장인 '분국설分國說'을 제기했다. 그는 4~5세기 일본 고분문화와 규슈 일대에 퍼져 있는 한국식 산성에서 한반도 계통의 영향이 확인되며, 그 중심세력은 한반도에서 건너간 소국이라고 보았다. 『일본서기』의 한반도 관련 기사는 한반도의 국가(본국)가 아닌 일본 안 한반도 계통 소국(분국)의 역사이며, 송에서 왜왕의 군사권을 인정한 7개국도 규슈의 이들 분국을 가리킨다는 것이다. 김석형은 6세기 초에 이들 분국을 백제계 야마토 정권이 통일하면서 북규슈의 가야 계통 임나소국에 설치한 것이 임나일본부일 것이라고 추정했다.

1970년대에는 이노우에 히데오井上秀雄가 '위왜僞倭 자치집단설'을 제기했다. 그는 4~5세기 무렵 왜의 항해술로는 대규모 군사집단이 바다를 건너 한반도로 진출하기는 어려웠을 것으로 보았다. 따라서 임나일본부는 임나의 토착세력이 왜인을 자처하며 가짜 왜 행세를 한 것으로 가정했다. 왜의 중앙귀족이나 지방호족과 관계된 이들이 자신의 세력을 키우면서 대외적으로 임나의 입지를 다지려 했다는 주장이다. 한편 같은 시기에 천관우는 '백제군 사령부설'을 제기했다. 그는 4세기 중반 백제의 근초고왕이 마한 전역을 차지한 데 이어 낙동강 서쪽 가야의 소국들을 군사적으로 정벌한 후 백제군 사령부를 설치한 것이 뒤에 임나일본부로 와전되었다는 가설을 세웠다.

이후 백제와 연결된 왜군 용병의 활동이 임나일본부로 잘못 전해졌다는 연구가 나왔다. 또 1990년대에 스즈키 히데오鈴木英夫는 가야연맹이 신라에 망하기 30년 전인 530년 무렵 안라가라에 왜의 군사집단이 파견되어 임나일본부가 성립되었으나 다음 해에 백제군이 주둔하면서 해체되었다고 하여 기간과 의미를 크게 축소했다. 이들 연구는 왜가 백제 또는 가야와 밀접한 관계를 맺었음을 전제로 왜의 군사적 원조 가능성을 인정한다는 점에서 공통점이 있다.

1970년대 이후 연구에서 두드러진 특징은 크게 세 가지다. 첫째, 임나일본부는 왜의 군사적 침략이나 지배보다 왜가 가야 지역에 둔 외교기관 또는 통상교역기관의 성격을 띤다는 점이다. 둘째, 임나일본부가 있었던 기간과 영향력에 대해 전보다 크게 줄여서 보고 있다. 셋째, 가야 지역에 대한 영향력이 왜보다 백제가 훨씬 컸으며, 문제는 이들보다 가야의 입장에서, 가야사의 시각으로 보아야 한다는 점이다. 임나일본부가 있었느냐 없었느냐 하는 대립적 시각에서 벗어나 그 실체와 성격에 대한 많은 논의가 이어져온 것이다.

고대사 기억의 생성과 확산

앞서 보았듯이 광개토왕릉비의 독해는 고구려인의 눈으로, 당시의 시대상황과 국제질서의 틀 안에서 바라봐야 한다. 임나일본부도 주체를 상정해 텍스트와 콘텍스트를 동시에 읽어내야 한다는 점에서는 마찬가지다. 가야 지역을 무대로 일어난 사건과 일은 가야사에 속하므로 가야인의 시각에서 사안에 접근할 필요가 있다. 하지만 『삼국유사』나 『일본서기』 등 문헌사료에는 가야의 실상을 알려주는 기록이 매우 적다. 가야인이 아닌 제3자의 입장에서, 그것도 후대에 쓰인 짧은 기록만 갖고는 가야사를 복원한다는 것 자체가 말이 안 된다. 다행히 최근까지 고분 발굴, 유물 출토 등 고고학 분야의 성과를 통해 망각 속에 묻힌 가야가 뿌옇게나마 모습을 드러내고 있다.

가야사 전공자인 김태식은 가야를 '독자적 소국연맹체'로 규정했다. 고고학 발굴 성과를 바탕으로 가야 지역에 기원전 1세기부터 철기문화가 발달했고 6세기까지 특유의 묘제와 토기문화가 지속했다고 보았다. 그는 소

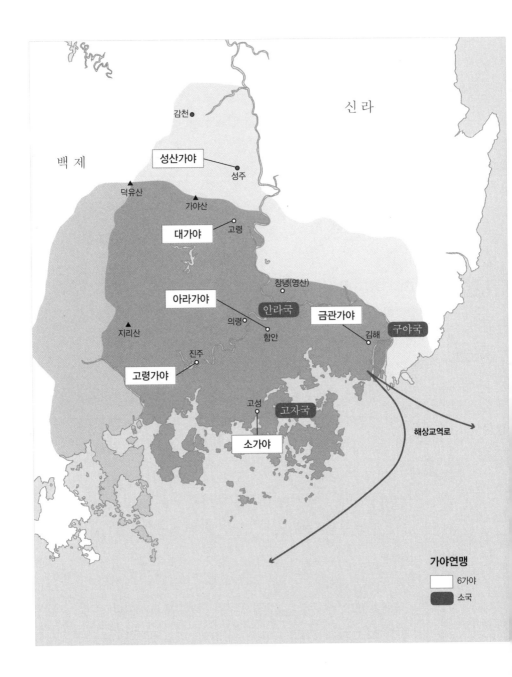

신라

백제

감천●

성산가야 ─── 성주

덕유산 ▲

가야산 ▲

대가야 ─── 고령

창녕(영산)

아라가야 ─── 안라국

금관가야

지리산 ▲

의령 함안

김해 구야국

진주

고령가야

고성 고자국

소가야

해상교역로

가야연맹

□ 6가야

■ 소국

가야 철기와
수레바퀴 토기

국들의 정치적 연맹체가 오랜 기간 큰 변동 없이 유지되었고 묘제와 철기문화, 토기문화 등에서 일본적 요소를 찾을 수 없음을 강조했다. 이렇게 볼 때 임나일본부가 이 지역을 장기간 지배했다고 보기는 어렵다. 다만 일본 천황가의 독특한 고분양식인 앞이 네모나고 뒤가 동그란 전방후원분 형태가 가야 지역에서 일부 확인되고 있다. 그러나 그러한 고분의 형태가 어느 쪽에서 먼저 시작되었는지, 또 서로 교류하다 자연스럽게 생겨난 현상일 수 있음을 고려하지 않고 무조건 한쪽의 영향이나 문화이식의 사례라고 할 수는 없다.

한반도 남부 지역에는 기원전 2세기 이후 철기문화가 들어왔고 기원전 1세기 무렵에는 여러 소규모 정치집단인 국國이 모여 구성된 마한(54개국), 진한(12개국), 변한(12개국)의 삼한이 등장했다. 각국은 국읍을 중심으로 발전했고 연맹을 결성해 세력을 키워나갔다. 마한 권역에서는 한강 유역의 백제, 진한은 사로국의 신라, 변한은 구야국의 금관가야가 국가 단계로 나아간 대표적 국들이다. 가야는 변한 12국에서 발전해 3세기 이후 연맹체 세력으로 커나간 것으로 보인다. 동쪽의 금관가야(김해), 아라가야(함안), 소가야(고성), 서쪽의 대가야(고령), 성산가야(성주), 고령가야(함창)를 합쳐 6가야라고 한다. 이 중 소국으로 성장한 곳은 구야국(김해), 고자국(고성), 광개토왕릉비에서 문제가 된 안라국(함안) 등이었다.

가야는 400년 무렵 기존의 맹주였던 김해 가야가 쇠퇴하고 5세기 중엽 이후에는 고령의 대가야가 연맹을 주도했다. 임나일본부 형태의 기구가 『일본서기』 등 일본 측 사료에 주로 등장하는 시기는 그 뒤 100년이 지난 541년에서 552년 사이의 10여 년간이다. 이때는 가야연맹체가 백제의 세력권 안에 들어간 시기인 동시에 신라의 압박이 커지면서 점차 존망의 위기를 맞이하게 된다. 그러자 연맹체의 소국들 사이에 갈등이 고조되었으며 백제, 왜, 신라와의 사이에서 치열하고 복잡한 외교전이 펼쳐진 것으로 보인다.

이러한 상황에서 임나일본부는 530년대에 백제가 안라(아라)가야에 파견한 친백제적 왜인 관료기구이자 백제의 대왜 무역중개소였다는 주장이 나왔다. 540년대에는 안라세력이 다시 주도권을 잡으며 친안라 왜인들로 재편한 외교지원기구(안라 왜신관)로 성격이 변화했고, 550년을 전후해 백제의 압력으로 해체되었다고 추정하기도 한다. 이처럼 가야사의 관점에서 역사상의 변화과정을 이해해보면, 가야를 주체로 한 새로운 해석이 가능하다.

일제의 식민지배와 그로 인해 강고해진 민족주의는 고대사의 주도권을 둘러싼 각축의 시작이었다. 근대 국민국가의 확고한 틀 속에서 기억을 조작하고 이미지를 윤색하면서 '만들어진 고대사'가 탄생했다. 광개토왕릉비문의 아전인수식 해석, 임나일본부의 역사화는 고구려와 가야가 아닌 일본 제국의 시각에서 한국 고대사를 마음대로 재단한 것이다. 서양에서도 근대 국민국가는 상상의 공동체로 알려진 국민국가의 원형과 국민 정체성을 고대사에서 찾고자 했다. 저명한 역사학자 에릭 홉스봄은 근대 국민국가에서 전통이 창출된 방식을 말하며 "고대사는 현실을 투영시킨 역사적 산물"이라고 정의했다.

제국 일본은 한반도의 군사적 점령과 식민지배를 위해 임나일본부 같은 만들어진 고대사의 기억을 적극 활용했다. 앞서 광개토왕릉 비문을 해독해 신공황후 삼한정벌설을 입증하는 근거로 썼던 나카 미치요는 1904년 러일전쟁 발발 직전에 러시아의 위협에서 일본 국민의 경각심을 일깨우고 단결을 촉구하기 위해 비를 도쿄로 이전하려 했다. 고대에 한반도 남부로 진출한 일본이 러시아와 같은 북방세력인 고구려와 싸워 임나일본부의 영역권을 확보했음을 예로 들어, 러시아와 전쟁에 임하는 일본 국민의 정신을 무장하고 계도할 목적으로 왕릉비를 기념비로 삼으려 한 것이다.

이처럼 현재를 과거에 투영해 과거사를 독점하려는 일종의 기억 쟁탈전이 고대사 영역에서 집중적으로 펼쳐졌다. 한국과 일본이라는 서로 다른 배타적 민족, 대립적 국민국가의 입장에서 두 기억은 충돌을 거듭하며 더 뚜렷한 각자의 이미지를 형성했다. 앞서 제국과 식민지의 관계에서 제국은 식민지 타자의 기억을 빼앗고 조작하기가 아주 쉬웠다. 해방 후 두 개의 국민국가로 대등한 관계가 되면서 역사의 기억을 둘러싼 치열한 경쟁이 벌어졌고, 고대사에 대한 두 국민의 상이한 입장은 더욱 강화되고 확산되었다.

식민지기에 일본 측은 고대에 한반도 남부를 지배했고 근대에는 한국의 근대화를 이끌어주었다고 주장했다. 일본과 한국이 역사의 뿌리와 현실에서 다르지 않다는 일선동조론, 내선일체를 주장하며 한반도에 대한 일본의 역사적 영향력을 살아 움직이는 기억으로 재생했다. 그에 대한 한국인의 반발심은 고대에 많은 '한국인'이 일본으로 건너가 문화를 전해주고 지배층을 이루었다는 자부심으로 나타났다. 또한 '일본인'은 그 은혜를 모르고 오히려 침략과 식민지배로 갚았다고 하여 비판적 정서를 키웠다. 이는 국민국가의 배타적 틀에 갇혀 자신의 입장에서 고대사를 기억하고 현재의 의도나 욕구와 결부시켜 이해하는 전형적 사례일 것이다.

『중세의 가을』을 쓴 네덜란드 역사학자 요한 하위징아(1872~1945)는 "서로 멀리 떨어진 당시와 현재의 양극 사이를 파악하는 긴장감에서 역사적 이해가 생겨난다"고 했다. 이는 역사 해석에 현재의 입장이 투영될 수밖에 없지만 과거 사실과 현재의 시각 사이에 드러나는 틈을 어떻게 넘어설 것인지가 관건이라는 의미다. 20세기에 동아시아 삼국은 '국사의 시대'를 경험했다. 일본을 시작으로 한국과 중국은 정치경제의 각축과 대결 속에서 자기완결적인 민족사를 만들기 위해 노력해왔다. 그런데 이러한 국가적 차원의 경쟁은 특히 고대사와 근대사에 대한 입장 차이와 반목을 키웠고, 타국의 역사에 끼어들고 간섭하며 평행선을 달리고 있다.

한국과 중국, 일본이 서로 공유하는 공통분모를 확대하면서 무언가 이해의 접점을 찾을 길은 과연 없을까? 오늘날에도 정치적·경제적·군사적 갈등을 계속하고 있는 동아시아에서 꼬인 역사에 대한 해답을 찾기는 쉽지 않다. 하지만 우리는 자국 중심의 이해를 일단 접어두고 타자의 생각이 무엇인지 우선 경청할 필요가 있다. '있는 그대로의 고대사', '타자와 공유하는 근대사'가 가능할지는 그다음의 문제다. 국사나 국민사가 아닌 지역사, 시민사, 나아가 동아시아사의 가능성에 대해 생각해보아야 한다. 고대사의 기억을 둘러싼 쟁탈전을 접고, 근대 국민국가의 벽을 넘어 소통하는 역사, 상생하는 역사를 지향해야 한다. 동아시아의 과거와 현재의 부채를 미래로 떠넘겨서는 안 되기 때문이다.

광개토왕릉비와 임나일본부는 고대사에 대한 근대 국민국가의 기억 쟁탈전 양상을 여과 없이 보여준다. 이것은 한 치도 양보할 수 없는, 어떤 면에서는 민족과 국가의 사활을 건 문제인 것처럼 보인다. 그렇기에 역사인식의 영역을 넘어 정치적·외교적 갈등과 대립까지 낳는 위험한 불씨가 될 수 있다. 그런데 고구려와 가야의 역사가 1,500년이 지난 오늘날의 한국인과 일본인, 나아가 중국인에게 왜 문제가 되고 쟁점이 되어야 할까? 우리는 한국인의 원형을 고대사에서 바로 찾기보다 고려와 조선으로 이어지며 형성된 공동체 의식과 역사 계승인식에 더욱 주목할 필요가 있다.

고대사는 부족한 자료, 후대 사료의 신빙성 때문에 역사적 사실을 밝히려는 노력이 무엇보다 중요하다. 객관적 이해는 분명한 근거와 엄밀한 검증 위에서 가능하며 주관적 의도나 자의적 해석은 멀리해야 한다. 민족주의의 환상과 기대, 정치적 타산과 배타적 감정은 올바른 역사 이해에 전혀 도움이 되지 않는다. 광개토왕릉비와 임나일본부는 기본적으로 고구려인과 가야인을 둘러싼 국제관계의 중요한 텍스트이자 콘텍스트다. 따라서 이제 우리는 한 걸음 떨어져서 그 시대를 바라보아야 하며, 우리 역사에서 고구려와 가야가 왜 문제가되고, 그것이 어떤 의미를 가지는지에 대한 성찰적 질문을 던져야 한다.

3

원의 세계체제와
패러다임 변화

고려,
세계를 만나다

고려 후기인 13세기 전반 몽골의 침략과 그에 맞선 30년간의 항쟁,
그리고 이후 100년간 이어진 원 간섭기는 한국사에 어떤 영향을 미
쳤을까? 지금까지 이 시기를 다룬 한국사 서술에서는 대몽항쟁의
신화와 고려의 자주성 확보가 특히 강조되었다. 물론 원 간섭기는
근대 일본의 식민지배와는 그 성격이나 내용이 엄연히 다르다. 제
국주의에 의한 차등과 종속, 강제적 동화가 아닌 제한적인 방임 형
태였고, 고려는 동심원적 원 세계체제의 한 구성원이었다. 그럼에도
고려는 원에 복속된 상태였으며 그 대가로 얻은 것은 가혹한 압박
과 수탈이기보다 시야의 공간적 확대와 문명사적 파급효과였다. 고
려는 아시아 대륙을 제패한 원을 통해 세계의 끝에서 끝을 볼 수 있
었다. 원의 세계체제 속에서 동심원의 저 반대편에 있는 세계와 직
접 맞닥뜨리게 되었고, 고려의 역사적 경험과 세계관을 송두리째 흔
들어버린 패러다임 변화가 이어졌다.

1. 무신과 항쟁, 복속 이후

무신정권과 대몽항쟁

고려의 무신정권은 1170년에 시작하여 몽골에 항복하고 개경으로 환도한 1270년까지 100년간 이어졌다. 고려의 정치와 사회가 문벌귀족 중심으로 돌아가면서 무신이 차별받고 군인이 정당한 대우를 받지 못하자 무신들이 정변을 일으켜 정권을 잡았다. 무신정권의 최고집권자는 이의방 – 정중부 – 경대승 – 이의민으로 교체되었고, 1196년 최충헌이 권력을 잡은 뒤 60년간 최우 – 최항 – 최의까지 4대가 세습하며 집권했다. 그런데 최우 정권 때 몽골이 고려를 침략하자 그에 맞서 싸우는 과정에서 큰 혼란을 맞이했으며 막대한 인적·물적 타격을 입었다. 1258년에는 최씨 가문에서 성장한 김준 등이 최의를 제거해 최씨 정권을 무너뜨렸다. 1268년에는 김준이 수하인 임연에게 살해당했고, 1270년에 임연이 병사하면서 무신정권이 막을 내렸다.

무신정권은 겉으로는 국왕을 정점으로 하는 국가의 공적 체계를 유지했다. 하지만 국왕은 허깨비일 뿐이었고 모든 나랏일이 무신의 사적 방식에 좌우되었다. 이는 막부의 쇼군이 국왕의 역할을 담당하며 공적 체계를 운영한 일본의 무인정권과는 차이가 있다. 고려에서는 무신의 합의제 정치기구였던 중방을 통해 무신들이 마음껏 권력을 휘두르고 국정을 농단했다. 최씨 정권은 교정도감, 정방 등 인사와 행정을 전담하는 독자적 기구를 두어 강력한 권력을 거머쥐었다. 무신정권의 가장 큰 힘은 당연히 무력에서 나왔다. 그들은 사병집단인 도방을 두었고 관군과 사병의 성격이 뒤섞인 삼별초를 권력 유지에 적극 활용했다. 이런 시기에 사회경제적 혼란이 극심한 것은 당연한 일이었다. 백성의 생활고는 커졌고 국가의 재정은 눈에 띄게 줄어들었다.

갑작스럽게 무신정권이 들어서자 고려 사회는 크게 동요했다. 타격을 입은 문벌귀족은 극렬히 저항하며 반란을 일삼았다. 농민과 천민의 도망자 수가 날로 늘었으며 전국에 걸쳐 민란이 잇달아 일어났다. 그 과정에서 이의민처럼 하층 천민 출신이 최고집권자에 오르는 등 신분질서가 크게 흔들렸다. 이는 누구나 신분상승의 기회를 잡을 수 있음을 뜻했다. 1176년에는 차별적 지역공간인 향소부곡에 속한 충청도 공주 명학소에서 망이, 망소이가 난을 일으켰다. 1193년에는 경상도 청도에서 승려 김사미와 효심 등이 신라 부흥의 기치를 내걸고 일어나자 수만 명이 이에 가담하기도 했다. 1199년에 강원도 강릉에서 반란이 일어나 삼척과 울진이 함락되고 경주에서도 봉기가 일어나 두 세력이 합세했다. 이 밖에도 진주와 제주 등 전국 각지에서 소요가 일었으며 귀족, 승려, 군인, 일반민, 천민 등 난을 일으킨 주동자의 출신 또한 다양했다.

1198년에는 개경에서 최충헌의 사노인 만적이 난을 일으키려다 실패했다. 만적은 "장군과 재상이 어떻게 처음부터 씨가 따로 있겠는가? 때가 오면 누구나 그리될 수 있다"고 선포했다. 이처럼 전국에 걸쳐 신분의 높고 낮음에 상관없이 민란과 반란이 이어졌다. 이를 막기 위해 최씨 정권은 강경 진압을 시행하는 한편, 주모자에게 관작을 수여하거나 향소부곡을 군현으로 승격시키는 등 '채찍과 당근' 수법을 병행함으로써 결국 혼란은 마침표를 찍었다.

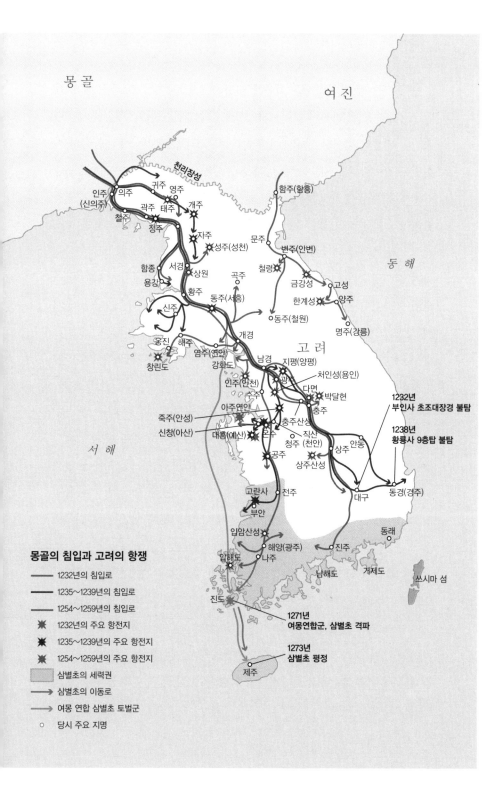

몽골

여진

천리장성

인주
(신의주)
의주
귀주
영주
철주
곽주
태주
개주
정주
자주
성주(성천)
함종
서경
상원
용강
황주
동주(서흥)
곡주
신주
옹진
해주
염주(연안)
강화도
개경
남경
창린도

함주(함흥)

문주
변주(안변)
철령
금강성
고성
한계성
양주
동주(철원)
명주(강릉)

동 해

고 려

지평(양평)
처인성(용인)
광주
다면
박달현
충주
인주(안천)
수주
아주연안
죽주(안성)
충주산성
신창(아산)
대흥(예산)
온수
직산
청주(천안)
공주
상주
상주산성
안동
대구
동경(경주)

1232년
부인사 초조대장경 불탐

1238년
황룡사 9층탑 불탐

서 해

고란사
전주
부안

입암산성
압해도
해양(광주)
나주

동래
진주

남해도
거제도

쓰시마 섬

제주

몽골의 침입과 고려의 항쟁

—— 1232년의 침입로
—— 1235~1239년의 침입로
—— 1254~1259년의 침입로
✳ 1232년의 주요 항전지
✳ 1235~1239년의 주요 항전지
✳ 1254~1259년의 주요 항전지
▨ 삼별초의 세력권
→ 삼별초의 이동로
→ 여몽 연합 삼별초 토벌군
○ 당시 주요 지명

1271년
여몽연합군, 삼별초 격파

1273년
삼별초 평정

몽골과 싸운 대몽항쟁은 최우가 집권하던 1231년에 시작해 1259년에 이르기까지 30년 가까이 펼쳐졌다. 고려는 1216년 거란의 침입 때 강동성에서 거란을 격파하는 과정에서 몽골과 처음으로 접했다. 이후 몽골의 사신인 저고여가 의문의 피살을 당하자 몽골은 이를 빌미로 1231년 고려를 침공했다. 몽골은 총 여섯 차례에 걸쳐 고려에 쳐들어왔고 아시아 전역을 종횡무진 내달리던 몽골 기마부대의 말발굽이 고려의 강역을 휩쓸었다. 최씨 정권은 몽골의 1차 침략 직후 개경 인근의 큰 섬인 강화도로 수도를 옮겨 결사항쟁의 의지를 표명했다. 그러나 육지의 본토에서는 향리와 지방민이 중심이 되어 지역별 방어항쟁을 치러야 했고, 전 국토가 몽골군에게 짓밟히며 엄청난 피해를 입었다. 대구 부인사에 보관되어 있던 초조대장경 판목과 신라 선덕여왕 때 만든 경주 황룡사의 9층 목탑이 불에 타서 없어진 것도 이때의 일이다.

1259년에 드디어 몽골과 강화조약을 체결했는데 이때는 김준 등이 최씨 정권을 몰락시키고 집권에 성공한 다음 해다. 한 해 전인 1258년에는 몽골의 기마군이 오늘날 이라크의 수도인 바그다드에 입성해 압바스 왕조를 무너뜨리고 서아시아 일대를 제패했다. 이후 김준은 임연의 손에 죽었고, 1259년 고종을 이어 왕위에 오른 원종이 1270년에 임연 등 무신세력을 모두 제거하면서 40년 만에 개경으로 돌아왔다.

이 무렵 무신정권의 군사적 기반이었던 삼별초를 해체하라는 왕명이 내렸다. 그러나 삼별초는 해산을 거부했고 배중손의 지휘 아래 전라도 진도에서 새 정부를 구성해 국왕에 맞섰다. 삼별초군은 다시 제주도로 건너가 김통정이 군을 이끌다가 1273년 여몽연합군에 전멸당했다. 삼별초는 원래 고려의 공식 군사조직이지만 무신정권의 권력을 유지하는 사병 역할도 담당했다. 처음에는 순찰과 경계 임무를 맡은 야별초에서 시작했지만 좌별초와 우별초로 나뉘었고, 몽골과 전쟁을 치르는 과정에서 신의군이 더해졌다. 삼별초는 몽골과의 항쟁과 정부 대민지배의 전위부대를 자임했는데, 그동안은 30년 대몽항쟁의 신화만이 부각되어왔다. 당시 조정은 강화도로 피난해 있었고 백성은 본토에 남아 몽골군의 살육과 노략질을 당하는 와중에 국가의 세금까지 감당해야 하는 상황이었다. 삼별초가 몽골과 항쟁을 하며 고려 정규군의 역할을 한 것은 맞지만, 국왕을 허수아비로 만든 무신정권을 보호하고 유지하는 데 온 힘을 쏟았다는 비판도 있다. 고려 국왕의 해체 명령까지 끝내 거부한 삼별초가 과연 국가와 백성을 온전히 지켰던 것일까? 또 그들의 활동을 거국적·국가적 차원의 대몽항쟁으로 볼 수 있을까? 이에 대해서는 여러 해석이 있을 수 있다.

원 간섭기는 어떤 시대였나?

고려가 원에 복속된 시기는 몽골에 항복한 1259년부터 공민왕의 반원운동이 성공한 1356년까지 약 100년에 걸친 기간이다. 학계에서는 이때를 보통 원 간섭기라고 부른다. 그 이유는 고려 국왕이 비록 원 황실의 일원이 되고 황제의 임명을 받기는 했지만 사실상 고려를 통치했고 원에서도 고려의 자율성을 최대한 인정했기 때문이다. 다시 말하면 고려가 원 제국에 속해 있던 것은 맞지만 최소한의 간섭이 있었을 뿐 원이 고려를 직접 지배한 것은 아니라는 것이다. 실제로 원의 역대 황제들이 고려에 대한 정책의 지표로 삼은 '세조구제'를 보면, 고려의 독자성을 어느 정도 인정하고 있다. '세조구제'는 1260년 쿠빌라이가 몽골의 5대 대칸(재위 1260~1294)이 되면서 정한 것으로 고려의 풍속을 유지하고 존립을 보장한다는 '불개토

원 세조 쿠빌라이 칸

풍不改土風'의 원칙을 표명했다.

1259년 고려가 몽골에 항복한 후 고려 태자(원종)가 이끄는 사절단은 중국으로 가서 쿠빌라이를 가장 먼저 찾아갔다. 당시 쿠빌라이는 몽골의 칸 계승을 둘러싸고 다른 후보자들과 치열한 경쟁을 펼치고 있었는데, 오래 저항해온 고려 측의 첫 방문은 그에게 적지 않은 명분을 주는 일이었다. 결국 쿠빌라이는 대칸의 자리에 올랐고 고려에 대한 답례 차원에서 일종의 자치권을 허용해주었다. 또한 원종의 아들 충렬왕이 쿠빌라이의 사위가 되면서 이후 고려는 공민왕대까지 원 황제의 사위 나라인 부마국의 지위를 유지했다. 쿠빌라이는 1271년 국호를 원으로 정하고 황제(세조)가 되었으며, 1279년에는 남송을 멸망시켜 중국 대륙을 완전히 장악하는 한편 동남아시아 일부 지역에도 군대를 파병했다. 이러한 정세변화와 원의 세력확장 과정에서 고려의 존립을 보장하고 고려에서 몽골군의 철수를 약속한 '세조구제'는 실제로 지켜졌다. 1278년 원은 남송을 정벌하기 위해 군대와 행정관 다루가치 등을 고려에서 철수시켰고, 직접 조세를 거둔다는 의미인 호구조사를 실시하지 않았다.

원은 두 차례에 걸친 일본 정벌을 위해 정동행성을 만들었는데 1283년에는 황제의 사위인 충렬왕에게 그것을 맡게 했다. 하지만 이는 고려 국왕이 원의 지방행정구역을 통치하는 장관의 성격을 갖게 하는 역효과를 내기도 했다. 1299년에는 활리길사가 정동행성의 고위직인 평장정사로 고려에 파견되어 내정개입을 시도했다. 그는 양인과 천인이 혼인하는 양천교혼으로 낳은 자녀를 천인이 아닌 양인으로 판정했는데, 이는 원의 법제에는 맞지만 고려의 관습은 아니었다. 이 때문에 정치적 마찰이 생기자 원 정부는 곧바로 활리길사를 소환했다. 이 밖에도 고려를 원의 지방행성의 하나로 편입시키려는 '입성책동立省策動' 논란이 일기도 했다. 이처럼 원 간섭기는 고려가 쿠빌라이 칸의 '세조구제'의 틀 안에서 원 제국의 일원으로 존속했던 시기다.

이 시기 원과 고려의 정치적 관계는 제한적인 방임 상태였다. 이는 차별과 배제, 종속과 동화의 특징을 지닌 일본의 식민지배와는 그 성격이 완전히 달랐다. 그럼에도 식민지의 쓰디쓴 경험과 상처받은 민족적 자존심은 고려의 대몽항쟁은 높이 사면서도 고려가 원에 복속된 사실만큼은 인정하려 하지 않는 심정적 요인을 낳게 되었다. 일종의 식민지 콤플렉스가 '원 간섭기'라는 애매한 용어를 만들어낸 원인의 하나가 아닐까. 어쨌든 고려는 100년 동안 원의 정치적 압력에 시달리기도 했지만 사회·경제·문화·학술 등 다방면에 걸쳐 엄청난 변동을 겪었다. 원의 세계체제라는 역사상 가장 확대된 공간, 그리고 그 안에서 교차된 동서 문명의 혼합 속에서 새로운 패러다임의 변화를 몸소 경험한 것이다.

이 당시 고려의 국왕들은 원 황제의 사위로서 대개는 즉위 전에 원의 수도인 대도(베이징)에 머물며 원 황실의 일원으로 교육받았다. 따라서 고려에 돌아와 왕이 되었을 때 국내 사정에 어두운 경우가 많았고, 전부터 시봉을 들거나 관계를 형성한 측근들에 의지해 국정을 운영할 수밖에 없었다. 고려는 무신정권 이래 정치사회적 혼란과 오랜 대몽항쟁의 여파로 재정이 극도로 열악한 상태였고, 지칠 대로 지친 백성의 원성 속에서 현실적 어려움을 극복하기 위해 정치·사회·경제 전반에 걸친 총체적 개혁이 요구되었다. 기나긴 전란으로 말미암아 백성이 본거지를 떠나 떠돌았고, 정부에서 거둬들이는 세금과 권문세족이 빼앗아가는 토지가 적정 한도를 넘어서 있었다. 따라서 이 시기의 국왕들은 적극적으로 개혁을 표방하고 나섰다. 대표적인 예로 충선왕은 1298년 백성을 편하게 하고 나라를 이롭게 한다는 목표 아래 27조의 즉위교서를 반포하고 실행하려 했다.

당시의 개혁은 원의 정치체제와 국정운영 질서라는 큰 틀 안에서 당면한 고려의 사회경제적 문제들을 우선 해결해나가는 것이었다. 하지만 측근에 둘러싸인 국왕이 고려의 현실을 정확히 파악하고 원과 연결된 기득권 세력을 누르면서 개혁의 가시적 성과를 내기란 쉬운 일이 아니었다. 그만큼 고려 사회의 구조적 모순과 경제적 곤궁함은 극에 달해 있었으며 개혁의 수위와 성과는 제한적이었다. 개혁이 결실을 이룬 것은 원의 영향력에서 벗어나기 시작한 공민왕대 이후부터였다. 이는 신진사대부와 같은 개혁 추진세력이 동반 성장했기에 가능한 일이었다. 다만 공민왕대에도 원에 정치적 반기를 드는 반원 개혁까지는 아니었으며, 기황후를 비롯한 원의 황실 및 귀족들과 결탁해 권세를 부려온 부원세력을 축출하고 내정을 일신하려는 것이었다.

공민왕대 이후 정치권의 전면에 부상한 신진사대부는 원에서 도입한 성리학으로 무장한 학자이자 관료였다. 이들은 국왕과 지배층의 도덕성과 책임감을 강조했고 정치·사회·경제 등 제반 분야에서 구폐를 일소하는 등 민생 위주의 정책을 내놓으려 애썼다. 그 덕에 과거제를 통한 관료 선발의 공정성 문제가 개선되었고, 관료의 경제적 기반을 영구히 안정시킬 수 있는 '사자세록仕者世祿'을 원칙으로 하는 수조지(조세를 받을 권리가 있는 토지) 분급이 추진되었다. 그 결과 문벌귀족으로 상징되는 고려의 신분제 질서와 권문세족의 기득권을 벗어나 능력 위주의 관료제 사회로 점차 바뀌어 갔다. 그 귀결은 바로 정도전을 비롯한 사대부 세력이 주동이 된 태조 이성계의 조선 왕조 창업이었다.

2. 몽골의 세계체제와 국제인의 등장

세계제국 원의 탄생

동북아의 유목민족 몽골이 13세기에 아시아 대륙 전체에 걸친 대제국을 건설하고 중국에 원을 세운 것은 세계사적으로도 매우 중요한 사건이었다. 몽골의 세계제국 성립은 미국의 시사주간지 『타임』이 지난 1,000년간 세계사에서 가장 영향력이 컸던 인물 1위로 뽑은 칭기즈칸의 탄생에서 시작되었다.

1160년 무렵 몽골고원의 오논 강 유역에서 태어난 테무진은 일찍이 부친이 살해당하고 아내가 납치되는 등의 역경을 겪었다. 하지만 옹 칸의 도움으로 세력을 키웠고 1189년 칸의 칭호를 얻었다. 1200년대에는 주변의 타타르 등을 정복하고 같은 몽골족 케레이트와 나이만을 굴복시켜 몽골 전체를 통일했다. 테무진은 1206년 오논 강 원류에서 부족회의 쿠릴타이를 열어 대몽골국 '예케 몽골 울루스'의 성립을 선포하고 위대한 군주 칭기즈칸이 되었다. 그는 몽골인을 납치하거나 노예로 삼는 것을 일체 금지하고 종교의 자유를 인정했으며 자신보다 법이 우위에 있음을 분명히 했다.

몽골은 활발한 대외 정복전쟁을 벌여 1209년 중앙아시아의 위구르를 계승한 서하(탕구트)를 정복했고, 1215년 중국 북부와 만주 일대를 다스리던 금의 항복을 받아내고 남송과 대치했다. 칭기즈칸은 여기에 만족하지 않고 1219년 아프가니스탄에서 흑해에 이르는 광대한 영역에 걸쳐 있던 호라즘을 정벌했으며 1222년에는 오늘날의 파키스탄에도 진출했다. 제2차 탕구트 원정을 강행해 그 수도를 공격하던 1227년 8월, 칭기즈칸은 세상을 떠났다. 이후 바투 원정대가 서아시아 일대를 장악한 후 동유럽 인근까지 진출하기도 했다. 이어 몽골은 고려와 남송을 손에 넣고 쿠빌라이 칸이 원의 성립을 공포해 아시아 대륙 동서의 끝을 잇는 대제국을 열었다.

몽골이 정복전쟁에서 연이은 승리를 거두고 광대한 지역을 차지할 수 있었던 일차적 요인은 뛰어난 기동력과 막강한 전투력 때문이었다. 몽골군은 먼 거리도 쉬지 않고 달리는 몽골 말, 들고 다니기 편한 육포 같은 음식 덕분에 수만 명의 기마병이 장거리를 빠르게 행군할 수 있었다. 또한 여러 지역의 굳게 닫힌 성들을 공략하면서 습득한 공성전 기술과 무기, 기습 전술과 엄정한 군기를 통해 전투력을 배가할 수 있었다. 다만 1274년에 3만 명, 1281년에는 14만 명의 몽골군과 고려군 등을 동원해 벌인 일본 침공이 가미가제神風로 불린 태풍을 만나 실패한 것에서 보듯이 해전에는 약한 면모를 보였다. 앞서 고려 정부가 강화도로 피난 가서 30년을 버틸 수 있었던 것도 같은 이유였다.

이때 성립된 몽골의 세계체제에 대해 일본의 역사학자 오카다 히데히로岡田英弘는 세계사를 그 이전과 이후로 나누었다. 그는 동양과 서양의 두 세계가 처음으로 직접 대면한 이 시기를 '세계사의 탄생'이라고 불렀다. 세계사가 탄생했다고 본 이유는 다음의 네 가지다.

첫째, 동서 세계를 관통하는 고속 급행 교통망이 형성되었다. 말이 하루를 달릴 수 있는 거리마다 역참이 설치되어 문물과 정보를 바로바로 전달할 수 있었다. 오늘날로 치면 고속도로나 고속철도가 아시아 대륙에 깔린 것이다. 중앙아시아를 가로지르는 초원 길과 실크로드를 따라 만들어진 역참에는 말과 수레, 숙박시설이 갖추어졌고 관리와 사절단, 상인들로 붐볐다. 이제 동서 세계의 빈번한 인적 교류와 활발한 상업 교역이 이루어졌고, 세계제국 원의 심장인 대도는 유라시아 대륙 네트워크의 출발점이자 종착지였다.

둘째, 새로운 신생국들이 탄생했다. 몽골은 아시아 대륙의 동쪽과 서쪽 끝을 아우르는 광활한 영역을 세력권에 두었다. 중국의 원을 중심으로 중앙아시아와 서아시아 일대에 차가타이, 오고타이, 일, 킵차크의 네 칸국汗國을 두어 장악력을 높였다. 칭기즈칸의 장남 주치의 둘째 아들이었던 바투는 1230년대 후반에 서방 원정군을 이끌고 현재의 러시아를 거쳐 동유럽의 헝가리 근처까지 진격했다. 하지만 제2대 오고타이 칸이 죽자 대칸 계승문제로 급히 회군했고, 결국 남러시아에 킵차크 칸국을 세우는 데 만족해야 했다. 이어 제4대 몽케 칸의 동생 훌라구는 1258년 바그다드를 공략해 압바스 왕조의 칼리프 정권을 멸망시켰다.

이러한 새로운 판도의 형성은 이전에 있었던 많은 나라가 없어지고, 이후 신생국들이 세워지는 결과를 낳았다. 동아시아에서는 중국이 송에서 원을 거쳐 명으로, 한국은 고려에서 조선으로, 일본은 가마쿠라 막부에서 무로마치 막부로 왕조나 집권세력의 교체가 있었다. 중앙아시아와 서아시아에서도 현재 러시아와 아랍권의 모태가 된 나라들이 생겨났다. 칭기즈칸의 후손임을 자칭한 티무르가 세운 티무르 제국은 14세기 후반 러시아

남서부, 인도 북서부와 접하고 동으로는 중국의 변경, 서로는 서남아시아의 시리아에 이르는 드넓은 영역을 지배했다. 그 후 아랍 지역은 오스만 투르크가 20세기 초까지 다스렸고, 티무르의 후손 바부르는 16세기 초에 인도에 무굴 제국을 세웠다. 러시아는 몽골의 영향력에서 벗어나는 과정에서 키예프 공국 대신 모스크바 공국이 부상했으며, 이는 1721년 러시아 제국의 탄생으로 이어졌다.

셋째, 초기 형태의 자본주의 경제가 형성되고 상업적 유통이 이루어졌다. 당시 세계에서 가장 생산력이 높은 중국 강남 지역의 풍부한 물산과 경제력이 아랍권의 상업 및 화폐제 등 선진 금융제도와 만나면서 혼합적 경제질서가 구축되었다. 『동방견문록』을 지은 마르코 폴로는 1271년에 이탈리아를 출발해 바그다드와 파미르 고원을 거쳐 원에 가서 17년간 머물렀으며 1295년에 배를 타고 베네치아로 돌아갔다. 그는 중국 강남의 항구도시 항주(항저우)를 보고, "세계에서 가장 세련되고 번창한 도시이며 양쯔강에 다니는 선박의 통행량은 유럽의 모든 강과 바다를 합친 것보다 많다"고 감탄을 연발했다. 이처럼 원 제국은 동서 문물의 집결소로서 눈부신 경제적 활황을 누렸다.

넷째, 대륙에서 바다로 눈을 돌리게 되었다. 몽골이 동서 세계를 직접 연결해 대륙무역을 독점하자 유럽과 아랍, 인도와 동남아시아 지역은 해상무역에서 활로를 찾을 수밖에 없었다. 몽골이 서아시아에 진출하면서 유럽과 아랍권의 무역을 전담하던 베네치아 상인들은 큰 타격을 입었다. 이에 서유럽 왕족과 귀족들은 향료, 도자기 등을 얻을 수 있는 새로운 활로가 필요했다. 1492년 스페인 왕실의 지원을 받아 동양을 찾아 서쪽으로 간 크리스토퍼 콜럼버스가 신대륙을 발견하게 된 것은 직접 동양을 찾아가려는 염원에서 비롯되었다. 콜럼버스는 자신이 도착한 미지의 대륙이 인도라고 믿었기에 원주민들을 인디언이라고 불렀다. 마르코 폴로의 『동방견문록』을 읽은 콜럼버스의 항해 목적은 원래 몽골의 황제 그레이트 칸(대칸)을 만나는 것이었다. 같은 15세기 말에 포르투갈의 바스쿠 다 가마는 '기어코 다 가마'라는 굳은 신념으로 아프리카의 남쪽 끝 케이프타운의 희망봉을 돌아 인도까지 가는 새 항로를 개척했다. 이후 유럽 세계는 대륙이 아닌 대양으로 완전히 눈을 돌렸고, 이로써 신대륙 아메리카는 물론 아프리카, 아시아로 유럽 세력의 진출이 본격화되었다.

고려에서 세계로, 세계에서 고려로

세계제국 원의 일원이 된 고려는 동서 문명을 가로지르는 공간적 확장을 경험했다. 고려인은 원의 세계체제에서 국제인이 되었으며 많은 민족과 문화가 어우러진 다민족, 다문화 공생시대가 펼쳐졌다. 고려 여인으로 원나라 순제의 황후가 된 기황후, 이성계의 의형제이자 최측근으로서 조선 창업의 일등공신인 여진족 출신 이지란(퉁두란)은 이 시대의 역동적 모습을 잘 보여준다. 원에서 활동한 학자 관료이자 고려의 학계와 정계를 주름잡은 이제현과 이색, 중앙아시아 출신으로 고려와 조선의 고위관직을 맡은 설장수 가문 등도 공간의 확대, 공존과 혼재라는 시대 분위기를 대변한다. 시대에 대한 이해를 돕기 위해 이들 세 사람의 활동과 경력을 소개한다.

이제현(1287~1367)은 『역옹패설』을 쓴 인물로서 원과 고려를 무대로 활동했다. 1301년 고려의 성균시에서 1등을 하고 문관으로 활동했으며 충선왕이 불러서 1314년 원의 대도에서 6년 동안 머물렀다. 충선왕은 두 번이나 고려 국왕이 되었지만 거의 원에서 체류했다. 대도의 충선왕 사저에 있는 서재이자 아카데미인 만권당에는 요수, 염복, 조맹부 등 한족 출신 일류 문사들이 모였다. 이제현은 이들과 학문적 교류를 나누며 성리학에 대해 깊이 이해하게 되었다. 그는 오늘날에도 가기 힘든 중국의 변방 지역을 여행하며 확장된 공간을 몸소 체험했다. 서남쪽으로는 서촉의 아미산, 동남쪽으로는 절강 지역에도 갔고, 충선왕을 만나기 위해 중앙아시아로 가는 길목인 감숙성까지 찾아갔다.

고려를 원의 지방행성으로 격하시키려는 입성책동이 일어나고 만주의 고려인을 관할한 심왕 세력이 고려를 직접 통치하기 위해 움직이자 이제현은 원의 황제에게 반대상소를 올렸다. 또한 이 문제 때문에 토번에 유배된 충선왕의 방환운동을 펼치기도 했다. 고려에 돌아온 후에도 정국을 운영했고 충혜왕의 복위문제로 다시 원에 가서 중요한 역할을 했다. 그는 공민왕대에 정승을 네 번 역임하며 개혁정치를 주도했고 과거시험을 통해 많은 인재를 키웠다. 무엇보다 원의 국교였던 성리학을 고려에 정착시키는 데 크게 기여했다. 이제현의 스승은 고려에 성리학을 처음 도입한 백이정이었고, 장인은 주희의 『사서집주』를 간행해 성리학 보급에 앞장섰던 권보였다. 그는 또한 『고려실록』을 비롯한 역사서 편찬도 주관했다. 제자 이색은 그의 묘지명을 쓰면서 "도덕의 으뜸이며 학문의 종장"이라고 높였다.

이색(1328~1396)은 원과 고려 양쪽에서 관직을 했던 명실상부한 엘리트 국제인이었다. 1348년 원의 국자감 생원이 되어 성리학을 배웠으며 1353년 정동행성 향시에서 수석을 했다. 다음 해 원의 회시에서 1등, 황제가 참관한 전시에서는 긴장을 했는지 2등을 했다. 향시는 지방에서 치르는 과거이며 향시 합격자를 대상으로 예부에서 시험을 보는 것이 회시, 그것을 통과한 사람들만 모아 황제가 주관하는 시험을 전시라고 한다. 이색은 이후 문장과 역사서 편찬을 주관하는 원의 한림원 관료를 지냈다. 지금으로 치면 하버드 대학을 수석으로 졸업하고 미국 국무부 동아시아 차관보를 하거나 백악관에서 대통령 연설문을 썼다고 해야 할까. 원에서 과거제도가 부활된 1315년 이후 고려인이 원의 제과에 합격한 수는 총 18명이었지만 그중 이색이 단연 뛰어났다. 그는 고려에 돌아와 재상직도 여러 번 맡았고 과거시험의 좌주와 문생 관계를 활용해 많은 제자를 성리학자로 키워냈다. 원과 고려를 넘나들며 최고의 학력과 경력을 쌓은 그였기에 그 누구도 넘볼 수 없는 고려 학계와 정계를 대표하는 인물이 되었다.

이성계가 요동정벌을 중단하고 위화도에서 회군해 우왕을 폐위하자 이색은 명에 사신으로 갔다. 그는 새로 즉위한 창왕을 불러들이고 고려에 대해 사찰을 시행할 것을 명에 요청하는 등 이성계 세력을 견제했다. 이는 그가 원, 명과 같은 황제국 중심의 동아시아 국제질서를 충실히 따른 보편주의자였기 때문이다. 이후 창왕이 물러나고 공양왕이 즉위하자 이색은 유배를 당했고, 1391년 한산부원군에 봉해졌지만 이방원의 손에 수제자 정몽주가 피살되면서 재차 유배되었다가 풀려났다. 조선 개국 후인 1395년에 한산백에 봉해졌고 고위관직을 맡아달라는 이성계의 부탁이 있었지만 거절했다. 그럼에도 이성계는 늘 이색을 존중하고 대우했는데, 그것은 학자이자 정치가로서 이색이 가진 위상과 신망 때문이었다. 이색의 제자로는 고려에 충절을 지킨 정몽주, 길재, 이숭인도 있었고 조선 창업을 주도한 정도전, 하륜, 권근 등도 있었다. 그는 유교식 3년상 시행, 성균관 학칙 제정 등을 통해 성리학이 정착하고 발전하는 토대를 다졌다.

고려인 이제현과 이색이 세계의 중심으로 가서 확장된 세상을 직접 체험했다면, 설장수는 세계에서 고려로 들어온 또 다른 국제인이었다. 설장수(1341~1399)는 중국 서쪽 투르판 지역의 고창에서 태어난 위구르족 출신이다. 그는 원에서 관리를 지낸 부친 설손과 함께 1359년 고려에 와서 귀화했다. 설장수는 고려의 과거시험에 합격하고 관료가 되었는데 중국어와 몽골어를 잘해 명에 사신으로 자주 갔다. 공양왕을 세운 아홉 명의 공신 가운데 하나였고 재상에 해당하는 벼슬인 판삼사사까지 올랐는데, 1392년 조선 건국 때 이색과 함께 반란을 모의했다는 혐의로 유배되었다. 그러나 태조 이성계와 친분이 깊었기에 얼마 후 사면되었고 1396년 다시 판삼사사를 지냈으며 외교문제를 주로 맡았다. 태조는 설장수에게 경주 설씨의 본관을 내려주었다.

설장수의 동생 설미수(1359~1415)도 고려 말 과거를 통해 관직을 얻었고 조선에서는 오늘날 서울시장에 해당하는 한성부 판윤, 기획재정부 장관 격인 호조판서, 교육부와 문화체육관광부 장관을 합친 것과 같은 예조판서를 지냈다. 그 또한 중국어에 뛰어나 외교관으로 명에 다섯 번이나 사신으로 다녀왔다. 설장수의 아들이자 설미수의 조카인 설순(?~1435)도 태종 때 문과에 합격하고 세종대에도 여러 관직을 맡았다. 그는 왕명으로 『효행록』의 내용을 보강해 펴냈으며 집현전 부제학으로 있을 때는 『삼강행실도』의 편집과 수정을 책임졌다. 이들 설씨 가문의 활동은 중앙아시아와 서역의 색목인을 재상으로까지 등용한 원의 세계체제에 그 연원을 두고 있다. 고려 말과 조선 초에도 그 이전 다민족 공생시대의 여운이 남아 있었고, 이들 국제인은 출신보다는 능력에 따라 고위직까지 오를 수 있었다.

3. 고려에서 조선으로: 패러다임 변화의 여파

고려는 세계제국 원의 중요한 일원으로서 시대의 패러다임 변화에 동참했고, 세계의 끝에서 반대편 끝을 접해보았다. 원의 세계체제는 아시아 대륙의 동쪽 끝에서 서쪽 끝까지를 유기적으로 연결시켰고, 고려는 원을 중점으로 하는 동심원적 구조에서 비교적 중심부에 위치해 있었다. 이 시기 100여 년간의 문명접변의 역동성은 이전에는 경험해보지 못한 것이었고, 이는 고려인과 고려 사회를 밑바닥부터 바꿔놓았다. 패러다임의 거대한 균열은 그 이전과 이후의 고려를 완전히 구분해서 볼 수 있을 정도로 수많은 변화를 만들어냈다. 그 정치적 귀결은 중국이나 일본에서 왕조와 막부가 교체된 것과 마찬가지로 조선 왕조의 개창으로 나타났다.

원 제국의 광활한 판도는 고려인들에게 일찍이 알지 못했던 미지의 세계를 접하게 해주었다. 그전에는 어렴풋하게 전해지던 서역과 그 너머 세계에 대한 구체적 지식과 정보가 시시각각으로 들어왔고, 고려인들은 세계의 공간적 확장을 내적으로 체화할 수 있었다. 현존하는 가장 오래된 동아시아 전도이자 세계지도인 〈혼일강리역대국도지도〉는 조선 초인 1402년 이회가 작성했고 권근이 발문을 썼다. 이는 몽골이 세계정복을 통해 얻은 확장된 지리정보와 그것을 바탕으로 만들어진 지도가 있었기 때문에 가능했을 것이다. 〈혼일강리역대국도지도〉는 그에 덧붙여 조선을 상세히 보완해 그려졌다. 더불어 이 지도에서 당시 알고 있던 세계의 범위가 아시아 전역, 그리고 매우 소략하지만 그 너머의 아프리카와 유럽 일부까지 포함되었음을 볼 수 있다.

1471년 신숙주가 일본에 사신으로 갔다 오면서 작성한 『해동제국기』

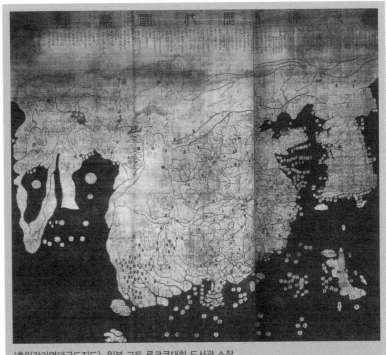

〈혼일강리역대국도지도〉, 일본 교토 류코쿠대학 도서관 소장

에는 일본은 물론 오늘날의 오키나와인 유구의 지리정보와 이들 나라의 국정 및 외교관계 등의 자세한 기록이 담겨 있다. 왜구문제를 처리하기 위한 일본과의 외교, 후추를 비롯한 동남아시아 산물의 수입 등 국제무역의 필요성 등 당시의 정황을 살필 수 있다. 이를 통해 15세기까지도 조선이 중국은 물론 그 외 나라들과의 외교관계나 통상교역에 관심을 가졌음을 알 수 있다. 세계제국 원은 역사에서 사라진 지 오래였지만, 그 유풍은 남아 이전 시대의 열린 공간관념과 세계관이 이 시기까지 이어진 것이다.

원의 세계체제가 가져온 동서 세계의 연결과 공간 확장의 결과, 세계 최고 수준이었던 아랍권의 선진 자연과학 지식이 동아시아에 전해졌다. 조선시대 최고의 성군인 세종대왕은 집현전을 설치해 인재를 키우는 한편 집단지성의 다양한 프로젝트를 수행하게 했다. 연구의 결과는 천문, 역법, 의학, 농학 등을 집대성한 성과물로 나왔다. 천체의 운행과 별들의 위치를 측정하는 천문관측 시계인 혼천의, 아라비아의 회회력과 원의 역법을 조선의 상황에 맞게 조정한 『칠정산』, 장영실 등이 제작한 자동 물시계 자격루, 역대의 한방 의서를 모아 병의 증세에 따라 처방을 정리한 『의방유취』, 조선의 풍토에 맞는 농사법을 집성한 『농사직설』 등이 대표적이다. 이 중 천문과 역법, 시계 등은 서아시아의 수준 높은 자연과학 지식과 최첨단의 기술정보가 들어와 현지화를 이룬 사례다.

세종대왕의 최고 업적이자 세계 문자 역사상 기념비적 성과로 인정되는 한글 창제에서도 원의 세계체제의 영향을 찾아볼 수 있다. 1443년에 완성되고 3년 후 반포된 한글, 즉 훈민정음의 자음은 입안과 목의 발음기관 모습과 역괘易掛의 원리를 응용해 만들었고, 모음은 천지인天地人의 삼재를 상징으로 했다. 또 자음과 모음의 음절이 한 공간 안에 모여 글자를 형성한 것은 한자의 작자원리를 차용한 것이다. 예를 들면 ㄱ, ㅏ, ㅇ이 같은 공간 □ 안에 모여 '강'이 되는 것은 한자에서 氵, 工이 합쳐져 '江'이 되는 것과 같은 이치다. 고려시대는 물론 당시까지 쓰이던 한문을 우리말 어순으로 읽는 구결 표기 전통에서 아이디어를 얻었다는 설도 있다.

한글은 한자와는 다른 영어의 알파벳과 같은 표음문자다. 아시아에도 인도의 산스크리트로 대표되는 표음문자 전통이 있었다. 인도에서는 이미 기원전 4세기에 파니니가 쓴 산스크리트 문법서인 『파니니 문전』이 나왔

훈민정음

다. 이후 티베트에서는 인도 굽타 왕조 때의 문자를 모체로 해서 7세기 무렵 자음 30자, 모음기호 4자의 표음문자인 티베트 문자가 만들어졌다. 몽골에서도 원을 건립한 쿠빌라이 칸의 명으로 파스파 문자를 만들었는데, 이 또한 티베트 문자를 원용해 네모 형태로 만든 자음 30자, 모음 8자의 표음문자다. 한글이 자음과 모음을 합친 28자로 성립된 데는 이들 표음문자의 전통과 음운학 원리에서 영향을 받은 것이라는 설이 20세기 초부터 끊임없이 제기되었다.

한글 창제에는 다민족 공생·공존의 시대였던 원의 세계체제에서 더욱 활성화된 표음문자 제정, 음운학 발달 등이 중요한 역사적 배경으로 작용했다. 세종과 집현전 학사들은 중국에서 구해온 음운학 서적을 공부했고, 특히 성삼문과 신숙주는 관련 책을 얻고 전공학자에게 자문을 얻기 위해 몇 차례나 중국을 다녀오기도 했다. 이처럼 인도와 동아시아 권역에서 축적된 음운학의 성과와 그에 바탕을 둔 치열한 연구와 노력 덕분에 세계에서 가장 늦은, 그래서 가장 과학적인 문자인 한글을 만들 수 있었다. 한글은 당시 조선의 언어와 문자의 불일치, 지식의 보급과 확산에 한계를 느낀 세종의 문제의식과 위민정신, 그리고 중국 한자음을 정확히 표기해야 할 필요성 등 여러 요인이 복합적으로 쌓인 결과물이었다. 한글 창제 후 처음에는 대중에게 친근하고 잘 알려진 불교 서적이 먼저 언해되었지만, 원래 목적은 성리학의 교화를 달성하기 위한 것이었다.

원의 세계체제에서는 동서 문명의 활발한 교류를 통해 물산과 정보의 빠른 확산이 이루어졌다. 예를 들어 중국의 4대 발명품인 종이, 인쇄술, 나침반, 화약이 유럽 세계에 전해졌고 아랍 지역의 상업 시스템과 과학기술이 중국에 큰 영향을 미쳤다. 원의 전성기뿐 아니라 몰락 이후에도 패러다임 변화의 여파는 이어졌다. 그 가운데 하나가 중화관념의 변화와 새로운 국제질서의 수립이었다.

중국 입장에서 보면 원은 오랑캐인 몽골족이 세운 나라다. 하지만 원은 중국을 통치할 때 오랑캐인 이적夷狄도 중화임을 내세웠고, 몽골족뿐 아니라 색목인으로 알려진 위구르인이나 서역인 아래에 중국 한족이 위치했다. 이처럼 오랑캐와 중화가 결합되고 오랑캐가 더 우위에 있는 이하夷夏의 통일시대가 열렸던 것이다. 뒤에 여진족이 세운 청나라도 원에서 만든 화이華夷의 통합체제를 중화의 롤모델로 삼았다. 한 가지 흥미로운 사실을 덧붙이면 원 이전 중국 한족의 왕조들인 한漢·당唐·송宋 등은 창업주의 출신 지명을 국호로 썼는데, 원元을 시작으로 이후 명明과 청淸은 추상적이고 관념적인 글자로 국명을 정했다.

고려는 장기간의 항쟁이 끝나고 원 간섭기가 되면서 부마국이자 제후국으로서 원에 사대의 의무를 다했다. 고려에 대한 원의 정책은 세조구제를 기조로 했으며 고려는 왕조와 고유문화를 지키는 대신 국왕 책봉권을 가진 원 황제의 간섭을 따라야 했다. 원 간섭기의 고려는 힘과 세력뿐 아니라 문화에서도 천명을 받은 중화로 원을 받아들였다. 새로운 국제질서가 세워지고 유화적 관계가 형성되면서 고려는 전쟁이 아닌 평화, '팍스 몽골리카Pax Mongolica'의 수혜자가 되었다. 그러면서 개혁과 문치의 부흥을 추구했는데, 원에서 들여온 성리학을 내정개혁의 이념으로 받아들이고 국왕은 그 실행자가 되어야 했다.

원이 무너지고 중국 한족이 세운 명이 중원을 차지하면서 중화와 오랑캐를 위와 아래의 수직관계로 나누는 원래의 중화질서로 돌아갔다. 명은 중화의 문화를 가지고 비속한 오랑캐의 습속을 바꾼다는 '용하변이用夏變夷'의 깃발을 높이 들었다. 고려도 오랜 전통과 관습인 '토풍土風'을 쳐내고 중화문명의 정수인 '화풍華風'을 지향하게 되었다. 고려 말부터 모든 개혁의 기준은 중화의 예법과 제도였고, 성리학자들은 불교를 인륜을 저버린 오랑캐 종교로 낙인찍고 배척했다.

성리학은 원의 관학이었으며 『논어』, 『맹자』, 『대학』, 『중용』을 주석한 주희의 『사서집주』는 1310년대에 과거시험 과목이 되었다. 충선왕이 세운 만권당에서 꽃피운 원과 고려 학자의 학문적 교류, 충숙왕이 중국 강남에서 1만 권의 서적을 들여오는 등의 많은 노력으로 성리학이 도입되자, 성리학은 곧바로 새로운 시대를 여는 이념적 무기가 되었다. 고려에서도 1340년대에 사서를 과거시험 과목으로 채택했고, 시험 출제자 및 채점자인 좌주와 합격자인 문생은 스승과 제자 사이가 되었다. 다시 말하면 과거를 통해 관직을 얻기 위해서는 성리학을 공부하고 성리학자의 계보를 이어야 했다. 성리학으로 무장한 이들 신진사대부와 관료들이 고려 말 개혁의 추동세력이자 조선 개창의 주역이었다.

고려 말에 성리학 소양을 갖춘 새로운 지식인들은 『논어』의 자기수양과 수신, 공공성과 민생 안정을 내세운 『맹자』의 경세제민을 최우선 덕목으로 삼았다. 혈연과 신분으로 보장된 지위와 권세보다는 행위의 도덕성과 실천성이 중시된 것이다. 이 점은 군주에게도 똑같이 적용되었다. 국왕을 꼭두각시로 내세운 무신집권기, 혼혈왕의 시대인 원 간섭기를 거치며 태조 왕건부터 이어온 고려 국왕의 신성한 혈통과 절대적 권위는 크게 손상되었다. 그 대신 유교의 규범과 성학에 바탕을 둔 군주의 수신과 실천이 강조되었다. 이러한 경향은 조선에서 더욱 강화되어 국왕과 양반 사대부는 물론 일반 서민에 이르기까지 유교식 예제와 강상의 윤리가 요구되었다.

상부구조 변화와 함께 사회구조 측면에서도 전과는 다른 지각변동이 일어났다. 먼저 문벌귀족과 권문세족으로 대표되는 고려의 신분제 질서가 약화되었다. 대신 출신보다는 능력 위주의 과거제 운용, 관료의 경제기반을 보장하는 토지개혁 등을 통해 점차 관료제 사회로 옮겨갔다. 지방 향촌 질서에도 균열이 생겨서 자유로운 이주를 막은 지역별 본관제도, 공간적 예속집단인 향소부곡이 무신정권 이후 크게 흔들리면서 해체되기 시작했다. 고려의 지역질서를 유지하던 향리층도 그 영향력과 위상이 줄어들면서 조선시대에는 이방, 호방 같은 아전으로 전락했다. 대신 군현 이상의 모든 행정단위에 지방관이 파견되었고 향리 대신 수령이 다스리게 되었다. 또 각 지역의 중심이자 통치 및 방어의 거점인 치소治所가 대개는 나지막한 산의 구릉지에 위치했는데, 100년이 넘는 원 간섭기의 평화기를 거치며 상당수가 평지로 내려왔다. 거주와 이용에서 훨씬 편리한 평지 읍성이 탄생한 것이다. 읍성 대부분은 고려 말에 들끓었던 왜구의 침입을 막아내기 위해 연안 지역에 설치되었다. 충남 서산의 해미읍성이나 전남 순천의 낙안읍성이 대표적 사례다.

원 간섭기는 그 이전과 이후를 확연히 나눌 수 있을 정도로 여러 영역에서 많은 변화가 있었다. 장기지속의 관점에서 한국사를 바라볼 때 원 간섭기가 중요한 시기 구분점이 되는 이유다. 성리학을 받아들이고 신진사대부가 등장해 관료제를 강화하는 등 사상은 물론 사회주도층과 상부구조가 바뀌었고 지방 향촌질서와 공간구조도 변동되었다. 또 국제질서의 재편을 비롯해 사회와 경제, 문화와 과학 등 다양한 분야에서 이전에는 볼 수 없었던 일들이 발생했다. 이러한 패러다임의 변화는 조선 왕조 개창 이후에도 많은 열매를 맺었다.

13세기 중반부터 100년간 이어진 원 간섭기는 한국사의 전체 흐름에서 어떤 위치를 차지할까? 몽골에 맞선 30년의 항쟁을 앞세우며 원에 복속된 사실보다 고려의 주권 유지와 독자성을 부각시켜온 것이 학계의 일반적 경향이었다. 원 간섭기는 일본의 식민지배와는 달랐다. 고려는 세계제국 원의 일원이었지만 왕조를 유지했고 고려는 국왕이 다스렸다. 그럼에도 원의 정치적 영향력은 매우 컸고 고려는 원 황제의 사위의 나라이자 제후국으로서 역할을 다했다.

이 시기는 원의 세계체제를 통해 세계사적 지각변동이 일어났고 공간관념이 크게 확장되었다. 고려는 세계의 끝에서 반대 끝을 보았고 세계를 향해 문호를 활짝 열었다. 그럼으로써 수많은 변화가 이어졌고, 고려의 고유한 특성(로컬리티)이 문명의 보편성(글로벌리티)과 만나면서 글로컬리티의 확장된 문화가 창출되었다. 근대 민족주의의 관점이 아닌 당시 고려인의 눈에 비친 이 시대에 대한 이해가 필요한 이유다. 고려와 세계와의 만남, 그로 말미암은 패러다임의 변화는 실로 엄청난 영향을 미쳤고 그 여파는 한국사의 지형을 크게 바꾸어놓았다.

4

조선 500년의
최대 위기

두 번의 전쟁,
임진왜란과 병자호란

1592년 일본이 쳐들어온 7년 전쟁인 임진왜란과 1636년 청이 황제
국을 칭하며 일으킨 병자호란, 이 두 전쟁은 조선 500년의 역사에
서 가장 큰 위기의 순간이었다. 또한 '중화의 나라를 높이고 오랑캐
를 낮추어 보는' 화이론의 질서를 뒤흔든 동아시아의 세계대전이었
다. 이는 '큰 나라를 섬기고 비슷한 이웃 나라와 화평하게 지내는'
사대교린의 국제질서를 군사력과 힘으로 전복한 사건이었다. 조선
은 섬나라 오랑캐라며 무시하던 일본을 더는 얕잡아보기 어렵게 되
었고, 조선이 섬기던 중화의 나라 명은 오랑캐인 여진족의 청 왕조
로 교체되었다. 예로써 다스리고 중화의 문화를 공유해온 동아시아
의 기존 체제가 화이華夷의 전환을 맞이한 것이다.

두 전쟁은 조선 후기에 많은 변화를 낳았고, 일본은 에도막부의
탄생과 함께 중화질서에서 더욱 벗어났다. 임진왜란과 병자호란은
어찌 보면 동아시아 삼국에서 서로 다르게 전개된 근대의 시발점이
자 거대한 지각변동의 서막이었다고 할 수 있다. 이번 토픽에서는
두 전쟁이 어떤 배경에서 어떻게 전개되었는지 살펴보고, 정치외교
의 복잡한 실타래와 사회문화사적 의미를 풀어헤쳐본다. 당시 조선
의 선택은 옳았을까, 아니면 다른 길을 찾아야 했을까? 이들 전쟁은
조선시대의 역사상을 완전히 바꾸어놓았을 뿐 아니라 현재 우리가
처한 상황과 비교해볼 때 호랑이 담배 피던 시절의 일만은 아닌 것
이다.

1. 조선을 둘러싼 국제질서의 동요

동아시아의 조공·책봉질서

동아시아 체제에 화이의 전환을 가져온 임진왜란과 병자호란을 살펴보기에 앞서 조선을 둘러싼 전통적인 국제질서에 대해 알아보자. 이는 대륙 진출을 내세우며 시작된 일본의 조선 침략과 명에서 청으로의 교체가 과연 어떤 의미를 가지는지 생각하는 데 도움이 될 것이다. 동아시아에서는 예로부터 황제국인 중국과 인근 국가 사이의 조공과 책봉을 매개로 하는 사대관계, 그리고 중국 이외의 나라들 간의 동등한 교린관계가 유지되어왔다. 이를 조공·책봉질서라고 하는데, 기원전 11세기에 성립한 주나라 때 중국 내에서 시행된 것이 그 시작이다. 이것이 중국 밖으로 확장된 것은 기원전 3세기 말에 세워진 한나라 때부터다. 이후 위진남북조 시대, 수·당과 5호 16국의 오대시대를 거쳐 요·금·원과 같은 북방 유목민족이 황제국이 된 뒤에도 인근 국가에 조공·책봉관계를 요구했다.

오대시대의 혼란을 마무리하고 통일왕조를 세운 것은 한족의 나라인 송이었다. 하지만 송의 영역이 중국 강남 지방으로 축소된 남송시대에는 중화국인 송보다 북방의 오랑캐 여진족이 건립한 금의 영향력이 더욱 컸다. 앞서 고려는 송 대신 힘으로 위협했던 거란족의 요, 그리고 금과 사대관계를 맺었다. 더욱이 몽골족이 원을 중심으로 한 세계제국을 만들게 되자 고려는 그 세력권 아래로 끌려들어가 오랑캐와 중화가 결합된 새롭고 강력한 국제질서의 일원이 되었다.

14세기 후반에 원이 몰락하고, 한족이 세운 명이 1368년 중국 대륙의 주인으로 등장함에 따라 고려는 새 활로를 모색해야 했다. 하지만 북원을 비롯한 몽골족의 잔당세력이 여전히 기세를 부렸고, 또 만주 지역에는 일종의 힘의 공백까지 생겼다. 이에 원의 구체제와 명의 신체제 사이에 끼인 고려는 만주를 둘러싸고 명과 외교적 갈등과 일시적인 군사적 긴장관계에 놓였다. 그러나 결국 중원에서 확고한 세력을 점하게 된 명과의 조공·책봉 관계를 수용했고, 그 징표로 명의 연호를 쓰게 되었다.

더욱이 1392년에 개창한 조선은 신생 왕조의 정당성을 확보해야 했다. 이를 위해 명으로부터 왕조가 바뀐 역성혁명에 대해 인정받고, 국왕의 책봉을 받으며, 정례적 조공을 하는 등 안정적인 사대질서를 구현할 필요가 있었다. 우연하게도 같은 해에 일본에서 무로마치 막부가 세워졌으며 10년 후인 1402년에 일본은 책봉을 받아 명의 중화질서 안으로 편입되었다. 조선은 개국 초인 15세기 전반까지 명과 국경을 확정하는 문제와 일부 여진족의 관할권을 두고 긴장관계에 놓이기도 했고, 천명을 받은 독자적 국가라는 자의식을 가지기도 했다. 하지만 기본적으로 명과의 조공·책봉 관계를 확고히 해나가면서 정치적 안정을 꾀했다.

이러한 동아시아 조공·책봉질서의 역사를 기억하면서 임진왜란이 발발한 16세기 말의 조선으로 초점을 옮겨보자. 당시 조선의 정치적 실권을 잡은 이들은 성리학을 배우고 철저히 몸에 익힌 사림파 관료들이었다. 이들은 성리학의 세계관에 따른 화이론 질서를 옹호했고, 공자와 주자가 강조한 춘추대의의 명분론에 바탕을 둔 사대에 적극 찬성했다. 그렇기 때문에 일본의 침략 조짐을 사전에 알았다 하더라도 조선의 길을 빌려 명을 친다는 일본의 요청은 생각해볼 가치도 없는 일이었다.

임진왜란이 끝나고 40년밖에 지나지 않아 발발한 병자호란 때에도 교린의 대상이자 문화적으로 열등한 만주의 여진족과 군신관계를 맺고, 임진왜란 때 조선을 돕기 위해 군대를 파견했던 명을 배신해야만 전쟁의 참화에서 벗어날 수 있었다. 하지만 군사력이 현저히 열세함에도 화이론의 의리명분을 내세워 화친을 반대하는 척화론이 화친을 찬성하는 주화론을 압도해 전쟁의 빌미가 되었다. 지금 보면 그때 왜 그랬을까 하는 의문이 생기지만 그들에게는 당연한 선택이었을지 모른다.

체제의 균열과 변동의 서막

임진왜란과 병자호란이 일어난 이유와 역사적 배경으로는 여러 가지를 들수 있다. 여기서는 명의 경제적 난맥상과 그에 따른 지방통치의 균열, 일본의 동향을 통해 동아시아 세계의 지각변동 조짐을 엿보고자 한다. 16세기에는 동아시아에서 국제교역과 무역이 늘면서 느슨하나마 여러 나라의 경제적 관계망이 형성되고 있었다. 이러한 양상은 동양의 엄청난 재부를 좇아 멀리 아프리카를 돌아서 인도와 동남아시아를 거쳐 동아시아 지역까지 진출한 서양세력의 주도로 나타났다.

이 시기에는 포르투갈이 마카오를 기착지로 하여 일본의 나가사키를 오가며 물건을 사고팔았고, 스페인은 마닐라, 네덜란드는 타이완(대만)에 근거지를 두고 해상교역을 이끌었다. 서양세력은 동남아시아 무역항에 진출할 때, 이전 서남아시아·인도 상인들이 이 지역에 와서 했던 평화적이고 동등한 교역 양상과는 다른 행태를 보였다. 다시 말해 군사력을 내세운 강제 점유와 헐값으로 물건을 얻는 수탈적 모습이 나타났던 것이다.

하지만 서양 열강도 중국과 같은 정치적·군사적으로 강력한 거대국가가 자리 잡은 동아시아에서는 약탈적 제국주의를 마음대로 행할 수 없었다. 당시 중국은 쌀농사를 비롯해 높은 생산력을 자랑했고 효자 상품인 도자기와 차 덕분에 서양과의 무역에서 막대한 이득을 얻고 있었다. 전국시대의 혼란기에 막부의 통제가 이루어지지 않던 일본 또한 서양세력이 주요 교역지로 삼은 곳으로서, 상인들의 교류과정에서 조총을 비롯한 최신 서양 문물이 일찍이 일본으로 유입되었다.

당시 동아시아의 국제무역에서 오늘날 미국 달러와 같은 기축통화의 역할을 한 것은 은이었다. 16세기 중반 무렵에는 중국의 은 생산량이 많이 떨어졌기에 이전에 조선으로 들어가던 일본의 은이 1540년대부터는 중국으로 대거 유입되기 시작했고, 중국은 대신 생사(명주실)와 비단을 수출했다. 그러나 왜구의 약탈 등으로 명이 바다를 봉쇄하는 해금정책을 강화하자 일본과의 교역은 중단되었다. 대신 16세기 후반부터 17세기 전반까지 아메리카 신대륙에서 나온 은이 서양의 주도 아래 대량으로 중국에 들어와 유통되었다.

당시 중국에서는 은으로 세금을 납부하는 은납제가 통용되고 있어서 은의 수요가 크게 늘어났다. 생산자인 농민층은 세금으로 내야 하는 은과 바꾸기 위해 곡물을 헐값에 내다팔 수밖에 없어서 빈곤의 나락으로 떨어졌다. 반면 교역을 주도하는 상인은 막대한 재부를 축적할 기회를 얻게 되었다. 한편 북방의 몽골세력을 방어하는 데 필요한 기본 군사비뿐 아니라 임진왜란의 조선 출병으로 원조비용까지 크게 늘어났다. 이후 후금의 세력이 커지면서 국방비 지출이 더욱 증가하자 만주와 북방 지역에 은이 대거 유입되었다. 그 결과 곡물과 재화의 최대 생산지였던 남방에는 오히려 은이 부족해졌다.

이러한 은의 유통과 국제교역의 변화된 양상 속에서 막대한 재부를 쌓으며 지역의 정치적·군사적 실세로 등장한 이들이 생겨났다. 이들은 명의 변방 지역을 근거지로 한 '경계인'들이었다. 이들의 등장으로 영원할 것 같던 중화체제에 균열의 조짐이 나타났다. 16세기 말에서 17세기 초에 등장한 변방의 경계인 가운데 대표적인 인물로는 중국 동남 연안의 해상권과 상업 교역을 장악한 정지룡과 요동의 최대 군벌인 이성량을 들 수 있다.

정지룡 세력은 옛날 신라의 장보고와 마찬가지로 선단 1,000척을 가지고 중국과 서양, 일본과의 해상무역을 주도하며 중국 연해를 제패했다. 정지룡은 일본의 나가사키에도 머물면서 일본인 부인을 두기도 했다. 이들 세력은 1630년대에는 네덜란드와 일본, 중국 간의 무역을 장악하면서 중국의 도자기 등을 유럽으로 대거 수출했다. 정지룡의 아들 정성공은 1644년 청이 중국 본토로 들어온 이후 최대의 반청세력이 되어 타이완을 근거지로 삼아 항쟁과 해상교역 활동을 지속했다.

요동의 군벌인 이성량은 명의 요동 총병관으로 만주 일대의 경제력과 군사권을 장악했다. 임진왜란 때 조선에 출병한 명군의 총사령관 이여송이 바로 그의 아들이다. 후금을 세운 누르하치도 초기에는 이성량의 비호 아래 성장했다. 명의 조선 출병과 군비 유입 등으로 많은 양의 은이 만주에 들어왔고, 누르하치는 모피와 인삼 교역으로 은을 확보해 후금 건국의 자금원으로 삼았다. 후금의 급속한 성장에는 이성량 세력의 후원과 임진왜란이라는 경제적 특수가 있었다. 이처럼 체제 누수기의 최대 수혜자는 바로 뒤에 청의 태조가 된 누르하치였다.

한편 일본은 무로마치 막부의 지배력이 약해지면서 15세기 후반부터 농민 소요와 하극상의 반란이 확산되었다. 그 결과 15세기 말부터 전국 각지의 다이묘大名(무사계급의 봉건영주)가 자웅을 겨루는 전국시대가 시작되었다. 이에 농업생산력 증대와 군사력 강화, 재원 마련이 당면과제로 떠올랐고 광산 개발과 상공업 발달이 이루어졌다. 또한 16세기 중반 포르투갈 상인을 통해 화약총기 제조법이 전래되면서 나가사키 등에서 총포를 구입하기 위한 경쟁이 치열해졌다.

야마오카 소하치의 대하 역사소설 『대망』에 자세히 묘사된 것처럼, 100년간의 군웅할거시대인 전국시대를 끝낸 인물이 바로 오다 노부나가였다. 하지만 그가 부하에게 급작스럽게 살해되면서 충직한 측근이었던 도요토미 히데요시가 주군을 대신해 권력을 장악했다. 최고집정자인 관백이 된 도요토미는 동남아시아에 진출해 있던 서양과의 대외무역을 장려하고 수출을 위한 금은광 개발을 적극 추진했다. 하지만 오랜 전란으로 침체된 경제의 활로를 찾는 일이 쉽지는 않았다. 도요토미는 정치적 반대세력의 불만을 잠재우고 혼란스러운 정국을 수습하기 위해 밖으로 눈을 돌렸다. 그리고 누구도 생각지 못했던 대륙 침략을 결정하기에 이르렀다.

2. 임진왜란은 어떤 전쟁이었나?

임진왜란의 시작과 전개과정

1592년 4월 13일 부산 앞바다는 쓰시마(대마도) 쪽에서 온 일본 군선으로 시커멓게 뒤덮였다. 일본의 관백 도요토미 히데요시가 명의 요동을 치기 위해 조선에 길을 빌린다는 '가도입명假道入明'의 명분을 내세워 총인원 20만의 대군을 동원해 전쟁을 감행한 것이다. 일본군은 마치 쓰나미처

부산진과 다대포진의 전투 모습

럼 상륙해 첨사 정발이 지키던 부산진과 부사 송상현이 사수한 동래부를 단번에 함락시키고 북진을 시작했다. 일본군은 경상도에서 서울을 향해 충청도, 전라도, 강원도 세 방향으로 나누어 진격했다.

그러나 전쟁 초기에는 제대로 된 관민의 방어나 치열한 저항을 거의 찾아볼 수 없었다. 이는 조선의 남부 지역이 늘 대규모 외침에 대비해야 했던 북방에 비해 방비태세나 정규군 조직이 제대로 갖추어지지 않았기 때문이다. 또한 훈련도 안 된 농민군을 급조해 맞서 싸우려 했으나 조총의 위력을 앞세운 일본군의 파죽지세에 완전히 압도당했다. 화살은 쏘는 모습이 보이지만 조총은 우레 같은 소리가 나면서 바로 옆 사람이 죽어나갔기에 크게 놀라고 당황했던 것이다. 무엇보다 조선은 200년간 전쟁다운 전쟁이 없는 평화상태가 지속되어 전쟁준비보다는 민생의 안정을 급선무로 삼아왔다. 이에 비해 일본은 각지의 영주들이 패권을 둘러싼 사생결단의 쟁투를 벌인 전국시대가 막 끝난 시기여서 전쟁에 이골이 난 무장과 군인들로 넘쳐났다. 따라서 전쟁 초기에는 한마디로 일본군의 상대가 안 되었던 것이다.

조선 정부는 일본군의 갑작스러운 침략과 빠른 북상 소식에 크게 동요했다. 급히 모집해 보낸 신립이 이끄는 8,000명의 조선군은 방어에 유리한 문경새재나 조령까지 가지도 못한 채 충주 탄금대에서 격돌해야 했다. 배수의 진을 치고 죽을힘을 다해 일본군과 싸웠지만 결국 패하고 말았다. 이에 조정은 엄청난 혼란에 빠졌다. 위기를 느낀 선조는 4월 30일 새벽에 북쪽을 향해 급히 피난을 떠났다. 국왕의 파천 사실이 알려지면서 도성 안은 공황상태에 빠졌다. 노비를 비롯한 장안의 백성은 혼비백산했다. 노비문서를 보관하던 장예원이 방화로 전소되면서 사고인 춘추관을 비롯해 정궁인 경복궁 전체가 불에 탔다.

5월 3일, 일본군은 피 한 방울 흘리지 않고 한양에 입성했다. 이는 부산에 상륙한 지 불과 20일 만이었다. 무기와 식량을 갖추고 완전군장을 한 군대가 400킬로미터가 넘는 비포장도로를 20일 만에 주파한 것은 오늘날의 상식으로도 쉽게 납득이 가지 않는다. 장기나 체스처럼 조선 국왕을 붙잡으면 전쟁은 바로 끝날 것이라는 예측 아래 수립된 일본군의 전략은 그만큼 분명했고, 조선의 방어 역량은 말 그대로 유명무실했던 것이다.

한양에 온 일본군 주력부대는 도성 남쪽에 있는 용산에 머물렀다. 이부지는 19세기 말부터 20세기를 거치며 위안스카이가 이끄는 청군, 식민지기의 조선 일본군 사령부가 주둔했고, 한국전쟁 이후 지금까지는 미군이 사용하고 있는 곳이다. 풍수지리상 북한산의 기가 남산을 넘어 모여드는 용혈 지역인 용산에 외국 군대가 주둔하게 된 것은 이처럼 그 연원이 임진왜란으로까지 거슬러 올라간다. 고니시 유키나가가 이끄는 일본군 주력부대는 여기서 그치지 않고 개성을 지나 6월 14일에 평양성에 도달했다. 이때 선조는 북쪽 압록강 인근 명과의 접경 지역인 의주까지 피난 가 있었다. 전란 발발 후 왕세자로 봉해진 광해군은 만일의 사태에 대비해 조정을 나누어 함경도 쪽에 가서 활동했다.

선조는 평양을 거쳐 의주까지 피란해가면서 명에 계속 원군지원을 요청했다. 일단 1592년 7월에 명군의 선발대로 요동군 3,500명이 파견되었다. 이들은 일본군을 너무 얕잡아보다가 평양 전투에서 일격을 당하고 패주했다. 전란이 일어나고 8개월 후인 12월이 되어서야 화기수를 포함한 명군 본진 5만 명이 이여송의 통솔 아래 조선에 오면서 반격의 서막이 열렸다. 한편 가토 기요마사가 이끄는 일본 군대는 함경도까지 진출해 선조의 첫째 아들인 임해군을 사로잡았다. 임진왜란 때 함경도 지역에서 정문부가 이끄는 의병이 일본군을 물리친 적이 있는데 그 업적을 기려 세운 것이 북관대첩비다. 러일전쟁 때 일본군이 반출해간 이 비는 오랫동안 일본 군국주의의 상징인 도쿄의 야스쿠니 신사 구석에 방치되었다가 2005년 10월 서울 국립중앙박물관 개관 때 반환된 후 2006년에 원래 위치인 북한으로 돌려보내졌다.

1593년 1월 조·명 연합군은 평양성을 탈환하는 데 성공했다. 하지만 승세를 탄 명군이 성급히 남진하다가 중국 사신의 객사가 있던 경기도 고양의 벽제관 전투에서 큰 패배를 당했다. 2월에는 전라도 관찰사였던 권율이 이끄는 조선군과 승군이 합세해 한강 인근 행주산성에서 벌어진 전투에서 이시다 미츠나리의 일본군에 결정적인 승리를 거두었고, 이를 발판으로 삼아 4월에는 한양을 탈환했다.

하지만 5월부터 명군과 일본군 사이에 강화교섭이 본격적으로 시작되면서 명군의 상당수가 철군했다. 게다가 수뇌부는 일본군과의 전면전이나 완전한 축출을 도모하지도 않았다. 일본군 또한 경험해보지 못한 대륙의

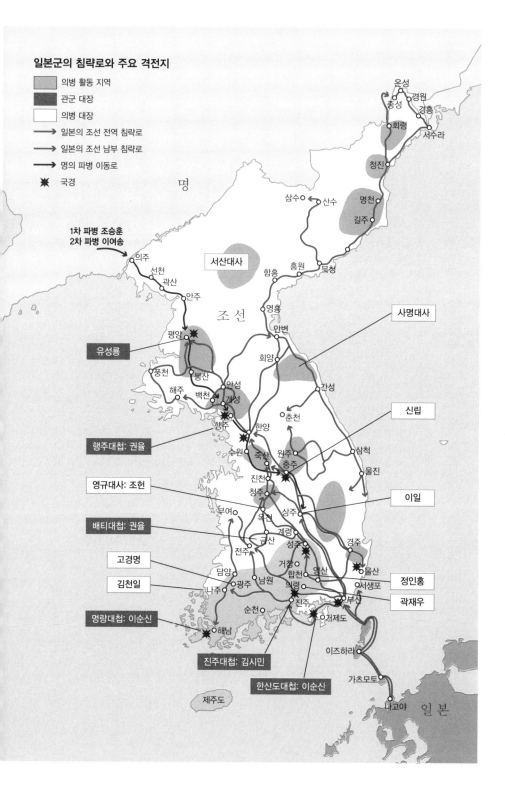

일본군의 침략로와 주요 격전지

의병 활동 지역
관군 대장
의병 대장
일본의 조선 전역 침략로
일본의 조선 남부 침략로
명의 파병 이동로
국경

명

온성
경원
종성
경흥
회령
서수라
청진
명천
길주

삼수 ← 산수

1차 파병 조승훈
2차 파병 이여송

의주
선천
곽산
안주

서산대사

조 선

평양
풍천
봉산
해주
백천
양성
개성
행주

유성룡

행주대첩: 권율

영규대사: 조헌

배티대첩: 권율

고경명

김천일

명량대첩: 이순신

함흥
흥원
북청

영흥
안변

회양

사명대사

간성

춘천

한양
수원 죽산
충주 원주
진천
청주 상주
옥천
부여 계령
금산 성주
전주 거창
담양 남원 합천 영산
광주 의령
나주 진주
순천

삼척

울진

신립

이일

경주

정인홍

울산
서생포

곽재우

부산
거제도

이즈하라

진주대첩: 김시민

한산도대첩: 이순신

해남

가초모토

제주도

나고야 일 본

혹한과 전염병, 식량 부족, 사기 저하, 탈영 등으로 큰 어려움을 겪고 있었다. 주력부대가 철수한 상태에서 남해 연안의 몇몇 주둔지를 간신히 유지해나가는 소강상태가 이어졌다. 일본군은 경상도를 중심으로 한 주둔지에 왜성을 축조해 방어체제를 갖추는 한편 민심을 수습하기 위한 점령지 정책을 펼치기도 했다. 함경도 일부 지역에서는 향리층이 조세를 징수해 일본군에 상납한 사례도 있었다.

명의 심유경과 일본의 고니시 유키나가가 주도한 강화교섭의 와중에 승장인 사명 유정이 울산에 있던 가토 기요마사를 찾아가 적진을 탐색하고 담판을 지은 일화는 유명하다. 도요토미 히데요시의 인척이자 최측근인 가토는 불교를 믿었고 일본군의 선봉장이었던 고니시는 천주교 신자였다. 정치적으로도 갈등을 빚던 둘은 자주 불협화음을 냈다. 일본은 16세기부터 국제교역을 통해 서양 문물을 일찍부터 받아들이고 있었다. 당시 조총은 물론 천주교도 들어와 교세를 확장하고 있었는데, 도요토미는 천주교 탄압의 일환으로 천주교도로 편성된 1만 8,000명의 군대를 고니시에게 맡겨 조선으로 보냈다. 이때 일본에 있던 예수회 선교사 세스페데스가 고니시 휘하 군대의 종군 신부로 조선에 와서 약 1년간 체류했고 전후에 잡혀간 조선인 2,000여 명에게 세례를 주기도 했다.

1596년 가을에 강화협상은 결렬되었고 1597년에 다시 정유재란이 일어났다. 정유재란 때에는 앞서와 달리 이순신의 파직으로 조선 수군이 패전을 당하면서 일본군이 전라도를 장악한 데 이어 충청·경기 지역으로 북상했다. 이후 이순신이 복귀해 12척의 배로 130척의 왜선을 물리친 명량대전의 기적 같은 승리를 거두면서 해상의 전세는 다시 역전되었다. 마침내 1598년 8월에 도요토미 히데요시가 죽으면서 전쟁이 끝나게 되었는데,

이순신 장군은 11월 노량해전에서 퇴각하는 일본군을 끝까지 섬멸하다가 적군의 총에 맞아 장렬히 숨을 거두었다. 일본군은 자신들의 전공을 입증하기 위해 조선에서 물러나기 직전 민간인의 코와 귀를 베어서 가져갔고, 도공을 비롯한 많은 사람을 끌고 갔으며, 금속활자 등 수많은 문화재를 약탈해갔다.

전쟁의 주도자와 문화사

임진왜란의 전개과정을 보면 우선 명군의 참전을 기점으로 전세가 역전된 것은 분명한 사실이다. 하지만 의병·의승의 봉기와 조선 수군의 연전연승이 개전 초기 일본군의 맹렬한 기세를 꺾고 전세를 답보상태로 만드는 데 크게 기여했음을 부인할 수 없다. 조선의 정규군인 관군은 애초에 일본군에 밀려 제대로 대적조차 하지 못했다. 이것은 20일 만에 일본군이 한양을 손쉽게 접수한 사실에서도 분명히 드러난다.

이에 비해 지방의 유생이 이끄는 의병은 일본군을 급습하고 보급로를 차단해 한양 접수 후 일본군의 북진을 지연시키는 데 중요한 역할을 하게 된다. 유명한 의병장으로는 전쟁 발발 초기부터 군사를 모아 활약한 경상도의 곽재우, 남명 조식의 문인으로 영남 의병장의 호칭을 얻은 정인홍, 율곡 이이의 제자로 승장 영규와 함께 충청도 청주성을 탈환한 후 금산에서 전사한 조헌, 전라도에서 일어나 2차 진주성 전투에서 순국한 김천일과 금산에서 일본군의 호남 진출을 막다 숨진 고경명 등을 들 수 있다.

그런데 유학자인 사족들이 주도한 이들 의병 외에 산중의 승려들이 국가의 위기를 맞아 분연히 일어난 의승군의 활동 역시 주목하지 않을 수 없다. 조선은 유교의 나라였고 국초부터 숭유억불을 표방하며 불교 배척 정책을 시행했다. 유학자들은 승려에 대해 부모를 버리고 군주를 위한 의무를 다하지 않는 등 효와 충의 윤리를 저버렸다고 강하게 비판해왔다. 그런데 세속을 떠난 승려들이 살생을 금하는 계율을 깨면서까지 의승군을 조직해 전쟁에 참여했고, 웬만한 유학자나 관료들보다 더 큰 활약을 하면서 전공을 쌓아 나라를 구하는 데 도움을 준 것이다.

의승군의 활동 분야는 전투 참전과 각지의 산성 축조, 군량 보급 등 실로 광범위했다. 1592년 7월 의주로 파천한 선조의 명으로 묘향산에 있던 서산대사 청허 휴정이 팔도도총섭으로 임명되어 전국에서 5,000여 의승군이 궐기했다. 충청도의 영규대사를 시작으로 강원도의 사명 유정, 호남의 처영, 황해도의 의엄 등이 승장으로 활약했다. 이들은 평양성 전투, 행주대첩 등에 참전해 전공을 세웠다. 선조가 한양으로 돌아올 때 승군이 호위를 맡기도 했으며 일본과의 강화교섭기에 경기와 삼남의 요처에는 승군이 산성을 쌓고 지켰다. 또한 군량미 조달은 물론 『실록』 같은 국가 기록물을 안전한 곳으로 옮기고 지키는 일도 담당했다. 나아가 전란에서 죽은 연고가 없는 이들을 묻고 혼령을 위로하는 재회齋會를 통해 불교의 종교적 효용성이 더욱 부각되었다. 특히 사명대사 유정은 스승 휴정을 이어 승군을 이끌었는데 강화교섭 과정에서 적진을 둘러보고 대비책을 올렸으며, 전후에는 일본에 사신으로 가서 국교 재개와 포로 환송 등의 외교문제를 전담했다.

임진왜란 때 바람 앞의 등불과 같았던 조선을 위기의 순간에서 결정적으로 구해낸 것은 모두가 알다시피 이순신이 이끄는 수군이었다. 처음에 일본군이 평양까지 거칠 것 없이 올라갔지만 더는 북진을 하지 못한 것은 이순신의 수군이 남해의 제해권을 장악한 덕분이었다. 일본군이 배를 타고 서해안을 따라 올라가 직접 공격하거나 군량을 조달하는 것을 미리 막았던

일본의 『회본태합기』에
묘사된 거북선

것이다. 조선 수군은 옥포, 한산, 부산포 등지에서 10회에 걸쳐 일본 수군
에 연승을 거두었다. 번번이 패퇴를 당한 일본군은 점차 해전을 기피하고
경상도 남해안의 연안 방어에 급급했다. 그 결과 육로를 따라 북진한 일본
군의 후방을 교란하고 해상 보급로를 막았으며, 평양까지 간 일본군 선발
대가 더는 북상을 하지 못하게 발목을 잡았다. 또 10월 초에 지리산 인근
진주성 전투에서 김시민이 이끄는 관민 연합군이 일본군을 막아내면서 해
로와 함께 호남으로 가는 육로의 길목도 차단했다. 이처럼 호남 지역을 사
수한 것은 곡창지대를 지켜 양식을 확보했다는 데 의미가 있으며, 이는 반
대로 일본군을 혹독한 겨울 추위와 함께 군량 부족에 시달리게 만들었다.

　조선 수군이 연전연승을 거둔 까닭은 이순신의 리더십, 탁월한 전략
과 치밀한 준비 때문이었다. 그와 함께 수군 조직은 조선 초부터 체계적으
로 육성·관리되었으며 판옥선과 거북선, 대형 총통 등 함선의 견고함과 전
투 능력, 화력이 일본 수군보다 뛰어났다는 점도 잊어서는 안 된다. 더욱이
여러 지방의 해상세력을 모아 급조한 일본 수군은 지휘체계가 일원화하지

못한 데다 전술 또한 부재했다. 그뿐만 아니라 조선 연안의 해류와 지형에 어두웠고, 수상전에서는 유효 사거리가 짧은 조총이 큰 위력을 발휘하지 못했다.

이때의 쓰디쓴 경험은 300여 년이 지난 러일전쟁 때 일본이 한반도 연해에서 러시아 함대를 격파하는 데 반면교사로 활용되었다고 한다. 세계 해전사에서 기념비적 승전으로 손꼽히는 이순신 수군의 활약은 조선을 위기에서 건져 올렸다. 그런데 바로 그 이유 때문에 이순신은 선조의 견제를 받았고 관직을 잃은 채 백의종군해야 했다. 도성을 버리고 도망간 선조는 백성을 저버린 임금이었지만 이순신은 민중의 영웅이자 조선의 구원자로서 선조에게는 매우 부담스러운 존재가 아닐 수 없었다.

의병과 의승군, 수군의 활약이 조선의 자력에 의한 것이었다면 명군의 참전이 가져온 승전은 타력에 의한 결과였다. 명군은 1592년 7월에 선발대가 파견된 이래 규모의 변동은 있었지만 총 10만 명이 동원되었고, 전란이 끝나고 나서도 1600년 9월까지 조선에 주둔했다. 명군의 참전 명분은 조선의 구원 요청에 상국으로서 도움을 준다는 것이었다. 하지만 실제로는 요동정벌을 내세운 일본군의 침략 목표에 맞서 자국을 보호하기 위한 전략적 차원에서 결정되었다.

명의 입장에서 조선의 지정학적 위치는 "입술이 없으면 이가 시리다"는 '순망치한脣亡齒寒'에 해당했다. 그만큼 조선의 존재는 명 본토를 방어하기 위한 일차 저지선으로서 중요한 의미를 가졌다. 또한 막대한 인력과 군비가 소요되기는 했지만 군량과 필수 군수물자를 조선에서 제공했기 때문에 명군은 시혜자의 특혜를 누리면 그만이었다. 대부분이 산악지형인 조선에서는 중국의 평원과 같이 대규모 병력의 격돌로 말미암은 막대한 인명손실이 생길 위험이 적었다. 이 또한 명군의 참전에 유리한 점이었다.

명은 임진왜란 발발 전부터 일본과 교류해온 상인들을 통해 전쟁이 일어날 가능성이 있다는 정보를 입수했으나 확실치 않은 상황에서 이를 조선에 알려주지 않았다. 또한 일본군이 침략했다는 보고가 있은 직후 조선이 일본과 공모해 요동을 탈취하려 한다는 소문까지 나서 일단 상황을 예의주시했다. 더욱이 단시일 내에 한양을 일본군에 내주고 선조가 평양까지 도망갔다는 소식을 접했으나, 수나라 대군과 당 태종의 침공 등 중국의 대규모 침공을 막아낸 고구려의 후예 조선이 그렇게 맥없이 섬나라 일본에 무너졌다는 사실을 액면 그대로 믿지 않았다. 선조가 의주까지 가서 급박한 전황을 전하고 절박하게 원군을 요청하자 그제야 군대 파병을 결정한 것이다.

1593년 4월 한양을 탈환한 후에는 전쟁도 평화도 아닌 '비전비화非戰非和' 상태가 유지되었다. 이는 주도권을 가진 명군이 일본군과의 결전이나 축출의 의지 없이 강화협상을 통해 종전을 꾀했기 때문이다. 명은 일본군을 조선 땅에서 완전히 몰아내기 위해 결사적으로 항전하겠다는 조선 측의 요청을 받아들이지 않았다. 이는 명군의 피해를 최소화해서 전쟁을 끝낸 후 몽골이나 여진 등 북방의 위협에 대비하기 위한 것이었다. 비록 성사되지는 않았지만 심유경과 고니시의 강화교섭 내용 가운데는 일본군의 현재 주둔상태를 인정해 조선의 남부 지역을 일본에 넘기고 명의 황제가 도요토미 히데요시를 일본의 왕으로 책봉하는 안도 포함되어 있었다고 한다.

이러한 상황은 1950년에 발발해 1953년에 휴전이 된 한국전쟁과도 유사한 점이 있다. 해방 후 남북한에 미군과 소련군이 진주하면서 북위 38도선을 기준으로 그은 38선이 전쟁 후에는 태극 모양처럼 생긴 휴전선이 되었다. 이는 미군이 관할하던 서부전선은 남쪽으로 밀려 후퇴하면서 38선 남쪽에 있던 개성이 북한 땅이 된 반면, 한국군이 주도하던 동부전선은 38선 위쪽 속초의 북쪽으로 올라가 금강산 바로 턱밑까지 이르렀기 때문이다. 그렇게 된 이유는 군사력의 문제라기보다 타국의 전쟁과 자국의 전쟁의 차이, 즉 의지의 문제였다. 특히 강화나 휴전교섭 기간에 그러한 경향은 더욱 두드러졌다. 한국전쟁 이후 주한 미군의 소관으로 된 전시작전통제권은 무엇보다 대한민국의 군사적 주권의 문제로서 임진왜란이나 한국전쟁의 역사적 교훈을 돌이켜볼 때 마땅히 환수해야 할 것이다.

한편 명군의 참전은 정치적으로 조선에 대한 내정간섭을 낳았다. 선조가 무능하다던 이유로 왕위교체론이 제기되거나 명의 직할 통치론이 거론되기도 했다. 이는 조선의 주권과 자율성을 심각하게 해치는 것이었고 선조의 권위 또한 크게 실추되었다. 이 밖에도 명은 군비의 중요성을 강조하면서 조선의 문약함을 질타했고, 전쟁을 치르는 과정에서 명의 화기와 병법이 조선에 도입되기도 했다. 중국에서 전쟁의 신으로 추앙되는 『삼국지』의 관우를 모신 관왕묘도 이때 전래되어 남대문 밖의 남관왕묘, 동대문의 동관왕묘(동묘) 등 한양과 지방 몇 군데에 세워졌다.

시혜자로서 조선에 온 명군은 온갖 위세를 부렸고, 심한 경우 민간인에 대한 약탈과 살육까지 자행했다. 이러한 명군의 일탈과 도망병 문제는 사회적으로 큰 이슈가 되었다. 또한 조선 정부로서는 참전한 명군에 군량을 조달하는 일이 급선무였기에 조선군에는 지원이 소홀했다. 자연히 조선군의 전쟁 수행 능력은 약해질 수밖에 없었다. 무엇보다 전란 중에 조세를 감당해야 했던 백성들은 더욱 극심한 생활고에 시달릴 수밖에 없었다. 당시에 일본군은 듬성듬성한 얼레빗이고 명군은 촘촘한 참빗이라는 말이 떠돈

것도 이러한 상황에서 기인했다.

그러나 명도 조선 파병으로 인적 피해를 크게 입었고 약 900만 냥의 막대한 은화를 소모했다. 한편 8년에 이르는 명군의 주둔은 조선의 경제체제에도 변동을 가져왔다. 명군의 군인 급여와 군수물자 등의 전비가 지급되면서 조선에 은이 대거 유입되었고, 중국 상인들이 함께 들어와서 비단과 같은 중국의 물산이 조선에서 대량으로 유통되었다. 은의 활발한 유통은 조선에 은광 개발 열풍을 불러일으켰으며 상업을 중시하는 중상주의 분위기도 형성되었다.

명군의 참전으로 불리했던 전황이 역전되자 조선이 망하지 않고 전쟁이 일본군의 패퇴로 끝났기에 명의 은혜를 감사하고 받드는 '존명尊明' 분위기가 고조되었다. 특히 전쟁이 가져온 심각한 민심이반 속에서 명군의 존재와 명의 은혜는 선조와 집권층의 권력기반 유지에 중요한 안전장치로 작동했다. 나라를 다시 만들어준 은혜라는 뜻의 '재조지은再造之恩'은 조선의 정국을 안정시키는 수단으로 활용되었고, 민심의 균열과 왕실 및 지배층의 권위에 대한 도전을 애초에 차단하는 전략적 도구이기도 했다. 이 또한 한국전쟁 때 인민군이 서울에 들어오기 전에 국민에게 안심할 것을 당부하며 몰래 대구까지 피난을 떠난 이승만 대통령과 집권층이 이후 나라를 구해준 미국의 은혜에 감사하고 철저한 친미주의를 통해 정권을 유지했던 것과 비슷한 양상이다.

이제 임진왜란의 문화사적 의미를 실록을 연결고리로 해서 탐색해보자. 전란 초기에 일본군의 호남 진출을 막아낸 것은 문화사적으로도 중요한 의미가 있다. 바로 조선 태조의 본관인 전주에 있던 『조선왕조실록』을 지켜낸 일이다. 조선 전기에 실록은 한양의 춘추관, 충주, 성주, 전주의 사고에 총 4부를 안치했다. 이는 주로 북방에서 침략해올 가능성에 대비해 한양 이남의 도회지에 분산 보관한 것이었다. 하지만 예기치 않게 남방으로부터 일본의 침략을 받으면서 호남의 전주사고를 제외한 나머지 사고의 실록이 모두 불에 타버렸다. 만일 이때 전주사고의 실록마저 소실되었다면 태종의 왕권강화 과정과 세종의 업적 및 인간적 면모를 포함한 조선 전기의 역사적 사실을 자세히 알 수 없었을 것이다.

전주사고에 있던 태조에서 명종까지의 13대 실록은 전쟁의 참화를 피해 내장산으로 일시 옮겼다가 강화도를 거쳐 묘향산 보현사에 안전하게 보관했다. 전란이 끝난 후 다시 강화도로 옮겼고, 광해군 때 이를 저본으로 13대 실록의 복본을 만들었다. 그리고 원본은 강화도 정족산 사고에 두고 한양의 춘추관, 무주 적상산, 태백산, 오대산 사고에 복사본을 보관했다. 인조반정 직후 이괄의 난 때 춘추관본이 소실되면서 13대 실록과 이후 나온 실록들은 나머지 4대 사고에 봉안되어 전해졌다. 현재 정족산본은 서울대 규장각에, 태백산본은 국가기록원 부산기록관에 있고, 적상산본은 한국전쟁 때 북한군이 가져가 김일성종합대학 도서관에 소장되어 있다. 북한에서 한국보다 앞선 1980년대에 실록의 전체 번역본이 나오게 된 것도 적상산본을 가지고 있었기 때문에 가능한 일이었다. 북한에 실록이 있다는 사실을 미처 몰랐을 때는 천재로 소문난 『임꺽정』의 저자 벽초 홍명희가 식민지 때 실록을 보고 달달 외워 북에 가서 전했다는 소설 같은 농담이 떠돌기도 했다. 오대산본은 1913년 도쿄제국대학으로 옮겨졌다가 1923년 관동대지진 때 대학 도서관이 불타면서 함께 사라졌으며, 당시 대출 등으로 화를 면한 47책이 최근에 반환되었다.

전 국토를 유린한 장기간의 전쟁으로 조선이 엄청난 인적·물적 피해를

입은 것과 달리, 일본은 문화와 경제
면에서 크나큰 성과를 거두었다. 일
본에서는 임진왜란을 당시 연호를 따
서 '분로쿠게이조쿠文祿慶長 역役'으로
부르는데, 일본 입장에서는 선진 문
물을 습득하는 하이테크 쟁탈전이었
다. 조선에서 붙잡아간 도공과 기술
자는 물론 함께 가져간 책과 활자, 문
화재 등으로 일본은 중국과 조선, 베
트남에서만 가능했던 첨단 도자기 제
작기술 및 유학과 의학 등의 최신 성
과를 입수했다.

루벤스가 그린 〈한복 입은 남자〉

조선에서 가져간 첨단기술은 일본
의 학술·문화 진전과 경제 번영에 큰 영향을 미쳤다. 에도시대(1603~1867)
에는 활자 인쇄와 서적 출판이 활성화되었는데, 에도막부를 세운 도쿠가
와 이에야스를 '활자의 군주'라고 작명한 전시회가 십수 년 전에 도쿄에서
열리기도 했다. 또한 중국의 명·청 교체기의 혼란 속에서 중국을 대신해
일본에서 만든 도자기가 유럽으로 대량 수출되어 막대한 부를 창출할 수
있었다. 그와 함께 원색의 색채로 상징되는 일본의 독특한 그림 문화가 유
럽에 전해져 인상파 화가들의 화풍에 영향을 미치기도 했다. 이는 근대에
이르기까지 서양에서 일본의 인지도와 국가 브랜드 가치를 높이는 데 크
게 기여했다. 한편 일본군에 잡혀간 조선인 중 일부는 동남아시아에 노예
로 팔려가기도 했다. 그중 안토니오 코레아라는 조선인 남자가 이탈리아

까지 가게 되었는데, 중국인이라는 논란은 있지만 17세기의 화가 루벤스가 그린 〈한복 입은 남자〉라는 그림이 전하고 있다.

3. 병자호란의 정치적 지형과 조선의 선택

만·몽·한 통합제국 청과 병자호란

16세기 후반 이후 명 중앙정부의 변방 지배력이 약화되자 힘의 균열을 틈타 많은 경계인이 등장했다. 만주 지역도 예외는 아니었는데, 교역의 활성화와 막대한 군비 유입 등으로 경제적 이권을 둘러싼 여러 세력 간의 경쟁 또한 치열해졌다. 만주에는 일찍이 숙신, 말갈이라 불리던 여진족이 살고 있었다. 이들은 고구려, 발해, 요 때에도 이어져왔고, 특히 여진족인 아골타가 황제국 금을 세워 송과 맞서면서 중국의 북부까지 지배했다. 하지만 금이 몽골에 망한 이후 원, 명을 거치면서 통일세력을 이루지 못한 채 여러 부족으로 쪼개져 있던 상태였다. 그러다가 16세기 후반 정치적·경제적 변화에 따른 체제 균열의 조짐이 생겨나면서 새로운 국면으로 접어들기 시작했다. 그 기회를 잡은 이가 바로 누르하치였다. 그가 여진족을 통합하면서 후금은 만주 일대의 강력한 정치적·군사적 세력으로 떠올랐다.

전설에 의하면 백두산 동쪽 부쿠리산 기슭의 호수에서 천신의 세 딸이 목욕을 하던 중 막내가 천신의 사자인 까치가 물고 온 붉은 과실을 먹고 임신을 했다고 한다. 이때 태어난 아이가 누르하치의 조상인 부쿠리 용손이었다. 여진을 다스리라는 천명을 받은 그의 성은 금金을 뜻하는 아이신줴러였다. 누르하치의 부족은 건주여진의 한 갈래였는데, 조부가 상업으로 기반을 잡은 후 1588년 누르하치가 건주여진을 통일하며 세력을 크게 키웠고 명의 도독첨사로 임명되었다. 곧이어 임진왜란이 일어나 막대한 군비가 유입되고 요동 경제가 활황이 되자 누르하치는 만주 지역의 실질적 지배자였던 이성량의 비호 아래 무역을 독점하면서 자신의 세력을 넓혀나갔다. 누르하치는 여진족의 각 부족에서 유래한 행정·군사조직인 팔기제를 운영하며 조직력과 군사력을 더욱 키워나갔다.

그는 1613년에 여진족 대부분을 통일했고 1616년에는 후금을 세워 한汗(칸)으로 등극하면서 명에 크나큰 위협이 되었다. 1618년에는 현재 랴오닝(요령) 성에 위치한 푸순(무순)과 칭허(청하)를 함락시켰고, 1619년에는 사르후 전투에서 명의 10만 대군을 격파해 만주 지역의 주도권을 잡았다. 이때 명의 요청으로 파병된 강홍립이 이끈 조선군 1만 3,000명은 전투다운 전투도 해보지 못한 채 후금에 항복했다. 후금은 1621년에 본격적으로 요동 지역을 공략해 라오양(요양)을 수도로 삼았다가 1625년에는 선양(심양)으로 천도했다. 누르하치는 1626년 명의 영원성을 공격하다가 부상을 입었는데 다시 몽골 방면을 공략하다가 병이 악화되어 죽음을 맞이했다. 이때 여진족에서 내분이 일어나 후금이 점차 약화될 것으로 보였지만 아들 홍타이지가 칸에 오르면서 빠르게 분란을 수습하고 권력을 장악했다.

칸에 오른 홍타이지는 다음 해인 1627년에 앞서 포로로 잡은 강홍립을 선봉에 세워 3만 명의 군대를 조선에 파병했는데, 이것이 바로 정묘호란이다. 조선 정부는 고려의 대몽항쟁을 떠올리며 강화도로 들어간 뒤 형제국의 관계를 맺고 후금에 대항해 군사를 일으키지 않겠다는 조건으로 강화를 맺었다. 명과 대립하고 있던 후금으로서는 배후에 있는 조선의 위협을 봉쇄하고 후방의 안정을 꾀하는 것이 주된 목적이었다. 조선 또한 불필요한 출혈 없이 형제의 맹약을 맺고 공존하는 것은 사대교린 질서 내에서 가능하다고 본 것이다.

이후 후금은 전력을 배가했다. 1633년 만주에 남아 있던 명군이 후금에 귀순하면서 함선과 수군, 대포 등이 함께 넘어간 덕에 기마전에만 익숙하던 후금군은 수륙전을 모두 치를 수 있게 되었다. 세력을 키운 후금은 이듬해인 1634년에 홍타이지 칸이 내몽골을 평정하고, 몽골 칸의 옥새를 얻어 그 후계자까지 겸임했다. 이어 1636년에는 국호를 대청大淸으로 바꾸고 황제국을 칭했다. 만주, 몽골, 중국을 아우르는 통합제국 청이 탄생한 것이다. 홍타이지는 태종 황제로 즉위했고 창업주 누르하치는 태조로 추숭되었다. 청 태종은 중원 정복의 야심을 이루기 위해 조선에 새로운 관계를 맺을 것을 강압했다. 청의 요구는 조선과 군신의 예를 맺은 후 명을 치기 위한 병력과 재원 일부를 조선에서 분담하라는 것이었다. 이는 명과의 조공·책봉관계를 해체하고 청과 군신의 사대관계를 체결할 뿐만 아니라 청과 손을 잡고 명을 공격하자는 의미였다.

당시 명군이 요동 지역에서 패퇴하기는 했지만 명은 아직 건재했다. 더욱이 임진왜란 때 조선을 국망의 위기에서 구해준 은혜를 헌신짝처럼 저버릴 수 없었던 조선으로서는 쉽게 수용하기 어려운 요구였다. 하지만 청이 막강한 군사력을 바탕으로 만주를 제패하고 황제국을 공표한 시점에 그 요청은 피할 수 없는 현실적 위협이었다. 이에 조선 정부 내에서는 청과 화친을 도모해야 한다는 주화파와 명을 저버리면서 청과 화친할 수 없다는 척화파가 나뉘어 대립했으나 쉽게 결론을 내리지 못했다. 이는 오늘날 미국과 중국 가운데 사안에 따라 어느 한쪽을 택해야 하는 딜레마와 유사한 것이었다. 당시 조선의 국왕이나 고관이었다면 과연 어떤 선택을 해야 했을까? 더욱이 군사력의 현격한 열세를 이미 알고 있었기에 청과 맞서 싸우자는 주전론이 힘을 얻기는 어려웠다. 다만 논란이 계속되는 와중에도 만약을 위해 군사동원령을 발동해 방비태세를 강화하기로 했다.

하지만 청은 이를 빌미로 병자년(1636) 12월(양력으로는 1637년 1월)에 청태종이 직접 수만에 이르는 대군을 이끌고 조선을 침공했다. 이것이 운명의 병자호란이었다. 청의 침입에 조선 정부는 정묘호란 때처럼 강화도로 피해 항전할 계획이었다. 이에 국체를 상징하는 종묘사직의 신주와 위패, 인조의 빈궁과 원손, 차남인 봉림대군 등이 강화도로 먼저 대피했다. 그런데 청군은 선발대를 보내 북방의 방어 산성들을 그대로 지나쳐 빠르게 진군하여 강화도로 가는 길목을 막아섰다. 그러자 인조와 소현세자, 문무백관은 남쪽의 남한산성으로 급히 방향을 선회했다. 이때의 긴박함은 인조가 남한산성으로 피난 가는 길에 말에 탄 채로 죽을 먹어서 현재 서울 양재역의 말죽거리라는 지명이 생겨났다고 할 정도였다.

남한산성은 1623년 인조반정 다음 해에 일어난 평안도 병마절도사 이괄의 난을 겪으면서 서울의 방비를 강화하고 임금의 피난처를 마련해야 한다는 의견이 나오면서 축조되었다. 승군을 비롯한 백성들을 동원해 공역이 이루어졌고 정묘호란 전해인 1626년에 완성되었다. 인조는 남한산성에 들어가 결사항전의 의지를 다졌지만 문무백관과 1만 2,000의 병력은 외부와 격리된 산성 안에서 혹한과 굶주림을 이겨내야 했다. 당시 인조가 묵이라는 생선을 맛있게 먹고 은어라고 했다가 환궁 후 다시 먹어보고는 맛이 없자 "도로 묵으로 해라"라고 해서 도루묵이 되었다는 일화(임진왜란 때 선조의 일이라고도 함)가 민간에 와전될 정도로 상황은 심각했다. 이 무렵 지방의 관군들은 산성 안에 갇힌 국왕을 구하기 위해 진군을 준비했고, 남

「동국여도」에 실린 남한산성도

한산성 팔도도총섭인 벽암 각성이 임진왜란 때 의승군의 전통을 이어 전라도 화엄사에서 승군 3,000명으로 구성된 항마군을 조직하기도 했다.

그러나 종묘사직의 신주와 위패, 원손 등을 먼저 피난시킨 강화도가 청군에 함락되자 조선 정부는 결국 항복을 선언했다. 인조는 현재 서울 송파구에 있는 삼전도로 나아가 청 태종에게 세 번 무릎을 꿇고 아홉 번 머리를 조아리는 삼고구배三顧九拜로써 황제에 대한 항복의 예를 행했다. 병자호란이 끝나고 청의 승전과 태종의 공덕을 기리는 비를 세우라는 칙명이 내려졌다. 도승지이자 예문관 제학이었던 이경석이 총대를 메고 쓴 청 태종 공덕비(삼전도비)가 현재에도 서 있다. 이제 조선은 명이 아닌 청을 상국으로 모시고 조공을 바쳐 사대의 예를 다하게 되었다. 또한 약속 이행의 볼모로 종전 직후 소현세자와 봉림대군, 끝까지 척화를 주장한 삼학사인 홍익한·윤집·오달제와 수많은 조선인 포로가 청의 수도 선양으로 끌려갔다. 이때 끌려갔던 조선인 포로들 중 도망쳐 고국으로 돌아온 여자나 청에서 낳아 데리고 온 아이들은 소위 화냥년(환향녀), 호로(오랑캐)자식이라 불리며 지탄을 받는 등 두고두고 사회적 문제가 되었다.

1644년 이자성이 이끄는 농민군의 반란으로 명이 무너지자 청은 무혈로 만리장성의 요충지인 산해관을 넘어 베이징에 진입했다. 청나라 팔기군의 말발굽은 중원과 강남의 중국 전역을 휩쓸었다. 나아가 서쪽의 티베트와 위구르족의 신장 지역까지 복속하게 되면서 청은 중국 역사상 최대의 강역을 확보하고 제국의 패권을 만천하에 드날렸다. 명 대신 청이 중국의 황제국이 되었지만 조선은 언제나 그랬던 것처럼 중국 주변의 번국(제후국) 가운데 가장 충실한 모범생으로서 본분을 다해야 했다.

정치와 외교로 읽는 병자호란

광해군(재위 1608~1623)대에는 임진왜란의 상처를 치유하고 전쟁으로 쑥대밭이 된 국가체제를 재건하는 것이 최대 과제였다. 광해군은 국가의 부족한 재원을 확보하기 위해 현물 대신 쌀로 조세를 내는 대동법을 시행하고 농지조사인 양전을 실시했다. 또한 폐허가 된 한양에 궁궐을 새로 조성했다. 이는 실추된 왕실의 권위를 세우기 위한 것이었지만 국가재정에 큰 부담이 되어 많은 비판이 제기되었다.

또한 밖으로는 여진세력을 통일하고 만주 일대를 장악하기 시작한 후금과의 관계설정, 명과 후금 사이에서의 외교문제가 국가의 안위를 좌우할 중대사로 떠올랐다. 점차 커지는 후금의 위협에 대비해 군사를 양성하고 국경방비에 치중하는 한편, 유화적인 중립외교를 통해 후금의 심기를 건드리지 않으려 했다. 후방의 안정을 위해 일본과는 광해군 즉위 직전인 1607년에 이미 국교를 재개한 상태였다. 그러나 명의 계속되는 원군 요청을 끝내 마다할 수 없어 1691년 마지못해 강홍립이 이끄는 1만 3,000의 군대를 파병했다. 이때 현지에서 형세를 보아 결정하라는 광해군의 밀명을 받은 강홍립은 조선군의 출병이 부득이하게 이루어졌음을 알리고 후금에 항복했다. 조선 군대는 포로로 잡혀 있다가 강홍립을 비롯한 일부를 제외하고는 그해에 귀국했다. 당시 명에서는 조선군의 패배와 항복이 고의적이라는 의혹이 제기되어 조선을 감찰하자는 주장까지 나왔다.

한국전쟁 후 한국과 미국 사이 또한 임진왜란 이후 조선과 명의 관계를 그대로 빼닮았다. 명이 후금과의 대치상태에서 보답을 요구하며 군사적·경제적 지원을 강요했을 때 조선은 거부하기 어려웠고, 후금과의 관계는 갈수록 꼬여 결국 정묘호란과 병자호란으로 이어졌다. 한국도 미국이 벌인 베트남전쟁에 이념과 국익을 이유로 군대를 파병했고, 최근에는 사드 배치를 둘러싸고 미국의 손을 들어주면서 중국과 껄끄러운 상황이 되었다.

선조의 적장자가 아닌 광해군은 즉위 후 명의 책봉을 얻기 위해 외교적 줄타기를 했는데, 후금정벌에 군대를 보내거나 수만 냥의 은자를 명에 상납한 것도 그 때문이었다. 광해군의 외교정책은 후금뿐 아니라 명과도 긴장관계에 놓여 있었으며, 그의 의식 저변에는 반명의식도 싹트고 있었다. 그렇기에 명의 계속되는 원병 재요청에 후금의 압박으로 매우 위급한 상황이라며 들어주지 않았고 역으로 명에 군사적 원조를 요구했다. 또한 후금을 자극하지 않기 위해 만주에서 피난해오는 명의 난민이 국경을 넘어오는 것도 막았다.

광해군은 선조의 후궁인 공빈의 소생이었는데 그것도 장남이 아닌 차남이었다. 이는 왕위를 물려받을 명분과 정통성에 하자가 있었음을 의미한다. 앞서 임진왜란 때 시세의 급박함 때문에 형 임해군을 대신해 능력 있는 광해군이 세자로 책봉되었다. 이후 조정을 나눈 분조의 책임자로서 광해군은 평안도, 황해도, 강원도 등에서 민심을 수습하고 군사를 모으는 등 세자의 책무를 다했다. 한양 수복 후에는 수도 방위를 책임졌으며 정유재란 때에는 전라도와 경상도까지 내려가 활약했다. 그럼에도 전쟁이 끝난 후 선조는 적자인 어린 영창대군을 세자로 책봉하려 했는데, 선조가 갑자기 승하하는 바람에 대북파의 지지를 받은 광해군이 왕위에 오르게 되었다.

광해군은 즉위 초에 일부 대신들이 명의 지지를 등에 업은 임해군을 옹립하려는 움직임을 보이자 친형 임해군을 역모 죄로 죽였다. 또한 왕권을 안정시켜야 한다는 대북파의 요청을 받아들여 1613년 영창대군을 일반 서민으로 강등시켰다. 영창대군은 강화도에 갇혀 지내다가 다음 해에 죽음을 맞았다. 1618년에는 선조의 정비이자 영창대군의 모후인 인목대비를 유폐시키고 대비의 지위를 박탈했다. 그러나 이것이 빌미가 되어 1623년에 서인세력이 선조의 손자 능양군을 내세워 인조반정을 일으켰고, 광해군은 폐위된 채 강화도와 제주도에 유배되었다가 1641년에 사망했다.

반정反正이란 어지러운 세상을 바로잡아 올바른 방향으로 돌아간다는 의미다. 반정세력은 광해군이 임진왜란 때 조선을 구해준 명의 은혜를 저버렸으며 모후를 폐하고 동생을 죽인 폐모살제를 행했음을 명분으로 반정을 일으켰다. 대의명분과 윤리의 패륜을 내세운 것인데, 그럼에도 명의 책봉을 받은 국왕을 내쫓고 왕위를 찬탈한 사건이었으므로 명의 인정을 받는 일이 쉽지는 않았다. 반정의 정당성과 정치적 정통성을 확보하기 위해서는 명의 승인이 절실했던 만큼 인조는 매우 적극적으로 숭명배금 정책을 표명했다. 명의 입장에서도 후금을 견제하고 막아내기 위해서는 조선의 파병이나 지원이 필요한 상황이었기에 결국 인조의 즉위를 공인했다. 하지만 인조 또한 강력한 후금의 부상이라는 현실적 위협 속에서 힘의 불균형을 인지하고 있었기 때문에 광해군의 현상유지 기조를 바꿀 수는 없었다.

앞서 1622년에 모문룡이 이끄는 명의 군대와 난민 1만 명이 후금군에 쫓겨 조선으로 피해 왔다. 당시 광해군은 이들을 쫓아낼 수도, 그렇다고 받아들일 수도 없어서 압록강 하구의 섬인 가도에 잠시 들어가 있게 했다. 그런데 다음 해에 인조반정이 일어났고 만주가 후금에 가로막힌 상황에서 인조의 책봉을 얻기 위해 이들을 통해 해로로 명과 연락했다. 모문룡이 이때 중요한 역할을 한 것은 사실이다. 하지만 당시 모문룡 세력에게 엄청난 경제적 지원을 하게 되었고 이들의 존재가 1627년 정묘호란 발발의 한 빌미가 되었다.

병자호란은 청이 황제국을 선포하면서 조선에 군신관계 체결을 강요하며 일어난 전쟁이다. 조선은 치욕적 항복을 통해 자존심에 상처를 입었고, 명의 몰락과 기존 중화체제의 붕괴를 목도해야 했다. 오랑캐라며 무시하던 여진족에게 당한 굴욕감은 매우 컸으며, 그만큼 명 대신 청을 상국으로 받들어야 하는 상황은 쉽게 받아들이기 어려웠다. 조선은 그 해결방안으로 대의명분을 세우고 이념을 강화하는 방법을 택했다. 실추된 국왕의 권위를 회복하고 분열된 민심을 모으기 위해 지배체제와 사회질서를 강화하는 강공책을 폈다. 정국운영은 경색되었고 유교질서를 어지럽히는 '사문난적斯文亂賊'의 색출 같은 사상단속도 이어졌다. 중화를 높이는 존주론尊

周論을 매개로 관념상의 이상적 중화질서를 조선에서 구현하려 했다. 또한 청을 쳐서 명의 은혜를 갚는다는 북벌론과 대명의리론이 부상했다. 북벌은 현실적으로는 불가능한 일이었지만 청에 볼모로 잡혀갔다 돌아온 봉림대군이 효종으로 즉위하면서 군비강화를 추진하는 등 국왕이 정국을 이끄는 데는 매우 효과적인 수단이었다.

조선은 청에 사대와 조공을 행하고 책봉을 받았으며 공식적으로 청의 연호를 썼다. 하지만 내부적으로는 명의 마지막 연호인 숭정을 암암리에 사용했다. 또 임진왜란 때 원군을 보낸 명 신종의 은덕을 추모하기 위한 대보단, 신종과 명의 마지막 황제인 의종의 제사를 지내는 만동묘가 세워졌다. 조선은 현실에서는 청의 힘에 굴복했지만 관념의 영역에서는 명의 중화질서를 추억했고, 명을 대신해 중화문명을 계승한다는 조선 중화주의 의식도 나타났다. 화이론적 중화질서에 대한 기억의 환기와 문화적 자부심의 표출은 18세기 북학론이 나올 때까지 지식층의 주류적 분위기였다. 하지만 청이 정치적 황제국일 뿐만 아니라 문화적으로도 중화국이 되었음을 어느 순간 인정하게 되었다. 그러면서 문물전적과 학술의 도입을 통해 청과 서양의 최신 지식과 정보가 조선에 빠르게 유입되었다. 이로써 북학의 시대가 활짝 열리고 서학도 수용되었으며, 영·정조대의 문화적 르네상스가 펼쳐졌다.

16세기 말에서 17세기 전반에 걸쳐 불과 40년의 시차를 두고 임진왜란과 병자호란이 일어났다. 조선 500년의 역사에서 최대의 위기였던 두 번의 전쟁은 엄청난 인적·물적 피해를 가져왔고 깊은 정신적 상처를 남겼다. 그런데 만일 이때 전쟁이 나지 않았다면 어떻게 되었을까? 조선은 태평성대를 누리며 더 살기 좋은 사회가 되었을까? 어쩌면 잘못된 정치와 국정운영으로 300년을 못 채운 17세기 어느 때쯤에 망했을 수도 있다. 하지만 전쟁은 일어났고 이에 조선은 큰 타격을 입었지만 이를 갈고 마음을 다잡아 재기에 성공했다. 중세 이후 한 왕조가 500년을 지속한 것은 세계 역사상 흔치 않은 일이다. 그만큼 조선이 치른 두 번의 전쟁은 절체절명의 위기이자 새로운 기회였던 셈이다.

임진왜란과 병자호란은 조선 500년 역사의 중간을 가로지르는 전환기였다. 또한 한국과 중국, 일본이 맞이한 각기 다른 근대의 출발을 미리 알리는 신호탄이었다. 조선은 화이론에 의한 중화질서의 중심부에 위치했던 탓에 끝내 그 틀에서 빠져나올 수 없었다. 오랑캐에서 중화 제국이 된 청은 막강한 군사력을 바탕으로 영역을 최대로 확장하고 동아시아의 패권을 거머쥐었다. 조선 또한 현실과 관념 모두에서 어느 순간 청을 중화로 인정할 수밖에 없었다. 하지만 동아시아 체제의 우등생이었던 중국과 한국은 서양 근대 문명의 수용에서는 열등생이 되고 말았다. 오히려 중화체제의 경계선에 걸쳐 있으며 운신의 폭이 자유로웠던 일본은 제국주의와 자본주의 근대화의 선진국 대열에 가장 먼저 합류했다.

신냉전의 시대와 다름없는 동아시아의 팍팍한 정세 속에서 양란의 시기와 19세기 말 조선의 상황에 비해 현재 우리는 더욱 현명한 현실 판단과 선택을 할 수 있을까? 다행히 21세기 한국의 모습은 국력이나 국제적 위상에서 이전보다 훨씬 나아진 것이 사실이다. 그럼에도 미국, 일본, 중국, 러시아와 같은 강대국 사이에서 분단국가 한국의 장밋빛 미래를 마냥 꿈꾸기는 어렵다. 조선시대 두 번의 전쟁이 남긴 역사적 교훈에서 우리는 무엇을 배울 수 있을까? 그때보다 더 못한 결정과 대처를 한다면 우리 시대가 후손들에게 어떤 평가를 받게 될지 두렵기만 하다.

2부

토픽으로
보는 전통

1

한국인의 내세관과
종교적 심성

불교와 한국의
사상 전통

2,500년의 오랜 역사를 가진 불교는 세계화와 문명접변의 과정에서 아시아 각지의 지역성과 만나 새로운 문화를 전하고 파생문화를 낳았다. 한국은 지리적·문화적으로 주변부의 속성을 지녔지만 동아시아 세계에서는 중화문명의 최대 수혜자이자 전달자 역할을 해왔다. 1,700년 전 선진 문명의 상징이던 불교가 한국에 전래된 후 기존의 토착성과 횡단문화 간의 접변이 일어났고, 특수와 보편이 혼합된 융합적 특성이 쌓이며 문명확장의 기회를 갖게 되었다. 주변과 특수의 고유성, 중심과 보편이라는 문명성의 이중구조가 교차되고 확대 재생산되면서 불교를 통한 사유의 심화와 문화융성이 이루어졌다. 불교는 유교와 함께 한국적 전통의 심층을 형성한 원형이며 불교 인문학의 자산은 한국을 대표하는 정신적 자양분이자 지적 유산으로 기능했다. 이번 토픽에서는 종교이면서 철학, 심리학이기도 한 불교의 정체성과 그 동아시아적 변용과정을 소개한 후 불교가 한국인의 내세관과 사유체계에 어떤 영향을 미쳤는지 시대별로 살펴본다.

1. 불교의 역사와 동아시아적 전개

붓다의 출현과 불교의 핵심 사상

붓다가 살았던 기원전 6~5세기 무렵은 인류 문명사에서 인문적 사유가 꽃을 피우기 시작한 여명기였다. 서양에서는 도시국가 폴리스를 기반으로 하여 그리스에서 소크라테스와 소피스트 철학자들이 출현했고, 동양에서는 공자를 대표로 하는 중국 춘추시대의 제자백가가 다양한 사상과 주장을 전개한 시기였다. 인도에서도 여러 도시국가가 나타났고 붓다를 비롯한 혁신적 사상가들이 활동했다.

기원전 15세기 무렵 인도유럽어족에 속하는 아리안족이 인도에 들어오면서 토착세력인 드라비다족은 남부로 밀려나 하층민을 형성했다. 이후 인도인은 인종과 혈통에서 유래한 브라만, 크샤트리아, 바이샤, 수드라의 4성 계급과 불가촉천민으로 나뉘었다. 4성은 원래 피부 색깔을 뜻하는 바르나에서 유래했지만 현재는 포르투갈어인 카스트로 불린다. 인도의 고대 종교인 브라만교는 『베다』 경전에 의거하며, 우주의 비인격적 근본 원리인 브라만과 개체의 실체적 존재인 아트만이 일치한다는 『우파니샤드』의 범아일여梵我一如 사상을 핵심 원리로 한다. 불교의 가르침으로 알려진 윤회도 원래는 브라만교의 교리다. 현재 인도의 힌두교는 브라만교와 토착 민간신앙이 결합해 기원후 3세기경에 성립된 것으로 시바신앙이나 요가행 등 인도의 관습문화에 연원을 두었다.

붓다가 살았던 기원전 6~5세기에 인도에서는 농업, 수공업, 상업이

발달했고 많은 도시국가가
존재했다. 이 시기에 브라만
교의 권위에 도전하는 자유
사상가들이 등장했는데, 붓
다가 그 대표자였다. 붓다는
브라만과 아트만의 실체적
일치를 부정하는 무아無我,
신분적 차별을 타파하는 평
등주의를 주창하고 실천하
면서, 브라만교와 기존 사회
질서에 정면으로 반기를 든
혁명적 사상가이자 수행자
였다.

불교의 창시자 붓다, 석굴암 석가여래상

붓다는 기원전 560년경 현재의 네팔과 인도 국경 부근의 카필라 성을
다스리던 샤카 부족의 왕자로 룸비니에서 태어났고 이름은 고타마 싯다르
타였다. 생후 7일 만에 모친 마야부인과 사별했고 16세에 결혼해 아들 라
훌라를 낳았다. 하지만 궁성 밖을 나가 생로병사의 고통을 목격한(사문유
관四門遊觀) 후 29세에 괴로움의 본질에서 벗어나는 방법을 찾아 출가했다.
이후 6년간 고행했지만 육체에 고통을 주는 방식으로는 해탈을 이룰 수 없
다고 여겨 설산에서 선정수행을 했다. 그리고 부다가야의 보리수 아래에
서 번뇌의 속박에서 자유로워진 정각을 얻었다. 붓다는 바라나시의 사르
나트에서 앞서 함께 고행한 다섯 명의 수행자에게 깨달음의 내용을 교설
(초전법륜初轉法輪)했다. 이로써 교단인 승가僧伽가 탄생하면서 불佛, 법法, 승

僧의 삼보三寶가 성립되었다. 한국의 불보(진신사리, 통도사), 법보(고려대장경, 해인사), 승보(16국사, 송광사)의 삼보사찰도 여기에서 유래한 것이다.

깨달음을 얻은 붓다는 45년간 인도 각지를 돌아다니며 설법과 교화를 펼쳤고, 이에 힘입어 교단이 크게 확대되었다. 가르침을 전파하기 위해 각자 자신의 길을 가라는 "무소의 뿔처럼 혼자서 가라"는 유명한 언구는 지금도 회자된다. 승려는 우기를 제외하면 한곳에 머물지 않고 떠도는 유행 생활과 음식을 시주받는 탁발을 했으며 무소유와 평등의 가르침을 실천했다. 붓다는 천민과 여자도 승단 안에 받아들였는데, 이는 당시로서는 금기시되던 일이었다. 붓다는 또한 교단운영에 일체 간섭하지 않고 모든 성원이 논의를 통해 결론을 내는 자율과 화합을 원칙으로 했다. 대신 승가는 살생, 도둑질, 음란함, 거짓말, 술을 금지하는 오계를 중심으로 수행을 위한 계율을 철저히 지켜야 했다. 계는 자율적 준수, 율은 타율적 법규라고 할 수 있다. 붓다는 80세에 고향으로 가던 중 쿠시나가라에서 입적했다. 자신을 따르던 제자들에게는 법과 율을 스승으로 삼을 것을 부탁했고, "사랑하는 모든 것은 곧 헤어지고 형성된 모든 것은 소멸하여 없어진다. 이것이 모든 것이 변한다는 무상의 법이니 슬퍼하지 말고 쉬지 않고 정진하라"는 유언을 남기고 열반에 들었다.

붓다가 깨달은 다르마(법)의 세계는 삶의 고통에서 벗어나 해탈을 이루는 실천적 관심에 초점이 맞추어져 있다. 독화살을 맞았을 때 누가, 왜 쏘았느냐를 따지기보다 일단 독이 퍼지는 것을 막고 사람을 살려내는 것이 급선무임을 설한 독화살의 비유에서 그 점을 잘 알 수 있다. 그는 명상수행자이자 깊은 사유를 한 철학자였고 다르마를 실천한 이였다. 다만 시간과 공간의 처음과 끝, 신과 영혼의 실체와 같은 관념적 질문에 대해서는 일체

답변하지 않았다. 붓다가 깨달은 다르마의 요체는 12연기, 4성제, 8정도, 3법인으로 압축할 수 있다.

12연기緣起는 모든 현상은 원인(인因)과 조건(연緣)의 상호관계로 성립한다는 인과론적 원리로서 고통의 원인을 해명한 것이다. 이는 무명無明에서 생生까지의 과정과 노사老死에 이르는 순차적 전개를 밝힌 업론業論이며, 태생적 한계를 거부한 행위 중심의 평등주의로 해석할 수 있다. 4성제聖諦는 고苦, 집集, 멸滅, 도道를 가리키며, 현상과 욕망이 생기는 원인들이 모여(집), 현상세계의 진실인 고통을 이루므로(고), 올바른 방법(도)에 의해 갈망과 애욕이 없어진 이상적 상태(멸)에 이르는 것이다. 다시 말하면 미혹을 없애고 깨달음을 얻는 방식을 정리한 가르침이다. 8정도正道는 괴로움과 즐거움 어느 쪽에도 치우치지 않는 중도를 말하며, 바른 견해와 생각, 말과 행위, 수단과 정진, 마음가짐과 집중을 가리키는데, 이를 계정혜戒定慧의 3학이라고도 표현한다.

3법인法印은 모든 현상적 존재는 시간에 따라 변한다는 제행무상諸行無常, 자아를 포함해 영원한 실체적 존재는 없다는 제법무아諸法無我, 번뇌의 불꽃이 모두 꺼진 상태인 열반적정涅槃寂靜을 의미한다. 시간이 지나면 모든 것이 변한다는 진리를 받아들이지 못하기 때문에 모든 것은 고통이 된다. 그렇기에 자아를 변하지 않는 실체로 여기는 것에서 벗어날 때에야 비로소 윤회의 사슬을 끊고 생명의 재가 사그라진 진정한 자유를 얻을 수 있다. 그러나 대부분의 사람은 이를 머리로만 알 뿐 체득하고 깨닫지 못하므로 사랑, 수명, 재산 등에 집착하고 고통의 바다에서 빠져나오기 힘든 것이다. 붓다는 이렇듯 모든 것을 훌훌 털어내고 해탈의 세계로 나아가는 길을 제시했다.

또한 붓다는 물질과 정신을 아우르는 모든 존재의 구성요소를 5온蘊으로 압축했다. 5온은 현상세계인 색色, 감수작용을 통해 대상을 느끼는 수受, 마음에 이미지가 그려지고 지각작용이 생기는 상想, 행위의 의지가 나오는 행行, 앞의 과정을 총괄 식별하는 의식인 식識을 가리킨다. 비유를 들자면 어디선가 날아온 공(색)을 머리에 맞고 아프다는 느낌(수)을 지각하고(상), 머리를 감싸면서 공을 던진 사람에게 뭐라고 해야겠다고 생각하지만(행), 우락부락한 거구의 사람인 것을 보고 즉각 판단해(식) 바로 괜찮다는 표정을 짓는 총체적 의식의 흐름을 말한다.

부파불교를 넘어 대승불교로

붓다가 입멸한 직후 가섭을 비롯한 500여 명의 제자들이 마가다국의 라자그리하에 모여 붓다가 남긴 가르침을 정리한 1차 결집이 일어났다. 당시 교법은 아난, 계율은 우바리가 암송했는데, 붓다가 설법한 내용을 기억해내 "나는 이와 같이 들었노라"라고 시작했기 때문에 모든 경전의 제일 첫머리에는 '여시아문如是我聞'이라는 구절이 나온다. 경전과 율장, 주석서인 논서를 합쳐 삼장三藏이라 부르는데, 『서유기』에 나오는 삼장법사는 여기서 나온 명칭이다. 이후 100년이 지나 계율에 대한 이견이 발생하자 700여 명의 비구들이 바이샬리에 모여 붓다의 원래 계율을 확인하고 법에 맞는지 여부를 판정했다. 이것이 2차 결집으로 계율 해석의 입장 차이에서 상좌부와 대중부의 근본 분열이 일어났다.

3차 결집은 기원전 3세기 무렵 인도를 통일한 마우리아 왕조의 아쇼카 왕이 다르마의 전파와 불교 확산을 위해 파탈리푸트라에 1,000여 명의 승려를 모아 삼장을 재정비하도록 한 것이다. 이후를 부파불교의 시대라고 하며 교리와 계율, 신앙에 대한 해석과 입장 차이에 따라 약 20부의 부파로 나뉘었다. 당시 교리학과 철학이 발전하고 많은 논서가 나왔는데, 이를 논장을 뜻하는 아비다르마 불교라고도 한다. 마음과 현상세계의 구조 이해, 현상을 초월하는 깨달음의 체득이 무엇보다 중시되었고, 또 다르마는 실재하는지, 과거-현재-미래의 시간은 정말로 있는지, 무상과 무아의 관점에서 볼 때 업과 윤회의 주체를 어떻게 볼 것인지 등의 다양한 주제들이 논의되었다.

하지만 부파불교는 수행에 입각한 철학적 논의에 빠지다 보니 대중의 관심에서 멀어져갔다. 그 결과 기원전 1세기 무렵 혁신적 신불교운동인 대승불교가 태동했다. 대승大乘은 큰 수레를 가리키는데, 부파불교가 자신만의 깨달음을 추구하는 소승의 자가용이라면, 대승은 깨달음을 추구하는 많은 이가 함께 타는 대중교통 버스였다. 대승불교는 중생에게 이익을 주고 깨달음의 길로 함께 가는 이타행을 최고의 목표로 한다. "위로는 깨달음을 구하고 아래로는 중생을 교화한다"는 '상구보리 하화중생'의 표어에 이 점이 잘 나타나 있다. 또한 대승불교는 출가자 교단뿐 아니라 붓다의 가르침을 믿고 따르는 재가자를 포괄한다. 즉 모든 사람이 붓다가 될 수 있는 가능성이 열린 것으로 이로써 불교는 세계 종교로 커나갈 수 있었다.

대승불교의 성립에 대해서는 크게 재가자 중심의 불사리 공양과 불탑 신앙에서 기원했다는 설, 부파불교 내에서 대중화를 추구한 출가자운동에서 시작되었다고 보는 설로 나뉜다. 또한 붓다의 가르침과 전생담을 민간에 퍼트린 구전 설법사와 대승경전의 성립과 유포도 큰 역할을 했다고 한다. 대승불교의 시대가 되면서 수행과 교리에 대중의 종교적 염원이 더해졌고 전과는 다른 중요한 변화들이 생겨났다. 붓다관의 변화, 보살과 수행

법에 대한 새로운 이해가 그것이다.

　우선 역사적으로 실존한 다르마의 스승인 붓다 외에 수많은 부처가 등장했다. 진리 자체의 상징(법신法身), 보살이 공덕을 쌓아 성불한 존재(보신報身), 중생을 진리로 이끌기 위해 현세에 태어난 석가모니(화신化身)를 통칭하는 3신불 개념이 나왔다. 또 과거와 현세, 미래의 3세불뿐 아니라 동서남북의 모든 공간에서 부처를 만날 수 있게 되었다. 대승에서는 중생구제를 위한 붓다의 기원과 자비가 강조되면서 교화와 구제의 주체이자 숭배의 대상으로 붓다가 신격화되었다. 이와 함께 누구나 윤회의 사슬에서 벗어나 안락한 부처의 나라에 영원히 머물 수 있다는 정토왕생 관념도 생겨났다. 아미타불이 주재하는 서방의 극락정토나 미륵불의 도솔천이 대표적이다. 또 하나의 중요한 변화는 성불하기 전의 고타마 싯다르타를 형상화한 보살 개념이 대승에 와서는 깨달음의 길로 나아가는, 부처가 될 수 있는 중생을 의미하게 되었다. 보살은 보시, 지계, 인욕, 정진, 선정, 지혜(반야)의 6바라밀을 통해 선정과 지혜를 닦아야 했고, 그럼으로써 이타행의 실천적 주체이자 대승불교의 아이콘으로 거듭났다.

　대승불교는 『반야경』, 『열반경』, 『법화경』, 『화엄경』, 정토경전 등의 대승경전이 나오면서 이론이 체계적으로 정립되었다. 대승경전은 붓다의 가르침에 토대를 두고 그 사상을 계승, 발전시킨 것이다. 나아가 대승불교의 목표를 구현하기 위한 새로운 사상이 등장했는데 중관사상, 유식사상, 여래장사상이 대표적이다. 먼저 여래장如來藏사상은 『여래장경』, 불성을 표방한 『열반경』에 의거한 것으로 여래의 씨앗, 다시 말해 모든 존재에게 붓다가 될 수 있는 가능성이 원래부터 내재해 있다는 것이다. 이는 가장 대승적인 사상이라 할 수 있는데, 인간 존재에 대한 절대적 긍정을 담고 있다.

중관中觀사상은 2~3세기에 나가르주나(용수)가 제기한 것으로, "모든 존재는 연기緣起할 뿐 자성自性은 없다"는 선언처럼 공성空性의 체득을 목표로 한다. 모든 현상은 개념적으로 언어에 대응해 구성되며 자체적 본성을 가진 것으로 존재하지 않는다고 말한다. 중관사상은 자아를 비롯한 영속적인 실체를 부정하고 모든 현상 존재의 조건적 관계법인 연기만을 인정한다는 점에서 불교의 핵심인 무상, 무아의 연장선에 있다. 부질없는 현상과 무실체의 공의 진리를 설파한 유명한 '공즉시색空卽是色 색즉시공色卽是空'이라는 언구는 『반야경』의 공사상에 기초한 중관사상의 핵심이다.

유식唯識사상은 4세기경 아상가(무착)와 바스반두(세친) 형제에 의해 정립되었다. 이들 유가행파는 명상 같은 실천수행을 통해 이론을 개발했으며 마음을 어떻게 바라보고 통찰할지가 주요 관심사였다. 이들은 외부 대상인 현상 존재는 마음 또는 식의 인식작용으로 형성된 것이며 별도의 실체적 존재는 없다고 보았다. 현상세계는 단지 식심識心의 표상이며 모든 존재와 인식하는 마음 모두가 하나의 근본의식의 산물이라는 것이다. 유식사상에서는 식을 8개로 세분하는데, 감각과 인지, 판단의 6식(안이비설신의眼耳鼻舌身意)에 이어 자아의식인 제7식(마나스식), 잠재된 무의식의 심층 근원식인 제8식(알라야식)을 말한다. 유식에서는 행위의 업력이 쌓인 DNA 같은 종자가 알라야식에 묻어나 자아(주체)를 떠나 생멸을 거듭하며 윤회한다고 설명한다.

한편 불교의 반실체주의를 이론적으로 설명하고 비판론에 대응하기 위해 인식론과 논리학이 발전했다. 그와 함께 가르침을 언어로 드러낸 현교와는 달리 비밀스러운 전수, 개체와 전체의 합일을 주장하는 밀교가 등장했다. 밀교는 '신구의身口意'의 수행을 통해 현세에서의 즉신성불을 추구했다. 그러나 불교는 대중과 점차 멀어져갔고, 힌두교와 같은 토착신앙이 역사의 전면으로 떠올랐다. 7세기 이후 인도에서 불교가 약화되자 불교의 중심은 중앙아시아와 동남아시아, 그리고 동아시아와 티베트로 옮겨갔다. 이슬람 세력이 본격적으로 진출한 13세기 이후에는 인도에서 불교가 완전히 자취를 감추었다.

문명의 교차와 불교의 중국화

불교는 중앙아시아를 거쳐 언어와 세계관이 전혀 다른 세계인 동아시아로 전해졌다. 불교가 현세 지향적인 중국 문명권에 미친 가장 큰 영향은 윤회와 업으로 대표되는 내세관의 전파였다. 더불어 인간의 심성과 현상세계에 대한 인식론, 존재론 등 새로운 차원의 사유방식을 제공했다. 그렇기에 불교가 전래된 초기부터 유교, 도교 등 중국 토착사상과의 충돌은 피할 수 없었다.

중국에 불교가 처음 전래된 것은 공식적으로는 1세기 중반 후한의 명제 때였다. 명제는 꿈에서 황금빛 신을 보았고 그 정체가 궁금해 서역에 특사를 파견했다. 사행단이 서역 승려와 함께 불경, 불상을 백마에 싣고 오자 이에 낙양에 중국 최초의 사원인 백마사가 세워졌다. 앞서 기원전 2세기 후반에는 한나라 무제가 북방의 흉노족을 격퇴한 후 장건을 시켜 서역으로 향하는 실크로드를 개척했다. 바로 그 길을 따라 불교가 중국에 들어온 것이다.

중국은 한에 이어 조조, 유비, 손권의 위·촉·오 삼국을 거쳐 위진남북조시대를 맞이했다. 남북조시대는 한족과 북방 유목민족이 중국 대륙의 남과 북을 각각 차지하며 잦은 전란과 극심한 혼란을 겪은 시기였다. 따라

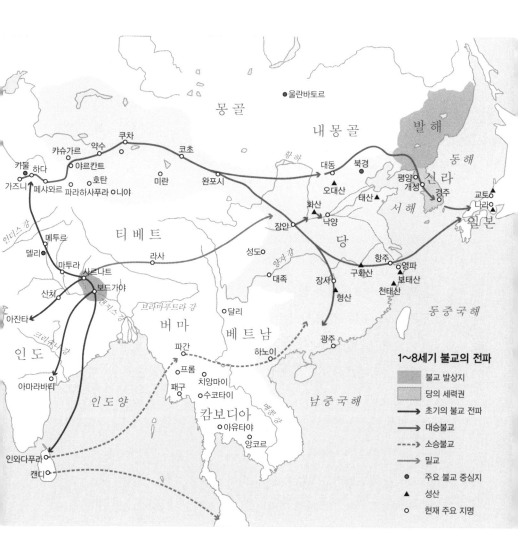

몽골

울란바토르

내몽골

발해

동해

카불 하다
가즈니
페샤와르 파라하사푸라 ○니야
카슈가르 약수 쿠차
야르칸트 코초
호탄
미란 완포시

대동 북경
오대산
태산▲
평양○
개성 신라
경주
교토
나라
일본

인더스강
메투르
델리
마투라
산치 사르나트
보드가야
아잔타

티베트

라사

성도○
대족

황하

화산▲
장안
낙양 당

장사
구화산▲
형산
보태산
천태산

항주
영파

서해

브라마푸트라 강

버마

베트남

달리

하노이

광주

동중국해

인도

아마라바티

인도양

파간
프롬
패구
치앙마이
수코타이

캄보디아
아유타야
앙코르

남중국해

인와다푸라
캔디

1~8세기 불교의 전파

	불교 발상지
	당의 세력권
→	초기의 불교 전파
⇒	대승불교
⇢	소승불교
⇒	밀교
●	주요 불교 중심지
▲	성산
○	현재 주요 지명

서 현실의 고통을 극복하려는 종교적 염원 또한 커져서 도교와 함께 불교에 대한 관심도 크게 높아졌다. 전설상의 임금인 황제黃帝와 도교의 태두인 노자를 신선으로 떠받드는 황로신앙에 익숙했던 중국인들은 불교가 처음 들어왔을 때 붓다를 죽지 않는 불사의 신으로 여겼고 불교를 통해 불로장생과 복을 기원했다. 유교에서는 불교의 윤회와 업설 등을 배격하면서 혹세무민과 윤리적 일탈을 일삼는 오랑캐의 종교라고 비판했다. 하지만 전통사상과 종교 간에 불거진 갈등과 대립은 오히려 불교의 중국화에 중요한 전기가 되었다. 도교의 노자가 인도에 가서 붓다가 되어 교화를 펼쳤다는 설, 노자나 공자와 같은 중국의 성인이 원래는 붓다의 제자였다는 설 등 중국 친화적인 논리가 개발되면서 불교는 중국인의 심성 속에 한 걸음 더 들어가게 되었다.

중국의 불교 수용과 불교의 중국화는 이질적 언어로 된 불전의 한역을 통해 이루어졌다. 불전 한역은 2세기 후반부터 시작되어 초기, 부파, 대승의 가르침인 아함, 아비다르마, 반야 등의 여러 불전이 번역되었다. 중국인에게 난해했던 불교 교리는 처음에는 중국적 개념을 차용한 격의불교를 통해 이해되었다. 공空의 경우 원래는 영속적이고 고정된 실체가 없다는 뜻이지만 그냥 '없다'는 의미의 무無로 번역되었다. 4세기 후반 이후 반야나 공 같은 대승의 핵심 개념이 정확히 이해되었고 중관사상도 유입되었다. 6세기 전반까지는 『화엄경』, 『열반경』, 『여래장경』, 『무량수경』 등 대부분의 대승경전이 한문으로 번역되었고 유식사상의 논서도 들어오면서 대승사상의 심화된 이해가 가능해졌다.

초기에는 어려움을 겪던 불전 한역 분야에서 혜성처럼 등장한 이가 바로 언어의 달인 구마라집이었다. 그는 전진왕 부견이 4세기 말 중앙아시아

쿠차에 군대를 보내 초빙해온 인물로『법화경』,『아미타경』,『유마경』,『금강경』등 대표적 불경을 유려한 한문 문체로 번역했다. 비슷한 시기에 여산의 혜원은 불교 내세관이 중국에 수용되는 데 크게 기여했으며, 백련사 결사를 조직해 아미타 정토신앙을 선구적으로 보급했다. 당시 윤회와 영혼의 존재 여부를 둘러싸고 유교와 불교 사이에 논쟁이 펼쳐졌다. 혜원은 영혼을 인정하지 않는 중국의 전통적 관념에 대해 법신인 붓다의 영원성을 전제로 윤회의 주체인 영혼의 존재를 상정하는 신불멸론을 주장해 큰 파장을 불러일으켰다. 또한 승려는 출가자로서 세속의 황제에게 예를 올리지 않는다는 '사문불경왕자론'을 제기했다. 하지만 국가권력과 분리된 종교의 존재는 동아시아 세계에서는 인정되지 않았고 북조를 중심으로 불교 교단은 왕권 아래에 종속되었다.

불전 한역과 교리에 대한 이해를 바탕으로 다양한 교설을 연구하는 열반학, 지론학, 섭론학 등의 학파가 형성되었다. 열반학은 불성을 가진 모든 중생의 성불 가능성을 제기했고, 유식에 기반을 둔 지론학은 알라야식의 규정을 둘러싸고 남도파와 북도파로 나뉘어 논쟁을 펼쳤다. 남도파는 알라야식을 진식眞識과 망식妄識으로 구분하고 진식을 여래장으로 보았으며, 북도파는 알라야식 자체는 망식이라 했다. 이어 섭론학은 알라야식을 진과 망의 화합식으로 보고 그 본체를 순수 진식인 제9식 아말라식(=여래장)이라고 상정했다. 진식=여래장의 구도는 이후 중국 불교사상의 기본 틀이 되었고, 6세기 무렵 유식과 여래장을 결합시킨 대표적 논서인『대승기신론』이 등장했다.『대승기신론』에서는 일심一心을 진여문과 생멸문으로 구조화하고 알라야식을 여래장(깨달음)과 무명(미혹)의 결합으로 도식화했다. 이제 여래장 불성의 내재화로 동아시아에서는 누구나 깨달아 성불할 수 있는, 존재의 가능성에 대한 무한한 확신이 퍼져나가게 되었다.

불교가 안착된 6세기 후반 이후 수·당대에는 특정 경전이나 교학에 의거한 중국적 종파가 성립되었다. 대표적 종파로는 삼론종, 천태종, 화엄종, 법상종이 있다. 고구려 출신 승랑이 이론적 토대를 만든 후 길장이 건립한 삼론종은 중관사상에 기반을 두고 반야 공관과 불성을 함께 체득하는 중도의 관점을 제시했다. 천태종은 천태 지의가 개창했는데 『법화경』을 소의경전(근본 경전)으로 하며 교학과 관행의 실천을 동시에 추구했다. 천태학은 모든 중생이 성불할 수 있다는 일승一乘사상이었고, 천태의 '5시時 8교教' 교판은 붓다가 법을 설한 시간, 교화의 내용과 방식에 따라 경전과 교학을 차등화하고 나눈 것이다.

화엄종은 붓다의 깨달음의 세계를 묘사한 『화엄경』을 근본 경전으로 하며 두순, 지엄을 거쳐 7세기 후반 법장에 이르러 교학체계가 정립되었다. 한국 화엄의 초조初祖인 의상은 지엄에게 수학하고 졸업논문으로 「화엄일승법계도」를 썼는데, 동문 후배인 법장이 신라에 돌아간 의상에게 자신의 저술을 보내 가르침을 청했을 정도로 위상이 높았다. 그 후 교학과 관행의 겸수를 주창한 징관과 선교일치를 내세운 종밀이 법장의 뒤를 이었다. 화엄학은 존재하는 모든 세계인 법계法界의 관계망과 끝없는 원융을 강조한다. 교학을 소승교, 대승시교, 대승종교, 돈교, 원교로 차등화한 법장의 5교판에서 가장 뛰어난 일승사상이자 궁극의 원교圓敎로 내세운 것도 화엄이었다.

법상종은 유식사상에 토대를 둔 종파로서 7세기 중반 삼장법사 현장이 장장 17년이나 걸린 인도 유학에서 돌아와 최신 경론을 번역하고 신유식설을 주창하면서 성립되었다. 그의 여행기인 『대당서역기』는 당시 인도와 중앙아시아의 사회문화와 불교의 실상을 보여주는 기록물이다. 손오공을 주인공으로 하는『서유기』는 바로 이 현장의 여행담을 모티브로 해서 만들어진 소설이다. 현장은 인도의 최신 논서인『성유식론』을 번역해 당대 사상계에 평지풍파를 일으켰다. 신유식설은 알라야식은 단지 망식이며 여래장식(불성)과는 구별되어야 한다는 인도 유식의 주류적 입장을 따른 것이다. 이는 진제의 한역에 기반을 둔 기존의 구유식설과는 다른 주장으로 성불의 가능성이 전혀 없는 무종성無種性 중생을 상정한 오성각별설五性各別說이 크나큰 파장을 일으켰다. 무덤에서 자다가 모든 것은 마음먹기 나름이라는 깨달음을 얻은 원효가 중국 유학을 결심했던 것도 이 신유식의 최신 학설이 대체 뭔지를 알기 위해서였다(그러나 원효는 결국 유학을 가지 않았다). 법상종은 현장 다음에 규기가 이었는데, 그와 경쟁하던 또 다른 현장의 제자가 신라 출신의 원측이었다. 원측은 10대에 중국에 건너가 다양한 언어를 익히고 역경사업과 저술에서 두각을 드러냈다. 그의『해심밀경소』는 8세기에 둔황 지역에 전승되었고 이후 티베트어로 번역되어 티베트대장경에도 수록되었다.

이 밖에도 정토교가 중국에서 불교 대중화의 깃발을 꽂았다. 염불을 통해 누구나 쉽게 정토에 왕생할 수 있는 타력신앙이었기에 큰 호응을 얻은 것이다. 미륵의 도솔천신앙도 인기가 있었지만 점차 아미타불의 서방극락이 정토왕생의 중심이 되었다. 불교의 중국화가 낳은 마지막 귀결은 선종의 성립이었다. 선종은 마음속에 불성이 있기 때문에 누구나 깨달음을 얻을 수 있다는, 인간 존재에 대한 완벽한 긍정과 확신에 기반을 두고 있다. 8세기 이후 종파로 발전했고 9세기 중반 폐불사태로 교종이 큰 타격을 입게 되면서 불교계의 주류로 급부상했다. 중국 선종은 6세기 초 남인도에서 건너와 소림사에서 9년간 면벽 수도한 보리달마로부터 시작했다. 이후 마음에 집중하기보다 집착하지 않는 마음의 상태와 한순간 단번에 깨닫는 돈오를 강조한 6조 혜능을 이어 남종선 계통이 선종의 주류가 되었다. 선종은 일상 규율집인 『백장청규』에서 "하루라도 노동하지 않으면 먹지도 말라"고 선언했고, 인도에서 중국으로 이어진 이심전심以心傳心의 법맥 계보가 『전등록』 등에 담기면서 역사화되었다. 교외별전敎外別傳, 불립문자不立文字를 표방한 선종은 직관적·돈오적 기풍을 선보이면서 중국 불교의 대세가 되었다.

송대 이후 불교는 교학의 토대 위에 선종과 정토신앙 중심으로 전개되었다. 선, 교, 정토의 겸수와 융합을 도모한 영명연수의 『종경록』 100권은 그러한 경향성을 잘 보여준다. 또한 중국 사회에서 정착한 불교는 유·불·도 3교 일치와 조화론을 끊임없이 제기했다. 불교는 1,000년에 걸친 중국화의 과정 속에서 도교, 유교 등 토착사상과 접변하며 새로운 사유의 가능성을 열었다. 불교의 영향 속에 버무려진 사상의 융합적 토양 위에서 성리학과 양명학이 나올 수 있었다. 명·청대에도 불교는 종교와 관습, 문화의 제반 영역에서 오랜 역사적 전통을 이으며 근대기의 격변을 맞이했다.

2. 한국 불교의 흐름과 특성: 로컬과 글로벌의 융합

문화접변과 고유성의 확산

한국에 불교가 들어온 것은 약 1,700년 전 삼국시대의 일이다. 고구려를 시작으로 백제, 신라에 이르기까지 4세기 후반에서 6세기 전반까지 순차적으로 불교가 공인되었다. 불교가 공인된 때는 삼국에서 모두 국가체제를 정비하고 중국의 제도와 문물을 수용한 시기였다. 고구려는 국가교육 기관인 태학을 세우고 율령을 반포하는 등 문물제도를 정립하는 과정에서 372년 중국 북조의 전진을 통해 들어온 불교를 공인했다. 백제는 384년 인도 승려 마라난타가 중국 남조의 동진에서 건너와 불교를 공식 전래했다. 신라는 5세기 전반 정치적 동맹국이었던 고구려에서 불교가 전래된 것으로 보인다.

왕권강화와 중앙집권적 통치체제의 정비가 삼국 중에서 가장 뒤늦었던 신라는 귀족세력의 반대가 심해 불교 공인이 미루어졌다. 신라는 연맹체적 체제의 성격을 탈피해 왕권을 높이고 율령을 반포하는 등 고대국가의 틀을 갖춘 법흥왕 때, 즉 528년에 불교 공인이 이루어졌다. 법흥왕은 기존의 토착신앙이나 관념을 초월하는 보편종교, 지배집단의 공통이념으로 불교를 적극 활용하려 했다. 그는 흥륜사를 창건하면서 귀족들의 거센 반발을 무마하기 위해 측근인 이차돈을 처형했다. 이때 이차돈의 목에서 하얀 피가 솟구치는 이변이 일어나자 그제야 귀족세력이 굴복하고 불교가 공인되었다. 한편 1세기에서 6세기 중반까지 한반도 남부 지역에 있던 가야에는 동남아를 거쳐 해로를 통해 남방불교가 수용되었을 가능성이 있다. 가야 김수로 왕의 비 허황후는 인도 아유타국 출신으로 전하는데, 그녀가 가져왔다고 하는 파사석탑의 존재가 그 사실을 뒷받침해준다.

신라의 왕권과 불교의 관계를 보여주는 사례를 소개하면, 먼저 불교의 이상적 군주인 전륜성왕 관념을 들 수 있다. 6세기 중반 한강 유역까지 영토를 확장한 진흥왕은 도덕에 의한 무차별적 통치를 내세운 순수비를 정복 지역에 세웠다. 이는 불교의 법에 의한 통치를 돌기둥에 새기고 전륜성왕을 표방한 인도의 아쇼카 왕을 모델로 한다. 다음은 불교식 왕명 사용으로 법흥왕에서 진덕여왕까지 신라의 왕명은 모두 불교용어를 차용했는데, 이 시기를 불교식 왕명시대라고 한다. 백제에서도 성왕, 법왕 등 불교식 왕명을 쓴 사례가 보인다.

무엇보다 진종의식의 성립이 결정판이다. 이는 신라 왕실이 붓다의 석가족에서 유래한 참된 혈족이라는 관념이다. 진흥왕에서 진덕여왕까지 네 명의 신라 국왕이 왕명의 앞 글자에 참 '진眞' 자를 썼고, 일반 귀족과 구별되는 왕족을 뜻하는 진골이라는 명칭도 이 진종의식에서 나왔다. 나아가 국왕 일가는 진골 중에서도 붓다의 직계가족과 동일한 성스러운 권위를 가진 성골로 불렸다. 진평왕의 이름은 붓다의 아버지인 백정(정반왕), 왕비는 붓다의 어머니인 마야였고, 이는 다음의 왕이 바로 부처임을 예고한 것이다. 하지만 아들이 없어 딸인 덕만이 선덕여왕이 되었고, 그다음은 덕만의 사촌인 승만이 진덕여왕이 되었다. 이들의 이름도 불교에서 유래한 것으로, 이는 성골의 신성한 혈연관념에 따라 이루어진 왕위계승이었다.

불교의 수용은 경전 도입과 교리 이해, 출가 승려의 존재와 교단의 형성을 의미한다. 가장 먼저 불교를 받아들인 고구려는 교학에 대한 이해 수준도 높아서 중국 삼론종의 비조인 승랑, 일본 삼론종의 개조인 혜관을 배출했고, 일본 호류지의 금당벽화를 그린 담징, 열반학에 정통한 보덕도 잘 알려져 있다. 백제에서도 중국에서 유행한 지론학, 섭론학, 삼론학, 계율학이 발전했다. 일본 쇼토쿠 태자의 스승인 혜총과 일본 초대 승정이 된 관륵도 백제 출신이었다. 6세기 전반 겸익이 인도에서 율장을 가지고 와서 번역했다는 기록이 있으며, 584년 일본의 비구니들이 정식 수계를 위해 백제에 왔을 정도로 그 수준이 높았다.

신라에 붓다의 사리와 경전, 승려 계율의 불법승 삼보가 공식 전래된 것은 6세기 중반 이후였다. 원광은 중국에서 공부한 후 수에 원군을 요청하는 걸사표를 지었으며 충의를 강조한 세속오계로도 유명하다. 세속오계 중 전쟁에 나가서 물러나지 않는다는 '임전무퇴'와 살생을 선별적으로 한다는 '살생유택'은 불교의 계율과는 맞지 않았지만 통일전쟁을 치르던 시대상황을 반영한 것이었다. 자장 역시 당에서 교학을 배우고 돌아와 대국통이 되었고 중국 불교를 모델로 한 교단체제 정비를 추진했다. 그는 황룡사에 높이 80미터에 이르는 9층 목탑을 건립하고 붓다의 진신사리를 봉안했으며, 계율을 강조하고 수계의식을 정비했다.

삼국시대에는 현세와 내세의 복을 기원하는 불교신앙이 유포되고 확산되었다. 고구려 고분벽화에서는 예불과 설법, 전륜성왕 등 불교신앙의 다양한 양상이 확인되며, 불상의 명문에서도 미륵신앙과 아미타신앙이 성행한 사실을 볼 수 있다. 남아 있는 유물과 기록을 통해 볼 때 백제 또한 다채로운 불교신앙과 수준 높은 불교문화를 가졌음을 알 수 있다. 삼국 중 발전단계가 가장 늦은 신라는 불교 도입 이전에 명산신앙과 토템 같은 토착신앙이 뿌리내려 있었다. 지배층 중심의 조상숭배신앙도 강해 일본의 신사처럼 신성한 신앙공간인 신당, 신궁, 제장 등이 존재했다. 불교 도입 후 3산 5악의 명산과 천경림, 신유림 등 기존의 신성한 공간에 사찰이 들어서면서 토착신앙에서 불교신앙으로의 전환과 융합이 이루어졌다.

신라 초기의 불교신앙은 왕실이 주도했기 때문에 호국불교의 특색이 강했다. 진흥왕 때 열린 팔관회는 전쟁에서 죽은 호국장병들의 영혼을 위로하는 위령제 성격을 지녔다. 또 국가의 안녕을 기원하는 진호국가 법회인 백고좌회가 자주 열렸다. 신라가 과거부터 불교와 인연을 맺었고 불법과 호법신이 신라를 보호해준다는 불국토 관념도 유행해 과거 일곱 부처가 머물던 일곱 개의 절터가 있다는 믿음이 널리 퍼지기도 했다.

개인 차원의 불교신앙도 삼국 모두에서 확산되었다. 현실의 고통을 구제하는 관음신앙은 물론 미륵이 주재하는 도솔천으로의 상생과 내세불인 미륵불이 내려와 교화를 펼친다는 하생신앙이 성행했다. 지배층이 하늘의 자손임을 내세운 고구려는 하늘로 다시 올라가는 미륵상생신앙을 중시했고, 중국 남조의 영향을 받은 백제와 신라에서는 미륵하생신앙이 널리 퍼졌다. 한편 미륵불이 출현하기 전, 법에 의해 세상을 평화적으로 다스리는 존재가 전륜성왕이다. 이를 표방한 진흥왕은 청년조직 화랑을 만들었는데, 화랑은 미륵불의 용화세계 건설을 위한 실천을 미리 담당하는 미륵의 화신으로 여겨졌다. 신라의 반가사유상과 마애불, 백제의 3금당과 3탑 형식의 미륵사 조성에서도 미륵신앙의 염원을 엿볼 수 있다. 이 밖에도 신라에서는 나무 막대기를 굴려 전생의 업보를 점친 후 그 죄를 참회하고 선행을 닦는 점찰법회가 원광과 진표 등의 주도로 열렸다. 이는 토착신앙에 익숙한 신라인들이 불교를 쉽게 받아들이도록 하는 방안이었다. 이와 함께 아미타불의 서방극락정토로의 왕생을 희구하는 아미타신앙은 7세기 중반부터 성행하여 통일신라시대의 대표적 불교신앙이 되었다.

불교가 수용된 후 한국인의 심성 속에 불교의 사유와 가치관이 자리 잡게 되었다. 또한 신앙이 점차 확산되면서 불교의 내세관을 통해 생과 사를 아우르는 종교적 염원을 이룰 수 있었다. 신라가 삼국을 통일하는 과정에서는 불교의 대중화가 시대적 과제가 되었는데, 전란으로 피폐해진 삶의 고통을 위로하고 망자를 추도하는 역할을 불교가 담당했다. 또 복속된 백제와 고구려 지역 등 지방사회를 통합하는 데도 기여했다. 불교는 경주의 왕실과 지배층 중심에서 전 지역, 전 사회구성원의 신앙으로 확대되었다. 원효처럼 저잣거리와 촌락에서 노래와 춤으로 파격적인 교화행을 펼치며 사람들의 마음을 사로잡은 교화승들도 다수 등장했다. 특히 염불을 통해 극락에 왕생하는 아미타 정토신앙이 민간에 널리 퍼져 나무아미타불 소리가 끊이지 않았다고 한다. 도솔천으로 가는 미륵상생신앙도 여전히 인기를 끌어 감산사의 미륵보살상과 아미

원효, 분황사의 진영

타불상, 『삼국유사』의 여러 사례에서 볼 수 있듯이 미륵과 아미타가 결합된 정토신앙이 크게 유행했다. 현실의 고통을 구제하고 간절한 기원을 들어주는 관음신앙도 성행하여 기이한 영험담과 전설이 전한다.

통일신라시대에는 불교문화가 활짝 꽃을 피워 현재 세계문화유산으로 등재된 불국사와 석굴암 등을 통해 신라 불국토 세계를 구현하려 했다. 이와 함께 당과 활발하게 교류하고, 고구려와 백제 불교를 흡수하면서 교학 이해를 더욱 심화시켰다. 유식학의 원측, 경흥, 태현 등 동아시아 일류 수준의 사상가들이 이때 등장했다. 특히 한국의 사상가 가운데 최고의 슈퍼스타인 원효는 중관, 유식, 기신론, 법화, 화엄, 열반, 정토, 계율 등 다양한 교학을 섭렵했을 뿐 아니라 100종에 달하는 방대한 저술을 지어 독창적

사상을 펼쳤다. 세속과 출세간의 경계를 뛰어넘은 원효는 누구나 성불할수 있다는 일승사상, 차별과 무차별을 포괄하는 일심과 그 실천법인 관행, 모든 대립구도를 아우르는 화쟁, 현상세계가 서로 걸림 없이 연결되는 화엄의 세계를 강조했다. 그의 사상은 중국과 일본에도 큰 영향을 미쳤으며, 불교학에서 그의 사상사적 위상은 지금도 변함이 없다. 해동화엄을 연 의상은 차등 없는 존재의 상호연관성과 부처와 중생의 동일성을 강조했다. 나아가 실천을 중시하면서 아미타신앙과 관음신앙을 장려했다. 그는 국왕의 토지 기부를 거절하고 승단의 무소유를 실천했으며, 하층민을 제자로 받아들이는 등 무차별의 평등주의를 실현했다.

통일신라 후대에는 중국에서 선종이 전래되었다. 현덕왕 때인 821년에 한국 선종의 초조이자 중국에서 남종선을 전수한 도의가 귀국했다. 9세기 중엽부터 선종은 지방 각지에서 성행하여 많은 산문과 사찰이 개창되었다. 또 선승들이 도입한 풍수지리설이 널리 유행했는데, 이들은 중국과 신라의 여러 지역을 두루 돌아다니며 지리에 대한 경험적 지식과 직관을 쌓을 수 있었다. 이 시기에 활동한 도선은 왕건의 고려 개창을 예언하고 사찰과 탑이 국토의 안정과 균형발전을 보장한다는 비보사탑설을 제기해 한국 풍수지리의 비조가 되었다.

글로컬 전통의 종합과 계승

고려는 유교를 통해 정사를 펼쳤지만 국가 차원이나 사회적으로는 불교를 매우 중시했다. 불교는 전 계층에 걸쳐 신앙되었고, 왕족과 귀족의 자제들 중 출가 승려가 되거나 관료 은퇴 후 사찰에서 여생을 보내는 이들이 많았다. 또 화장이나 납골과 같은 불교식 장례가 일상적으로 행해졌다. 일반 백성도 불교를 깊이 믿었으며, 지역의 거점사찰에서는 신앙결사 공동체인 향도가 조직되기도 했다.

고려의 국왕들은 대개 숭불군주였지만, 기본적으로 국가와 불교 간의 관계는 후원과 통제를 통해 이루어졌다. 태조 왕건은 후백제 지역에 개태사를 창건하면서 전쟁에서 승리한 것이 부처와 신령의 은덕이라고 하여 불법佛法의 도움으로 국가의 안정과 발전을 기원한다고 밝혔다. 또 「훈요십조」에서 불교 숭상, 비보사탑의 보호, 팔관회와 연등회 준수 등을 강조했다. 그러나 사찰을 너무 많이 짓는 것을 금지함으로써 교단의 정치적 세력화를 경계하기도 했다. 연등회와 팔관회는 고려의 국가의례로서 성대하게 열렸다. 연등회는 1월이나 2월에 개경과 지방 중심지에서 동시에 열렸는데, 불교행사이자 태조를 기리며 왕가의 정통성을 과시하는 자리이기도 했다. 팔관회는 평양과 수도 개경에서 각각 10월과 11월에 열렸는데, 명산대천과 용신에 대한 제사, 제천의식과 불교의례가 접목된 제의로, 지방관과 외국 사절단 앞에서 고려 국왕의 위상을 대내외적으로 드높이는 기회이기도 했다.

고려에서는 승과, 승계, 승직 등을 두어 관료체제와 동일한 방식으로 승정을 운영했다. 이는 정치와 종교의 이원구조라고 할 수 있는데, 국가 관청 승록사에서 승려의 소속과 인사문제를 관리하고 행정을 담당했다. 대신 국왕의 스승이자 고려의 정신적 사표로서 왕사와 국사를 두었는데, 이는 고려만의 독특한 제도였다. 왕실과 문벌귀족이 후원한 화엄종·법상종 등의 교종과 조계종·천태종의 선종이 병립했는데, 이와 같은 선과 교의 공존 또한 고려 불교의 특징이라 할 수 있다.

교종 가운데 화엄종은 후삼국 때의 북악파와 남악파의 대립을 극복하고 광종대에 균여의 활약으로 중앙 주요 종파의 위상을 갖게 되었다. 균여는 당시 부상하던 선종을 의식해 의상계 화엄과 중국의 법장 교학에 의거해 일승사상으로 화엄의 우월성을 강조했다. 이후 대각국사 의천은 중국의 징관 화엄을 계승하는 한편, 동아시아 전역에서 불교 전적을 수집, 간행하고 유통시켰다. 유식사상에 토대를 둔 법상종은 신앙 면에서는 미륵신앙과 진표 계통의 점찰신앙을 중시했다. 11세기 전반 왕실의 지원을 받아 중앙의 주요 종단으로 성장했고, 소현 이후는 최고 문벌귀족 가문인 인주 이씨의 후원을 받았다. 소현은 금산사에 광교원을 설립해 유식학 문헌을 간행하는 한편 태현과 원효 등 해동 법상종 조사의 상을 봉안하기도 했다.

선종은 지방 산문을 중심으로 발전했기에 지방과 중앙을 연결하고 사회적 통합을 이루는 데 기여했다. 고려 초에는 9산 선문이 성립했는데, 선의 기풍 차이에서 임제종·조동종 등으로 나뉜 중국과는 달리 한국은 스승과 제자 간의 전법관계를 기준으로 산문 전통이 형성되었다. 고려시대에는 중국 선종의 5가 선풍이 모두 전해졌으며, 송에서 유행한 공안선公安禪(선문답 등의 뜻을 밝히기 위해 집중하는 선수행)도 들어왔다. 천태종은 1097년 화엄종 승려 의천이 선종의 하나로서 개창했고, 기존 선종은 조계종이라 했다. 의천은 중국에 유학했을 때 교학과 관행의 실천을 함께하는 천태의 교관겸수에 공감해 고려에 이를 퍼트리려 마음먹었다. 종파의 성립은 늦었지만 천태의 법화교학은 앞서 신라시대에 전해졌고, 고려 초에는 천태학 전적을 중국에 보내 송의 천태종 부흥에 도움을 주었다. 또 고려의 제관이 쓴 천태교학 입문서인 『천태사교의』가 중국과 일본에서 매우 중시되었다.

고려는 수준 높고 화려한 불화의 제작, 불서의 간행과 유통, 대장경 조성 등을 통해 동아시아 불교문화권의 주역이 되었다. 문화국가로서 고려

의 자부심을 높인 것은 두 차
례의 대장경 판각이었다. 처
음 나온 초조대장경은 11세기
초 거란의 침입을 물리치고자
하는 발원에서 시작해 1087년
에 조성되었다. 이는 최초의
대장경인 송의 개보장을 토대
로 요나라 대장경을 추가해 만
든 6,000여 권의 방대한 집성
이었다. 12세기 후반에는 의
천이 고려, 송, 요, 일본의 불
교 주석서를 모아 교장敎藏을
간행했다. 그 목록집인『신편
제종교장총록』에는 1,000여
종, 4,800여 권의 논소가 기록
되어 있다. 두 번째로 나온 재

고려 불화〈수월관음도〉

조대장경은 현재 유네스코 세계기록유산으로 지정된 해인사 고려대장경
이다. 13세기 전반 몽골의 침입 때 초조대장경 판목이 불타자 외적 격퇴
와 국가의 평안, 국운 유지를 기원하며 새로운 대장경 판각이 추진되었다.
1251년에 1,500종, 8만 여 판으로 만들어져 팔만대장경이라고 불리며, 꼼
꼼하고 정확한 교정으로 유명해 20세기 전반 일본에서 만든 대정신수대장
경의 저본이 되기도 했다.

　　고려 후기에는 무신정권과 몽골과의 항쟁, 원 간섭기를 거치며 불교계

역시 많은 변화를 겪었다. 우선 1170년 무신 집권 후 왕실이나 귀족과 연계된 중앙 불교계가 큰 타격을 입었다. 대신 자율적 운영과 실천수행을 내건 결사운동이 지방에서 일어났고, 교종에서 선종으로 주도권이 넘어갔다. 결사는 조계종 보조 지눌이 결성한 수선사와 천태종의 요세가 조직한 백련사가 대표적이다. 지눌은 선정과 지혜를 함께 닦는 정혜定慧 쌍수를 실천하면서 돈오점수頓悟漸修, 선교의 융합을 추구했다. 또한 하나의 화두를 잡고 참구하는 간화선수행을 강조했다. 원 간섭기에는 티베트 불교 계통인 원의 불교가 전해졌고 불교의례와 미술양식 등에 영향을 미쳤다.『화엄경』에 나오는 법기보살의 상주처로 알려진 금강산 사찰들은 원 황실과 귀족의 원찰로 지정되어 막대한 후원을 받았다. 반면 원에서 활동한 기황후를 비롯한 고려 여인들과 환관, 고려인들을 통해 고려 불교가 원에 역수출되기도 했다. 원의 수도 대도(베이징)에는 고려 사찰이 세워졌고, 경전을 베껴 쓰는 대규모 사경에 고려 승려 100명이 전문기술자로 파견되었다. 나아가 원의 강남 지방에서 성행한 임제종 선풍이 인적 교류를 통해 고려에 직수입되기도 했다. 원에서 임제종 법맥을 잇고 간화선풍을 전해온 태고 보우, 나옹 혜근 등이 고려 불교계를 이끌었으며 이들은 훗날 한국 선종의 법통상의 조사로 추앙받았다.

고려 말과 조선 초에는 불교에서 유교로 상부구조의 패러다임 전환이 일어났다. 이에 따라 유교를 전면에 내세운 조선은 공식 영역에서 불교를 배제했다. 그러나 왕실의 불교 숭상과 후원은 조선시대 말까지 지속되었으며, 역대 국왕들은 불교문제를 둘러싸고 왕실과 유학자 관료 사이의 중재자 역할을 했다. 불교는 국왕과 왕실의 장수와 평안, 국가의 번영을 바라는 한편 사후의 명복을 기원하는 역할을 했다. 이에 모든 중생의 혼령을 구제하고 복을 빌어주는 수륙재가 조선 초에는 국가의례로 행해졌다. 일반 민도 복된 내세를 바라는 기원, 삶의 고통을 해소하려는 바람을 불교를 통해 실현했다. 15세기까지도 상장례의 영역에서 전통적 불교제의가 영향력을 미쳤다. 왕실 제사에서도 고기를 올리지 않는 불교식을 고수해 이것이 왕실의 관행인지 숭불행위인지를 두고 관료들과 마찰을 빚기도 했다. 불교신앙의 오랜 전통은 조선시대에도 끊어지지 않았으며, 현존하는 많은 전통사찰이 중건되고 다수의 불서가 간행되는 등 법회와 신앙행위가 활발히 펼쳐졌다.

조선 초에는 정도전의 『불씨잡변』처럼 인과응보와 윤회설은 이치에 맞지 않고 불교는 이단이라며 이념적으로 불교를 배척하는 이론이 힘을 얻었다. 또 막대한 경제력을 가졌던 사원의 폐해와 윤리적 일탈에 대한 비판이 쏟아졌다. 당시 불교계는 엄청난 양의 토지와 10만 명에 이르는 사원노비를 소유하고 있었다. 무엇보다 세금을 내고 부역을 져야 하는 양인들이 역을 피해 승려가 되는 일이 적지 않아 문제가 되었다. 이에 신생 왕조국가의 재정기반을 확보하기 위해 불교계의 경제기반 상당수를 국가에 귀속시켰다. 태종은 11개 종, 242개 공인 사원을 제외한 나머지 사찰에서 사원전 3~4만 결, 사원노비 8만 명을 속공시켰다. 그리고 종파를 다시 7개로 줄이고 242사 가운데 고려시대 비보사찰로서 평지 도회지에 위치한 88개 사찰을 빼고, 대신 산중의 명찰 88개를 새로 공인사찰로 지정했다. 이는 각 지역의 중심지를 유교적 공간으로 재편하는 과정에서 일어난 일로, 고려에서 예로부터 내려오던 제도와 전통을 끊으려는 것이었다.

세종대에는 여러 종파를 선과 교의 양종으로 통폐합했고 공인된 36개 사찰에 속한 승려 4,000명, 보유 사원전 8,000결 이외에는 국가 승정의 관리대상에서 제외했다. 승록사를 폐지하고 선종과 교종의 도회소를 서울 흥천사와 흥덕사에 두었으며, 승과도 선종과 교종으로 나누어 시행했다. 세종은 재위 후반기에 불교를 독실하게 믿어 궁중의 내불당을 재건했다. 또 흥천사의 사리각을 화려하게 중수하면서 자신을 '보살계 제자'라고 칭했다. 그럼에도 세자(문종)의 책봉식 때에는 성균관에 입학해 공자의 위패에 절하는 의식이 처음으로 행해졌다. 이는 왕사와 국사에게 국왕이 예를 올리던 고려시대와는 확연히 달라진 유교국가의 모습이었다.

숭불군주 세조는 서울 한복판에 원각사를 창건하고 높이 12미터에 달하는 석탑을 세웠다. 또 간경도감을 설립해 불교 경론을 간행하고 한글로 언해했다. 최초의 한글 불서인 『석보상절』은 세조가 즉위 전에 지은 부처의 일대기다. 간경도감의 불서 간행과 한글 번역은 불교 대중화와 한글 보급이라는 점에서 문화사적으로 큰 의의를 지닌다. 성종 때에는 신진 사림세력이 중앙에 진출해 언론을 주도하면서 불교를 억압하는 기조가 강화되었고 승려 자격증인 도첩의 신규 발급이 일시 중단되었다. 다만 성종대에 반포된 『경국대전』에 승려 자격, 승과, 인사 등의 규정을 명시해 불교정책의 법제화가 동시에 이루어졌다.

폭군으로 이름난 연산군 때에는 우발적 폐불사태가 벌어졌다. 양종 도회소는 서울 밖으로 밀려났고, 제대로 실행되지는 않았지만 사원전 몰수와 승려 환속이라는 말 그대로의 폐불조치가 내려지기도 했다. 반정으로 연산군을 내쫓고 즉위한 중종은 처음에는 민심 안정을 위해 불교에 유화적 조치를 취했다. 하지만 반정을 주도한 조광조 등 사림세력이 공론을 주도하면서 승과와 양종이 폐지되고 『경국대전』의 도승 조항이 사문화되는 법제상의 폐불을 맞이했다.

명종대인 1550년부터 1566년까지 선교 양종이 다시 세워지고 도승과 승과가 재개되었다. 선종과 교종 본사로 봉은사와 봉선사가 지정되었으며, 이때 허응 보우가 활약했다. 또한 승과에 합격하여 고위승직에 오른 청허 휴정과 사명 유정이 이후 불교계를 주도하는 등 인적 계승이 이루어졌다. 조선을 대표하는 유학자 중 하나인 율곡 이이가 금강산에서 출가한 때도 이 무렵이었다. 서산대사(휴정)와 사명대사(유정)는 임진왜란 때 의승군을 이끌고 국난타개에 앞장섰다. 의승군의 활동과 충의의 공적은 불교의 사회적 인식을 바꾸고 위상을 높이는 계기가 되었다.

임진왜란 이후에는 궁궐과 왕릉 조성, 남한산성을 비롯한 산성의 축조와 방비, 『조선왕조실록』 등을 보관하는 사고 수호 등에 승군이 동원되었다. 국가는 승군의 승역을 국역체계 안에서 운용했고 각지 사찰에 승역과 잡역, 공물을 부과하는 대신 승려의 자격과 활동을 인정했다. 다시 말해 무조건 불교를 억압하기보다는 적극적으로 활용하고 용인하는 것이 조선 후기 불교정책의 기본 방향이었다. 경제적으로는 승려 개인의 전답 소유와 상속이 법적으로 허용되어 사원의 운영과 유지를 위한 기반이 되었다. 또 신앙결사이자 재정증식 수단인 사찰계가 다수 조직되어 부의 축적과 사원 중창이 가능해졌다. 수많은 사찰 중수와 잡역, 공물 진상 등을 통해 화가, 목공, 석공 등 전문기술을 가진 승려가 나오게 되었으며, 종이 생산과 목판 인쇄 등은 사찰에서 주로 담당했다.

17세기에는 법맥에 따른 문파가 형성되었고 선·교·염불 수행을 함께 하는 삼문수업, 선교 겸수와 간화선수행을 내용으로 하는 승려교육 과정이 정비되었다. 또 고려 말에 태고 보우가 전해온 중국 임제종의 정통 법맥을 잇는 임제태고 법통이 표명되어 선종의 정체성을 다졌다. 18세기에는 강학을 통한 화엄교학 연구가 심화되면서 많은 주석서가 나왔다. 이어 19세기에는 선의 우위, 선과 교의 일치를 각각 주장한 선 논쟁이 펼쳐졌다.

조선이라는 유교사회에서 불교는 일심을 내세워 유·불·도 삼교의 일치를 주장했고, 유교의 이기심성에 대비되는, 인간의 본성과 마음에 대한 불교 심성론이 논의되었다. 또 승려들도 시대변화에 따라 유학자처럼 문집을 펴냈고, 고위관료와 유명 문인이 문집의 서문이나 고승의 비문을 써주기도 했다. 시문이나 사상을 통한 유교와 불교 간의 교류는 조선시대 내내 이어졌으며, 정약용, 김정희 등 이름난 유학자와 고승 간의 학문적 교류와 상호 영향은 학술과 문화를 더욱 풍요롭게 했다.

조선시대에 불교가 전통을 종합하고 계승할 수 있었던 것은 불교의 종교적 역할이 지속되었기 때문이다. 동아시아에 미친 불교의 가장 큰 영향은 업과 윤회로 상징되는 내세관과 정토왕생신앙이었다. 조선시대에도 현세의 복을 비는 관음신앙, 진언 및 다라니 암송, 내세의 안녕을 기원하는 지장신앙과 명부신앙, 서방극락으로의 왕생을 염원하는 염불정토신앙이 유행했다. 또 사찰 내에 산신각이나 칠성각이 들어오는 등 민간신앙을 포섭함으로써 종교 복합체의 기능을 했다. 유교식 상제례가 대중에게까지 보급되었지만 죽음 이후를 책임지는 불교의 종교적 효용성은 사라지지 않았다. 조선시대 사람들의 심성과 세계관 형성에는 유교만이 아니라 불교와 같은 오랜 전통도 한몫을 차지했다.

19세기에는 정치적으로 혼탁한 정국이 이어지면서 국가의 공적 운영체계가 붕괴되고 사회경제의 모순이 폭발했다. 불교계 또한 정부와 유력자들의 후원과 보호를 받는 한편 사적인 침탈을 당하기도 했다. 19세기는 내우외환의 시기였고, 이는 역으로 현실의 어려움을 극복하고 희망 어린 내일을 꿈꾸는 종교성을 자극한 시대이기도 했다. 불교, 천주교, 개신교는 물론 동학과 같은 신흥 민족종교가 부상하면서 새로운 종교적 수요가 창출되었다.

한국 불교의 현재와 가능성

한국 불교는 1,700년의 유구한 역사와 전통을 자랑한다. 불교는 한국 역사의 전개과정에서 한국인의 심성과 가치관 형성에 큰 역할을 담당해왔을 뿐 아니라 현세의 복락은 물론 내세의 평안에 대한 실존적 염원을 해소해주었다. 그러나 현재의 한국 불교는 외형적 세력은 크지만 개신교와 천주교에 비해 사회적 위상이나 이미지 면에서 뒤처지는 것이 사실이다. 이는 전통종교, 민족종교로서 마땅히 가져야 할 기득권이 근현대 역사의 굴곡 속에서 상당히 잠식된 탓이다. 그로 말미암아 전통은 유교, 근대는 기독교라는 상식이 굳어지면서 불교의 위상은 크게 추락했다.

　19세기 후반부터 벌어진 전통종교, 민족종교, 서양종교의 각축장에서 불교는 민족주의나 호국의 실천보다 근대적 문명개화와 호교를 위해 매진했으며, 철학과 종교가 결합된 근대성의 추구에서 활로를 찾았다. 하지만 사찰령과 같은 식민지 체제의 정치적 종속을 겪으면서 결국 남은 것은 근대화·대중화로 포장된 세속화의 유산이었다. 이는 식민지 잔재와 친일의 전력으로 불교의 발목을 잡았다. 해방 이후 민족불교의 화려한 탄생이 기대되었지만, 미군정과 이승만 정부의 기독교 편향 정책, 미국을 배후로 한 기독교 복음주의 속에서 불교의 지분은 더욱 축소되었다. 무엇보다 친일 잔재의 청산과 청정수행 전통의 회복이라는 기치 아래 일어난 불교정화는 그 상징성과 명분은 충분했음에도, 의도치 않게 교학과 의례 등의 측면에서 오랜 불교 전통의 단절과 인적 수준의 저하를 초래했다.

불교계 주류는 1970~1980년대에 정치권력과 타협했음에도 조계종 총무원이 신군부와 마찰을 빚은 1980년에는 유례 없는 법난까지 당했다. 또 종권과 사찰운영을 둘러싼 각종 폭력사태와 비리로 언론을 도배하기도 했다. 그러나 1994년에는 한국 사회의 민주화운동, 민주주의의 발전과 궤를 같이하여 개혁불사가 단행되었다. 이후 기존의 구태를 벗어나 사회, 대중과 함께하기 위한 많은 노력을 기울였다. 이처럼 한국 불교는 시대변화에 따라 수많은 격변을 거쳐왔지만, 지금도 새롭게 전통을 창출하고 미래의 길을 개척하기에는 넘어야 할 산들이 여전히 많다.

2,500여 년의 장구한 역사를 가진 불교는 세계종교이자 고도의 철학적 사유체계다. 불교는 오랜 시간 여러 지역에서 다양한 문화접변을 거쳤고 아시아 문명의 발전에 많은 기여를 했다. 한국사에서도 불교는 토착신앙과 고대적 관념을 극복하고 고유성과 보편성의 접목을 주도했다. 개인 심성과 내세문제에 대한 불교의 이해방식은 한국인에게 새로운 세계를 열어주었다. 이는 자연의 법칙성과 도덕을 결합시킨 사회윤리이자 정치이념인 성리학, 근대의 합리적 이성과 제도, 과학문명이 미친 엄청난 영향력에 비견할 만한 파급력이었다. 불교는 한국이 로컬과 글로벌이 융합된 글로컬 전통을 만드는 데 크게 기여했으며, 지금도 그 역사적 가치는 유효하다.

원래 불교는 실체를 인정하지 않는 무아와 공, 인과론적 관계망인 연기를 핵심 개념으로 한다. 또한 죽음의 문제를 포함해 인간 실존의 한계를 치유할 수 있는 종교적 대안과 수행의 길을 제시해왔다. 최근에는 인지과학 같은 분야에서 과학으로서의 마음(자아는 없음)과 경험으로서의 마음(인간 존재에 대한 믿음) 사이의 모순과 긴장을 극복할 수 있는 철학적·실천적 체계로서 불교가 주목받고 있다. 또한 환경문제와 생태문제, 자연과학의 시공간 관념 등에 불교의 개념과 이론을 접목시키거나 새로운 대안을 모색하는 데 불교가 활용되기도 한다. 그뿐 아니라 현대 사회에서 개인의 심신을 치유하는 명상심리와 실천수행 분야에서도 불교 본연의 역할이 관심을 모으고 있다.

이처럼 불교는 낡은 종교 전통이 아니라 21세기에도 유효한 미래적 가치이자 자산이다. 그렇기에 한국 사회에서 불교는 평등과 평화, 공동체의 삶과 이타적 가치에 대해 아젠다를 제시하고 공유할 수 있어야 한다. 더 나아가 오랜 역사 전통을 지닌 동아시아 불교문화권을 다시 복원하여 상생과 번영을 위한 가치와 비전을 창출하려는 노력이 필요한 시점이다.

한국사는 불교가 들어오면서 보편 문명의 수용과 접변의 기회를 가졌고 로컬과 글로벌이 융화된 글로컬 문화를 만들어낼 수 있었다. 고대의 토착신앙과 관념은 불교를 통해 심화되어 개인의 심성인식이 확장되고 사후세계의 전망을 그려낼 수 있었다. 불교의 수용과 정착은 보편적 사유의 전래와 확산과정이었고 내세관과 종교적 심성의 영역에서 한국적 전통의 주축을 이루었다. 한국인은 불교를 통해 철학과 종교의 심층적 확장을 경험했고, 이는 결과적으로 성리학과 기독교가 이 땅에 자리 잡을 수 있는 기본 토양을 다진 것이었다. 서양 문명에 기반을 둔 근대의 물질적·정신적 변화를 겪으면서도 한국인의 심성과 가치관의 기저에는 불교적 사유가 여전히 살아 숨 쉬고 있다. 그리고 동아시아 공동체와 21세기 인류 문명의 앞날에도 불교가 져야 할 짐과 제시할 길이 놓여 있다.

2

한국인의 가치관과
윤리의 잣대

유학과 한국의
유교 전통

조선은 유교의 나라였고 유교가 한국적 전통의 주축을 이룬다는 데
는 누구도 이의를 달기 어려울 것이다. 그런데 현재 우리에게 유교
는 무엇일까? 옛날의 고리타분한 관습일 뿐인가, 아니면 여전히 한
국인의 정체성을 형성하는 유효한 가치체계인가? 현대 사회에서 유
교의 효와 가족윤리, 제사와 친족관념, 인간관계와 공동체 사회의
도덕적 잣대는 어떤 의미를 지니는가? 그에 대한 답을 찾기 전에,
유교는 무엇이고 조선의 유교 전통은 어떤 것이었는지를 살펴보고
그 현대적 효용성에 대해 고민해보자.

이미 100여 년 전부터 유교망국론이 제기되었고, 유교가 가진 가
부장적 남성 우위론, 신분제 질서의 옹호 등은 일찍이 비판의 대상
이 되었다. 그럼에도 21세기 현재까지 한국인의 심성과 가치관의 저
변에는 유교가 깊이 자리 잡고 있으며, 지금도 가족과 공동체 윤리,
관습화된 제사 등에서 살아 있는 유교의 모습을 볼 수 있다. 그렇기
에 한국인에게 유교 전통은 어떤 의미를 지니며 현대 사회에서 유
교가 어떤 모습으로 기능할 수 있는지 생각해볼 필요가 있다.

1. 유학의 성립과 전개: 공자에서 주자까지

동아시아의 성인, 공자는 누구인가?

유학은 중국과 동아시아 문명을 대표하는 사유체계로서 전통적 지식인상은 대체로 유학자로 형상화된다. 엄밀한 의미에서 유학은 공자가 주창한 사상이며 기본적으로 사士의 학문이었다. 이에 비해 유교는 유학을 바탕으로 한 가치체계이며 종교적 성격을 띠는 제사 등의 의례를 포함한 좀더 포괄적인 개념이다. 공자(기원전 551~479)는 인류 역사상 인문학의 여명기였던 기원전 6~5세기 무렵 중국의 춘추시대에 활동했던 인물이다. 중국의 역사는 삼황오제의 신화시대와 요순시대를 거쳐 하, 상(은), 주 3대로 이어지는 역사시대가 펼쳐졌다. 기원전 771년 주 왕조가 호경(훗날의 장안)에서 동쪽의 낙양으로 천도하면서 동주시대가 열렸는데, 이는 다시 춘추시대와 전국시대로 나뉜다. 기원전 221년 주의 제후국이었던 진의 시황이 천하를 통일하면서 한과 후한에 이어 삼국시대와 위진남북조시대가 전개되었다.

춘추시대의 춘추春秋라는 명칭은 공자가 편술한 노나라의 역사서 『춘추』에서 비롯되었으며, 전국시대의 전국戰國은 한대에 나온 『전국책』에서 유래했다. 춘추시대에는 여러 제후국이 합종연횡을 거듭하며 각축을 벌였지만 주 왕실의 권위는 어느 정도 존중되었다. 그러나 전국시대에는 제, 초, 진, 연, 한, 위, 조의 전국 7웅을 중심으로 제후국들이 각기 왕을 칭하며 패권을 차지하기 위한 노골적 쟁투를 벌였다. 공자가 살았던 춘추시대에는 철제 농기구가 쓰이고 소를 이용한 경작이 이루어지는 등 생산력의 비약적 발전이 있었고, 중국 각지에 많은 인구가 모여 사는 정치와 경제의 중심지인 읍성이 발달했다. 이러한 사회경제적 배경 속에서 제후국마다 부국강병에 필요한 인재들을 적극적으로 발탁하고 활용했다. 이른바 제자백가의 전성시대가 활짝 열린 것이다.

공자는 부친이 70세가 넘어서 낳은 아들로 머리 모양이 언덕처럼 생겼다고 하여 이름을 구丘라고 지었다. 공자는 노나라 출신으로 어려서부터 예를 좋아해 제사에 쓰는 기물을 가지고 놀았다고 한다. 관직은 재상의 지위까지 올랐지만 오래 맡지는 못했고, 천하를 두루 다니며 뜻을 펼치려 했다. 그러나 그의 가치를 알아주는 군주를 만나지 못한 탓에 여러 곳을 떠돌아다니는 공자를 빗대 '상갓집 개'라고 빈정거리는 사람마저 있었다. 그래서인지 공자는 "천하에 도가 없어진 지 오래되었다"고 한탄했다. 그럼에도 공자 문하에서 10철 72현으로 알려진 기라성 같은 제자들이 나왔다. 공자의 가장 뛰어난 제자로는 하나를 듣고 열을 안다는 '문일지십聞一知十'의 주인공이자 젊어서 요절해 공자가 "하늘이 나를 버렸다"고 한탄한 수제자 안연(안회)을 꼽을 수 있다. 그리고 오늘날로 치면 준재벌급으로 공자의 재정적 후원자 역할을 했던 자공과 공자의 호위실장을 맡아 용기를 인정받은 자로, 공자의 학문을 계승·발전시킨 증삼 등이 유명하다. 또 공자의 손자인 자사도 증삼에게 학문을 배워 『중용』을 저술했다. 이들의 학문계승과 활동을 통해 공자 사후에 유학이 크게 번성함에 따라 유가는 제자백가 가운데 점차 두각을 드러냈다.

공자의 대표 저술인 『논어』는 같은 시기의 그리스 철학자인 플라톤의 『대화』편처럼 제자와의 문답을 생생하게 기록한 책이다. 『논어』는 동아시아 세계의 거의 모든 지식인에게 가장 중요한 필독서였고, "성인의 말씀은

俎豆禮客
孔子五六歲嘗爲兒
嬉戲嘗陳俎豆設禮
容與同戲羣兒迥異
蓋天植其性不學而
能也由是羣兒化敎
相與揖讓名聞列國

제사 놀이로 예를 익히는 공자

물과 같다"라는 비유처럼 수십 번, 수백 번을 읽어도 그때마다 그 의미가 새롭게 다가오고 맛이 달라지는 고전적 명저다. 『논어』에 나오는 몇 가지 개념을 통해 공자 사상의 정수를 살펴보자.

공자의 사상을 대표하는 개념은 인仁이다. 인의 한자는 사람 인人과 두 이二를 합친 것으로 사람 사이의 관계를 함축적으로 나타낸 글자다. 우리 말로는 '어질다'라는 뜻으로 쓰이는데 착하고 아름다운 행위를 하는 마음 가짐, 바르고 매력적인 사람 됨됨이를 가리킨다. 공자는 제자 안연에게 인을 설명하면서 특히 자신의 사적 감정과 욕심을 이겨내고 예로 맺어진 공적 질서를 따른다는 '극기복례克己復禮'를 강조했다. 인은 부모에 대한 효孝, 임금에 대한 충忠, 자녀에 대한 자慈, 백성에 대한 혜惠뿐 아니라 공경, 믿음, 너그러움 등으로 발현되며 박애, 자비, 사랑의 개념과도 연결된다.

『맹자』에서는 사람의 본래 마음을 측은惻隱, 수오羞惡, 사양辭讓, 시비是

非 네 가지로 나누고, 이를 각각 인仁, 의義, 예禮, 지智와 관련지어 설명했다. 여기서 측은지심이 바로 인이다. 측은지심은 차마 어찌할 수 없는 마음이며 남의 고통에 동감하고 슬퍼하는 인간의 감성이다. 맹자는 어린아이가 우물로 기어가다 빠지는 것을 보았을 때 누구나 느끼는 놀람과 슬픔의 감정을 이에 비유했다. 공자가 마구간이 불탔을 때 말이나 건물보다 사람이 다쳤는지를 먼저 물은 것도 인의 행위에 해당한다. 어린 학생들이 가득 탄 세월호가 침몰하는 순간을 보면서 사람이라면 누구나 애통하고 가슴 저미는 심정을 느끼는 것이 인지상정인데, 그것이 바로 공자와 유학 사상의 핵심인 '인'이라 할 수 있다.

공자의 사상을 논할 때 이름을 바로잡는다는 뜻의 정명正名도 빼놓을 수 없다. 공자는 "임금은 임금답고 신하는 신하답고 아버지는 아버지답고 자식은 자식답게 되는 것"이 정명이라 설명하고, 이름에 걸맞은 역할과 책임, 의지와 실천을 강조했다. 물론 이는 당시의 시대상을 반영한 신분제적·위계적 사회조직 속의 공동체 규범이었지만, 사회질서를 유지하기 위한 기본 가치이기도 했다. 정명은 오늘날에도 적용되는 유교적 덕목이자 직업윤리다. 공자는 지식인 관료층인 사士, 노동을 해서 사회를 유지하는 민民의 존재가치를 특히 중시했다. 오늘날로 치면 직장인, 자영업자, 농어업 종사자, 학생 등 모든 사람에게 정명이 필요하다. 공무원은 말할 것도 없고 어떤 직업과 직장에도 그에 따른 책임과 윤리가 있으며, 구성원들이 이름에 부합하는 정명의 자세를 실천할 때 서로 믿을 수 있는 깨끗하고 투명한 사회가 될 수 있다.

평생 학문에 매진했던 공자가 중시한 또 하나의 중요한 가치가 바로 지知다. 학문學問이라는 말 자체가 배우고 익히고 모르는 것을 끊임없이 생각하고 물어보는 것이다. 『논어』의 첫 번째 장인 「학이學而」편의 첫 구절이 "배우고 늘 익히면 또한 즐겁지 않은가學而時習之 不亦樂乎"로 시작하는 것은 매우 의미심장하다. 바로 다음 구절인 "벗이 멀리서 찾아오는 것 또한 즐겁지 않은가有朋自遠方來 不亦樂乎"도 오랜 친구를 만나 서로 모르는 것을 묻고 배울 때의 즐거움을 표현한 것이다. 이처럼 공자는 배움을 좋아했고 (好學), 물어보는 것을 좋아했으며(好問), 모르는 것이 있으면 아랫사람에게 묻는 것도 부끄러워하지 않는(不恥下問), 진정한 학인이었다. 그리고 이것이 그를 동아시아의 성인으로 만든 원동력이었다.

공자가 말하는 지는 아는 것의 경계를 분명히 하는 것이며, 형이상학적 도그마에 빠지지 않는 지극히 현실적이고 합리적인 것이었다. 공자는 자로에게 지를 설명하면서, "아는 것을 안다고 하고 모르는 것을 모른다고 하는 것, 이것이 바로 아는 것이다知之爲知之 不知爲不知 是知也"라고 했다. 이 말은 무언가를 확실히 안다고 할 때는 무엇을 모르는지가 전제되어야 명확히 아는 것임을 뜻한다. 마치 동양화에서 달을 표현할 때 수묵으로 그린 부분과 나머지 여백의 경계가 확실해야만 달이 더욱 뚜렷이 모습을 드러내는 것과 같은 이치다.

우리는 대충 보고 들은 것을 아는 것으로 착각하는 경우가 많다. 그런데 대개는 무엇을 모르는지 정확히 모르기 때문에 아는 것과 모르는 것의 경계가 분명치 않고 모호하기 십상이다. 누구나 아는 것처럼 지구는 둥글지만 우리는 그 위에서 미끄러지거나 떨어지지 않고 잘 살고 있다. 또 낮과 밤의 길이가 계절마다 다르고, 지역 차가 있기는 하지만 봄, 여름, 가을, 겨울의 사계절이 어김없이 반복된다. 이러한 자연현상에 대해 그 이유를 대보라고 하면 대개는 중력이나 자전, 공전 때문이라고 답할 것이다. 하지만 초등학생이 이해할 수 있게 원리를 정확히 설명하는 것은 쉽지 않다. 공자의 생각에 따르자면 이것은 제대로 아는 게 아니다.

공자는 "귀신을 공경은 하되 가급적 멀리하라敬鬼神而遠之"고 했고, 이성적으로 이해하기 어려운 괴력난신怪力亂神 현상에 대해서도 구체적으로 언급하지 않았다. 그는 귀신을 섬기는 것이 어떤 것인지를 묻는 질문에 "사람을 섬기는 것도 잘 못하는데 어찌 귀신을 섬길 수 있겠는가未能事人 焉能事鬼"라고 답했다. 죽음의 문제에 대해서도 "삶에 대해서도 잘 알지 못하는데 어찌 죽음을 알겠는가未知生 焉知死"라고 반문했다. 바로 여기서 도저히 알 수 없는 것이나 초월적 존재를 앎의 대상으로 삼는 것 자체를 거부한 공자의 현실적이고 합리적인 태도를 볼 수 있다.

한편 공자는 "(앎을 추구하는) 지혜로운 사람은 물을 좋아하고 (인을 행하는) 어진 사람은 산을 좋아한다知者樂水 仁者樂山. 지혜로운 이는 동적이고 어진 이는 정적이다知者動 仁者靜. 지혜로운 사람은 즐겁게 살고 어진 사람은 오래 산다知者樂 仁者壽"고 했다. 이는 지와 인이 공자의 삶의 지향점과 사상을 함축한 핵심 개념이었음을 잘 보여준다. 공자가 제자들에게 남긴 "나는 숨기는 것이 없다. 나는 행하면서 너희와 함께하지 않은 것이 없다. 이것이 나, 구다吾無隱乎爾 吾無行而不與二三子者 是丘也"라는 말에서도 앎(지)과 어짊(인)을 끝까지 추구하고 실천한 그의 진솔한 모습을 엿볼 수 있다.

유학의 쟁쟁한 계승자들: 맹자와 주자

공자의 유학을 계승하고 선양한 맹자는 공자 사후 100여 년이 지나서 태어나 기원전 289년 무렵에 사망한 것으로 추정된다. 맹자가 살았던 전국시대는 여러 제후국이 패권을 다투던 혼란기이자 부국강병을 위한 정책이 추진되고 다양한 사상이 자웅을 겨루던 백가쟁명의 시대였다. 이 무렵 법가, 도가, 음양가 등 여러 제자백가 사상가들이 활동했는데, 유가의 대표자를 자임한 맹자는 공자 사상을 이어 유학의 논리와 체계를 정교히 다졌다.

맹자는 공자가 살았던 곡부와 멀지 않은 추 지역 출신으로, 홀어머니가 아들의 교육을 위해 세 번이나 이사했다는 '맹모삼천지교'의 일화로도 유명하다. 맹자는 인간의 본성은 선善하다고 보고 인의仁義를 바탕으로 하는 덕치德治, 곧 왕도王道정치를 추구했다. 하지만 그도 공자처럼 현실정치에서는 자신의 이상을 실현할 기회를 얻지 못했다. 대신 유가 정치이념의 기본 틀을 제시한 저서『맹자』는 중국은 물론 동아시아 정치사상 형성에 큰 영향을 미쳤다. 유학의 긍정적 이미지 가운데 대의명분을 위한 선비의 꼿꼿한 기개와 식민지시대 독립운동가들의 지사적 삶도 뿌리를 찾아가면 맹자의 가르침과 만나게 된다.

『맹자』의 첫 장「양혜왕」편은 맹자가 양의 혜왕을 만났을 때 나눈 대화로 시작된다. 혜왕이 나라를 이롭게 하는 방편을 묻자 맹자는 바로 "왕께서는 하필 왜 이로움을 말씀하십니까? 오직 인의가 있을 뿐입니다王何必曰利 亦有仁義而已矣"라고 답했다. 맹자는 군주의 권력이나 재부, 나라의 부국강병보다 백성의 생활, 다시 말하면 민생의 안정과 풍요가 가장 근본적이고 중요한 문제임을 강조했다. 그는 또한 백성이 먹고살 수 있는 항산恒産이 있어야 군주와 나라에 대한 변하지 않는 마음인 항심恒心을 가질 수 있다고 보았다. 만일 인의에 근본을 둔 왕도정치가 실현되지 않고 사치와 욕심에 빠진 패도정치로 백성의 삶이 피폐하고 곤궁하게 된다면, 하늘의 뜻(천명)에 따라 왕을 갈아엎을 수 있다는 혁명론革命論을 제기했다. 이는 매우 급진적이고 근본주의적인 사고지만 왕조가 바뀌는 역성혁명이나 조선시대의 반정反正 같은 왕위교체가 일어날 때, 대개는 맹자의 혁명론에 이념적 근거를 두었음을 볼 수 있다.

『논어』와 『맹자』는 동아시아의 고전 중의 고전이며, 인문학도만이 아니라 한국인이라면 누구나 평생 한 번은 읽어야 할 필독서다. 전근대시대 한국과 중국 등의 지식인은 이 책들을 공부의 필수교재로 익혀왔다. 따라서 동아시아 한자문화권이나 유교문화권의 전통적 사유방식을 이해하기 위해서, 그리고 오늘날 중국, 일본 등과의 인적 교류나 비즈니스를 위해서도 공통교양이자 기본 소양으로 이 책들을 읽을 필요가 있다. 서구인들이 그리스, 로마의 철학과 문학 등의 고전을 통해 보편적 공감대를 형성하는 것과 마찬가지다. 서양에서 라틴어는 지식인이 향유하는 고전어가 되었지만, 동아시아에서 한자와 한문은 2,000년 이상 공통문자로 쓰이며 동일한 문화권을 형성해왔고 중국어와 일본어를 배우려면 반드시 익혀야 한다. 『논어』와 『맹자』는 고전한문을 배울 때 문리를 터득하기에 가장 좋으며, 전통문화와 사상을 이해하는 데도 이보다 좋은 책은 없을 것이다.

맹자가 공자의 사상을 계승해 유학의 이론체계를 정립하고 중국의 주류 사상이 될 수 있는 토대를 닦았다면, 송대의 주자는 유학을 철학의 단계로 승화시켜 심성론과 우주론을 내세운 성리학을 주창했다. 주자는 주희(1130~1200)의 존칭이며 안휘성의 명문가 출신으로 부친의 영향을 받아 어려서부터 불교에 대한 깊은 이해를 가졌다. 그러나 24세 때 이통에게 배우면서 자신의 학문적 근원을 유학에 두었고, 육상산과의 논쟁을 통해 자신의 사상을 더욱 심화시켰다.

주자는 『논어』, 『맹자』, 『대학』, 『중용』의 사서를 편집하고 주석을 붙인 사서집주를 내어 성리학에 입각한 유학 이해의 지침을 제시했다. 사서집주는 전통시대 유학자들의 필수교재였으며, 중국은 물론 한국에서도 과거의 시험과목이 되는 등 지대한 영향을 미쳤다. 그는 유교 경전에 대한 다수의 주석서, 의례, 문집 등을 저술했고 주자학의 입문서라 할 수 있는『근사록』으로도 유명하다. 또한 역사에도 관심을 가져『삼국지』에 나오는 유비의 촉이 조조의 위보다 정통이라는 대의명분의 정통주의 사관을 내세웠다. 이를 반영한 그의『자치통감강목』은 후대 역사 서술의 지침이 되었다.

성리학은 천리天理에 의해 부여된 인간의 본성과 그에 준거한 도덕을 강조하는 성명의리학性命義理學이다. 사람의 심성과 자연에 대한 철학적 사유체계인 것이다. 성리학에서는 형이상의 도인 이와 형이하의 기를 가지고 만물의 근원적 원리와 현상을 설명한다. 이와 기는 서로 떨어질 수 없는 관계로서 태극太極과 음양陰陽으로도 표현된다. 본성(성)에는 천리(이)가 내재되어 있고, 마음은 천리를 담는 그릇으로서 기의 영역에 속한다. 천리는 우주만물과 천지운행의 작동원리다. 모든 사물과 현상은 천리에 의해 '저절로 그렇게 되는' 자연自然의 법칙에 영향을 받는다. 또한 천리의 내재화로 말미암아 사람의 모든 행위, 그 판단기준인 도덕은 '마땅히 그러한' 당연當然의 세계에 속한다. 이처럼 천지만물 변화의 자연스러움, 문화와 인륜의 당연함은 천리에 의해 생겨나고 하나가 된다. 그렇기에 성리학에서는 천리가 내재된 본성으로 말미암아 욕심이 제어되고 도덕적 행위가 가능하다고 본다.

주자의 시대는 여진족이 세운 금이 만주와 중원을 차지하고 중국 한족이 남송으로 밀려 대치하며 서로 싸우던 시기였다. 그러한 시대를 살았던 주자는 중화와 오랑캐를 이분법적으로 나누고 중화를 높이는 화이론적 시각을 가졌다. 이원적 세계관은 이와 기의 형이상학적 대비, 오랑캐의 도인 불교에 대한 비판, 성리학 외의 관념체계에 대한 배타성으로도 나타났다. 공맹 유학의 계승자를 자처한 주자는 『근사록』에서 "천지를 위해 나의 마음을 세우고 백성을 위해 도를 세우고 성인을 위해 끊어진 학문을 잇고 만세를 위해 태평을 연다"는 도학 전수의 막중한 사명감을 가졌다. 이후 성리학은 원대 이후 관학으로서 사상계의 권좌를 차지하게 된다.

송대 신유학의 등장은 수백 년에 걸쳐 중국 사상계를 제패한 불교 사상의 전성시대가 막을 내리고 중국의 토착사상인 유학이 주도권을 되찾은 일대 사건이었다. 주자 성리학은 공자와 맹자 단계의 유학과는 그 성격과 철학적 차원을 달리한다. 다시 말해 마음과 현상의 구조와 관계를 분석한 불교 교학, 중국적 본성론의 틀 속에서 배양되었고 마음속 불성의 내재화를 선언한 선종의 토양 위에서 성리학이 싹튼 것이다. 주자는 불교를 잘 알았기에 오랜 시간 중국화된 불교의 인식론적 기초 위에서 새로운 사유체계를 구상할 수 있었다. 선종이 불교의 주류가 된 시기를 살았던 그는 화엄과 같은 교학보다 선종에 대해 더욱 엄격한 비판의 날을 세웠다. 본성의 이치보다 마음의 작용을 중시한다는 점을 파고들어 선종과 심학心學에 대한 공세를 이어감으로써 결국 사상계의 주도권을 틀어쥐었다. 중국에서는 성리학에 이어 양명학이 나와서 사상계에 돌풍을 일으키고 새로운 주류 사상으로 부상하기도 했다. 하지만 조선에서는 성리학의 이학理學이 확고부동한 지위를 차지했고 양명학과 불교는 심학으로 치부되며 비주류나 이단으로 내몰렸다. 이제 한국의 유교 전통에 대해 살펴보자.

2. 무엇이 한국의 유교 전통인가?

유교, 조선적 전통이 되다

유학과 유교 경서는 삼국시대 이전에 전래되었고, 진흥왕 순수비와 원광의 세속오계 등에서 유교의 가르침이 당시 신라 사회에 상당히 유포되어 있었음을 볼 수 있다. 불교가 성행했던 통일신라시대와 고려시대에도 정치는 유교 이념 아래 운영되었고, 귀족 관인층은 물론 엘리트 승려들도 유교적 소양을 갖추었다. 고려는 당, 송을 모델로 한 관료제를 지향했고 광종대에 중국식 과거시험을 시행하는 등 유교를 국가경영 이념으로 삼았다. 시무 28조로 유명한 최승로가 활동했던 10세기 후반 성종대에는 중앙관제의 정비와 함께 오복제五服制와 오묘五廟 같은 중국의 유교적 친족제와 의례가 도입되었다. 11세기 말과 12세기 초의 숙종, 예종은 송나라 왕안석의 신법을 참조해 문치주의에 기반을 둔 부국강병을 목표로 개혁을 추진했으며, 경연을 통해 국왕과 신료의 유교 경전에 대한 이해를 높였다.

하지만 유교가 사유와 가치, 의례와 문화 등 제반 영역에서 큰 영향력을 미치게 된 것은 조선시대였다. 조선 후기에는 정치와 사상뿐 아니라 친족관념과 상제례, 개인의 도덕과 공동체 질서 등에서 명실상부한 유교사회로 재편되었다. 점차 유교의 가치와 윤리는 기층의 대중에게까지 스며들었다. 유교는 조선의 주류 전통이 되었고 조선은 동아시아에서도 유례가 없는 유교의 나라가 되었다. 한국사의 기나긴 흐름에서 유교가 상부구조의 패러다임을 바꾸며 역사를 이끌어나간 것은 고려 말부터였다. 원에서 받아들인 성리학을 새로운 시대사상으로 내걸고 나온 신진사대부층이 학계와 정계를 주도했다. 그러면서 구시대의 청산과 국가 비전의 창출을

위한 갖가지 개혁조치가 추진되었다. 그 결과가 조선 왕조의 개창과 유교
국가로의 이행이었다.

여말선초에는 중국의 원·명 왕조교체와 맞물려 중화와 오랑캐를 구분
하는 화이론의 관념이 강력한 이념으로 부상했다. 성리학은 중화의 화풍
을 대표하는 사상으로서 불교와 같은 국풍의 전통을 배격하고 억누르며
시대 담론을 주도했다. 이는 문학 분야에서 도를 담은 글인 도문道文이 패
관문학 사장詞章을 누르고, 역사 분야에서 명분에 입각한 춘추사관을 따라
고려가 황제국을 표방한 일과 풍수나 무속 같은 음사 풍속을 공격한 것으
로도 나타났다. 이처럼 고려 말의 구체제 전복은 사상과 문화의 영역뿐 아
니라 정치적·사회적·경제적 개혁을 통해 기득권 세력을 일소하고 제도적
혁신을 기하는 일련의 정교한 기획으로 추진되었다.

유교국가를 선포한 조선에서도 초기에는 성리학적 이념과 전통적 관
행 사이에 갈등과 충돌이 발생했다. 법제를 비롯한 문물제도와 국가 사전
祀典 체제의 정비, 서울은 물론 지방의 중심지를 유교적 공간으로 재편하려
는 시도가 이어졌다. 그리고 그 과정에서 새로운 시대를 향한 지향과 구시
대의 전통 및 관행 사이에 마찰이 일어났다. 공적 영역에서 유교적 재편은
거스를 수 없는 시대의 흐름이었다. 하지만 왕실에서 일반 백성까지 전 계
층을 망라하여 사적 영역에서는 전통의 유제가 확고한 기반을 가지고 있었
다. 특히 불교는 고려에 이어 조선시대 사람들에게도 지대한 영향을 미쳤
다. 그럼에도 『주자가례』에 입각한 3년상, 가묘와 신주의 설치 등 유교적
예제의 시행, 『삼강행실도』의 간행과 보급 등 완전한 유교사회를 만들기
위한 노력은 끊임없이 계속되었다.

조선 사회에서 성리학의 가치와 의례가 안착되기 시작한 것은 16세기

후반 이후였다. 이때는 상장례를 비롯해 친족관계의 관습에서도 변동의 조짐이 나타났고 유교사회로의 본격적 전환이 이루어졌다. 정치적으로는 성종대와 중종대에 사림 언관권의 강화, 사화 등 훈구세력과 사림세력 간의 치열한 대결 끝에 선조대 이후 사림이 중앙정계를 완전히 장악하고 붕당정치가 시작되었다. 지방에서도 각 군현 향교에서 유교교육과 유생 양성이 이루어졌다. 유향소留鄕所, 향약鄕約과 향계鄕契, 향안鄕案 정비와 실행을 통해 재지사족 중심의 향촌질서가 강화되었다. 이는 향신鄕紳이 주도한 중국 송대의 향촌사회를 모델로 한 것이다. 17세기 이후에는 관아가 있는 읍치에서 떨어진 사림의 영향권에 속한 교외 지역에 서원이나 사우가 많이 건립되면서 사림의 새로운 근거지 역할을 했다.

유교사회에서 수신修身과 교육은 가장 중요한 문제였다. 『소학』은 기본이고 아동과 초학자의 수신교과서인 박세무의 『동몽선습』, 이이의 『격몽요결』 등이 널리 읽혔다. 무엇보다 조선 유학자의 책이 국왕의 수신교재가 되었다. 이황의 『성학십도』와 이이의 『성학집요』는 각각 위로는 하늘의 이치에 통하고 아래로는 사람의 일을 배운다는 뜻의 상달천리上達天理와 하학인사下學人事를 목표로 한 제왕학의 교범이었다. 영·정조대의 서연과 경연 사례에서 보듯 왕세자와 국왕이 신료와 함께 유교 경서를 읽고 논의하는 학술 강론의 전통이 확고히 정착되었다. 이는 조선시대에 유교가 신분 고하를 막론한 공통의 덕목이자 지향점이었음을 잘 보여준다.

사상적으로는 현재 천 원권과 오천 원권 지폐의 모델인 이황과 이이가 각기 대표하는 수양론과 경세론에서 성리학 이해의 조선적 심화를 볼 수 있다. 16세기 후반에는 이황과 기대승 사이에 사단칠정四端七情 논쟁이 있었고, 같은 시기에 이이도 성혼과 논쟁하며 입론을 펼쳤다. 이는 당시 사대

현재 지폐의 모델 이황과 이이

부 사회의 성장과 유교화의 진전에 따라 성리학의 철학적 이해에 깊이 천착하는 단계에 도달했음을 보여준다. 조선에서는 태극이나 우주론보다는 이기심성理氣心性 문제에 더 큰 관심을 가졌다. 사단칠정의 사단은 인간의 본성으로서 측은지심(인), 수오지심(의), 사양지심(예), 시비지심(지)이며, 칠정은 '희노애구애오욕喜怒哀懼愛惡欲'으로 나타나는 감정을 말한다. 성리학에서는 '심통성정心統性情'이라고 하여 마음이 본성과 감정을 통섭한다고 보는 것이 일반적이다. 사단칠정론의 쟁점은 이와 기 가운데 어느 것을 강조하는지, 그리고 이와 기가 혼재되어 있지만 어느 쪽 작용에 초점을 맞추는지의 차이였다. 또한 사단칠정 논쟁은 인심人心과 도심道心, 본성론과 우주론의 문제와도 맞닿아 있었다.

주자 성리학을 체득한 이황은 거경궁리居敬窮理의 수양론에 뛰어났고 이의 본체적 측면을 중시했다. 그는 이와 기가 함께하는 '이기호발理氣互發'을 말하면서 "사단은 이가 발동하여 기가 따르는 것이고 칠정은 기가 발하고 이가 그에 타고 있는 것"이라고 보았다. 이는 본연지성本然之性으로서 이의 우월성과 주체성을 강조한 것이다. 그는 기가 발하기 전의 미발상태에서 이를 왕성하게 함으로써 기를 제어해야 한다고 본다. 본성의 선함을 강조한 이황의 도덕주의적 관점에 대해 기대승은 사단은 본성이며 칠정

외에는 별도의 정이 있을 수 없으므로 사단을 정의 측면에서 해석하는 것은 곤란하다고 반박했다.

현실적인 경세론에 밝았던 이이는 이황이 사단을 이의 발현으로 본 것과 달리, 작용의 측면에서는 기로 봐야 한다고 했다. 사단이나 칠정 모두 기가 발동한 것이고 단지 이가 함께 타서 간다는 '기발이승일도氣發理乘一途'를 설했다. 이와 기는 서로 떨어진 것이 아니며 선후도 없지만 이는 형식적 원리이며 본연지기로서 기의 작동이 관건이라는 것이다. 따라서 기가 발한 후에 나타나는 현상적 차이가 문제가 되므로 기질의 변화를 통해 본성 안의 이를 온전히 담지하는 것이 중요하다고 강조했다.

17세기 이후에는 유교가 조선 사회에 뿌리를 내리고 유교적 관념과 제사가 확산되었다. 정통주의에 기초한 중국의 가부장적 종법의식에 영향을 받아 부계 문중이 강화되고 동족촌과 선산 등이 생겨났다. 오복친五服親 관계 내의 유교식 상례와 제사가 일반화된 것이다. 『주자가례』에 따른 예학의 성행은 조선 초부터 추구해온 유교화의 귀결이었다. 또한 전란의 혼돈과 정치사회적 위기 속에서 명분과 신분질서를 강화할 필요도 있었다. 17세기 중반 두 차례에 걸쳐 일어난 왕실 예송禮訟도 국왕이 적장자인지 아닌지에 따라 상복을 입는 기간을 달리하는 정통론적 사고에 의한 것이었다. 왕실의 예법에 어떤 기준을 적용할 것인지를 둘러싼 논쟁이 있었는데, 서인은 왕자의 예와 일반 사서士庶의 예는 동일해야 한다고 보았고, 남인은 왕실의 예는 특별하므로 달라야 한다는 입장이었다.

16세기 후반에 성립된 붕당은 학문적·정치적 입장 차이에 따라 정파를 형성한 것이다. 처음에는 서인과 동인으로 갈라졌다가 이후 서인에서 노론과 소론, 동인에서 남인과 북인이 나왔다. 17세기 중반 이후에는 노론,

소론, 남인이 집권과 몰락을 거듭했으며, 국왕이 당파의 균형을 맞추는 환국과 탕평이 이어졌다. 이를 사색당파의 계속되는 정쟁이나 한 당의 싹쓸이 구조라며 부정적으로 보기도 한다. 하지만 학문적 소신에 바탕을 둔 정파, 그리고 집권의 공적 순환구조라는 측면에서 보면, 오늘날 정당정치의 모습으로 이해할 수도 있다.

붕당과 관련한 흥미로운 일화가 있다. 노론의 대표자 송시열이 병이 나자 정적이었던 남인 영수 허목이 약을 지어 보냈다. 주위에서는 혹시 약에 독을 넣지 않았을까 우려했지만, 송시열은 허목은 그럴 사람이 아니라며 선뜻 약을 마셨다고 한다. 이 일화는 붕당 간의 치열한 경쟁과 대립 상황을 보여주는 대목이자 상대에 대한 인정이 전제되어 있었음을 잘 말해준다. 송시열과 허목이 활동한 17세기 중반은 붕당의 영수인 이들 산림이 세도世道를 주관하던 시기였다. 이후 17세기 말 숙종부터 18세기 영·정조까지 이어진 탕평정치기는 국왕이 정치적 명분과 학문적 정통성을 틀어쥐면서 성인군주를 자부한 때였다. 이 시기의 국왕은 붕당의 다툼을 억제했을 뿐 아니라 학술 영역에서도 주도권을 갖고 만민의 군주임을 표방했다.

조선 후기에는 중앙뿐 아니라 지방의 향촌사회에서도 유교적 질서가 안정적으로 구현되었다. 송대 향신층과 마찬가지로 재지사림에 의해 향촌의 거향居鄕 윤리가 확립되었고, 사설교육기관인 서당이 활성화되면서 교육의 대상과 기반이 확대되고 민도가 높아졌다. 사족이 일반민을 어우르며 향촌공동체를 운영하고 민의를 반영해 민생을 챙겼다. 지역별로 역사상 이름난 유학자를 추숭하고 제향하는 서원이 건립되었으며, 나라에서 토지와 노비 등을 지급하고 서원의 명칭을 정해주는 사액서원도 생겨났다. 이들 서원에는 재지학자들이 결집했는데, 서인은 경기와 충청 지방, 남인은 영남과 서울 인근 지역을 중심으로 활동하며 공론을 만들고 유통시켰다. 양란 이후 경제와 문화의 회복기에 접어든 17세기 후반부터 18세기 전반이 서원 건립의 전성기였다. 1871년 대원군이 650개 서원 중 47곳만을 남기고 철폐했을 정도로 그전까지 많은 서원이 세워졌다.

17세기 중후반에는 명에 대한 의리를 지키고 심지어 청을 치자는 북벌론이 정국의 주도이념이 되었다. 사상계에서는 명·청 교체 이후 조선이 보편가치인 유교사상과 문화를 계승한다는 조선 중화주의가 각광을 받았다. 18세기에 들어서는 정치·사회·경제가 두루 안정을 이루면서 인성人性과 물성物性, 성인의 마음인 성심과 범인의 마음인 범심이 같은지 다른지, 감정이 발생하기 전의 마음의 본질(미발심체未發心體)은 무엇인지 등을 놓고 사상논쟁이 펼쳐졌다. 이것이 유명한 호락湖洛논쟁이다. 서울 인근의 낙론洛論과 호서인 충청도 지역을 중심으로 한 호론湖論으로 나뉘며, 처음 호락논쟁을 시작한 이들은 대개 노론에 속했다. 천리가 부여된 본성에서 보면 인성과 물성이 같다는 것이 김창협을 비롯한 낙론의 기본 입장이었고, 기질지성氣質之性의 측면에서 인성과 물성의 다름을 강조한 것이 권상하를 비롯한 호론의 대체적 인식이었다.

인성과 물성이 다르다는 호론은 조선과 오랑캐 청을 구분하는 화이론적 근본주의와도 통하는 면이 있다. 이에 비해 양자가 같다는 낙론은 중생이 부처가 될 수 있다는 선불교와 마찬가지로 누구나 성인이 될 수 있는 가능성을 열어놓은 낙관론적 입장이었다. 서울 쪽의 낙론 계통에서는 중화제국이 된 청을 문화적으로 인정하는 북학파가 생겨났다. 이는 중화와 오랑캐를 본성의 측면에서 같다고 보는 인물성 동론과 맥이 닿는다는 점에서 흥미로운 현상이다. 호락논쟁은 "호락호락하지 않다"는 말이 이로부터 비롯되었을 정도로 쉽게 해결하기 어려운 철학적 담론이었다. 그럼에도 인간의 본성과 마음, 세계관에 대한 조선 유학자들의 오랜 관심과 논의의 산물이었기에 중요한 사상사적 의미가 있다.

18세기 이후 청이 중국의 역대 문물을 집성하고 중화국의 면모를 갖추게 됨에 따라 조선 지식인들도 현실을 받아들여야 했다. 청에 가서 다양한 방면의 전적을 찾아오고 고증학, 서양학을 비롯한 최신의 학문 경향과 사조를 배우려는 북학 붐이 일어났다. 이와 함께 학문이 민생 안정을 비롯한 시대의 요구에 부응하고 현실의 장에서 실현되어야 한다는 공감대가 형성되었다. 이른바 실학의 시대가 활짝 열린 것이다. 실학자로 불리는 이들도 기본적으로는 성리학에 기반을 둔 성리학자로서 시대변화에 민감한 이들이었다.

이익, 정약용 등 근기남인 학자들은 성인군주가 주도하는 하·은·주 삼대의 이상사회를 지향했으며, 6경(시경, 서경, 역경, 예기, 춘추, 악경) 고학古學의 회복과 농촌의 자급자족 경제 달성, 토지와 조세, 행정제도의 개혁을 주장했다. 한편에서는 노론 출신 홍대용, 박지원 등이 청의 문물을 배우자는 북학사상을 선도했고, 농업생산은 물론 상공업 진흥과 무역확대를 주장했다. 이들 실학자 가운데는 명문 경화사족 출신이 많았는데, 이들은 서울과 근교에 거주하며 국제적 학술사조의 동향을 빠르게 접했다. 그렇기에 정약용처럼 오랜 유배생활을 한 이들도 방대한 지적 소양과 폭넓은 정보유통망을 통해 최신 문헌과 새로운 학설을 구해 보고 여러 분야에 걸친 방대한 저술을 남길 수 있었다. 하지만 실학자 대부분은 고위직에 올라서 정국을 주도해보는 경험을 갖지 못한 채 좌천되거나 유배를 갔다. 따라서 현실정치와 정책의 장에서는 한계를 가질 수밖에 없었다.

19세기에 들어 유교와 유학자는 사회 양극화와 균열, 신분제 동요라는 격변에 대처해야 했고 과감한 혁신을 이뤄야 했다. 그것만이 조선의 주류 전통이던 유교의 책무이자 살길이었다. 하지만 뼈를 깎는 자기성찰이나 시대를 선도하는 비전을 제시하지는 못했다. 이제 조선의 유학자들은 서세동점의 파고 속에서 중화주의 질서 속의 전통적 동아시아 패러다임이 몰락하는 과정을 지켜봐야만 했다. 그 과정에서 유교는 수구와 반동의 부정적 이미지, 아니면 구태의연하고 무기력한 모습으로 비쳤고, 조선의 유교 전통은 낡은 잿빛 이미지로 그려지게 되었다.

전통의 굴절과 유교의 이미지

1910년 한국이 일제에 병합되면서 많은 자조적 언설이 나왔고 극단적 자기부정의 논리가 횡행했다. 그중 대표적인 것이 '유교 때문에 나라가 망했다'는 인식의 출현이었다. 그런데 조선이 망한 것이 전적으로 유교의 책임이었을까? 또 조선이 안고 있던 모든 문제가 유교 때문에 생겨난 것일까? 100년이 지난 지금 돌이켜보면 반드시 그렇지만은 않다. 하지만 조선적 전통에서 유교가 차지하는 비중이 압도적이었고, 가치관이나 사회적 관념의 밑바닥에 유교의 작동원리가 강했기 때문에 유교망국론이 나온 것이다. 유교에 대한 부정적 인식은 한국 사회의 부조리와 유교문화의 폐해를 지적한 『공자가 죽어야 나라가 산다』라는 책에서 보듯이 최근까지도 이어지고 있다. 이는 한국의 역사나 사회의 병리현상에 대한 책임소재를 물을 때 아직도 유교가 자유로울 수 없음을 잘 보여준다.

조선 망국의 책임을 유교에 물을 때 쉽게 던지는 질문 가운데 하나는, 충의와 지조를 죽음과 바꿀 것처럼 보였던 그 많던 유학자가 왜 조선이 식민지가 되는 과정에서 목숨을 내걸고 싸우지 않았을까 하는 것이다. 물론 유학자 중에는 의병운동을 일으킨 이도 있었고, 최익현이나 민영환처럼 국망의 현실에 비분강개하며 순국한 애국지사도 있었다. 하지만 유교에 대한 당시 조선인, 그리고 이후 한국인의 기대치는 이보다 훨씬 높은 것이었다. 구한말 서양과 일본의 정치적·경제적·군사적 진출과 침탈에 반대하는 위정척사와 쇄국, 전통과 국체 수호의 전장에서 대개의 유학자들은 중화질서의 틀 안에서 조선의 생존을 찾으려 했다. 일부는 새로운 시대변화에 주체적으로 대응하는 자강을 부르짖었지만, 대개는 결국 시세의 변화에 순응하며 일상을 영위했다. 개중에는 나라는 이미 망했으나 유교의 도만큼은 지켜내야 한다고 결심해 학문 연찬과 제자 양성으로 여생을 보낸 이들도 있었다.

유교는 동아시아 세계의 보편적 학문이자 가치였고 유학자 또한 기본적으로는 보편주의자였다. 유학자는 조선만의 유교가 아닌 유교가 통용되는 국가와 세계를 꿈꾸었다. 일부 개신 유학자들은 신학문을 접한 후 계몽과 정신의 함양에 전력을 기울였고, 기독교의 영향을 받아 공자의 유교를 근대적 종교로 개편한 공교孔敎운동을 일으키기도 했다. 이는 유학자가 가진 태생적 보편주의자의 모습이었다.

그러나 식민지시대에 보여준 유교의 모습은 전통의 적자로서 누려온 기대와 신망을 저버린 것이었다. 성균관은 조선 최고의 국립교육기관이자 공자의 위패를 모신 문묘 대성전이 위치한 곳으로, 쉽게 말하면 유교의 성지다. 일본 도쿄에 있는 유시마湯島 성당의 대성전과는 전통의 무게가 다르다. 성균관은 식민지기에 경학원으로 바뀌었는데, 천황의 하사금과 총독부의 재정지원으로 운영되는 조선 총독 휘하의 교화기관이었다. 1915년

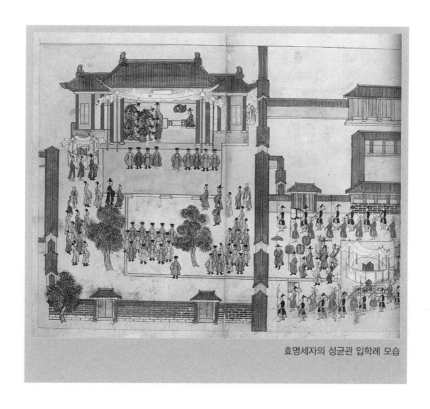

효명세자의 성균관 입학례 모습

조선포교령에서 불교, 신도, 기독교는 공인교로 인정받았지만 유교는 종
교의 범주에 들어가지 않았다. 그럼에도 유교는 조선의 의례와 관습을 지
배하는 전통문화의 정수이자 사상의 총아였고 종교적 기능도 담당해왔기
에 일제 당국은 유교계를 포섭하기 위해 많은 노력을 기울였다.

경학원이 주최한 강연회에서는 조선인이 일본 정신에 따라 일본인으로
바뀌어야 한다는 일선동화와 내선일체가 권장되었으며 나중에는 황도유
학까지 제창되었다. 1940년대 전시체제기에는 경학원 측이 국민총동원령
에 적극 협력했다. 일제와의 협력 정도나 찬반 여부는 개인별로 층차가 있

기 때문에 경학원을 조선의 유교나 유학자 전체와 같이 놓고 이해할 수는 없다. 그럼에도 유학자와 유교의 체제순응과 타협의 일면은 경학원을 통해 단적으로 볼 수 있다. 식민지기의 경학원 활동만 놓고 보면 유교는 조선의 유교에서 일본의 유교, 천황의 유교가 되었던 것이다.

20세기에 들어 전통의 상이 그려졌고 유교 전통의 실체와 특성이 학술적으로 조명되었다. 그리고 긍정이든 부정이든 유교에 대한 통념이 일반에게 퍼져나갔다. 근대 학문은 자료 수집과 분류, 문헌학과 실증주의 역사학의 결합을 통해 이루어지는데, 유교 연구의 시작도 전통 기록문화의 집성과 출판에서 비롯되었다. 박지원의 『열하일기』, 정약용의 『여유당전서』, 김정희의 『완당전집』 등 조선을 대표하는 유학자의 문헌들이 편찬, 간행되면서 학문적 접근이 용이해졌다. 조선 유교에 대한 근대 학술 연구의 효시는 장지연의 『조선유교연원』(1922)이라 할 수 있다. 이 책은 유교의 역사, 조선시대 명유와 사상논쟁 등을 폭넓게 다루었다.

한국의 유교는 일본인 학자들에게도 큰 관심을 끄는 연구 주제였다. 조선시대 불교사를 체계적으로 서술한 『이조불교』의 저자 다카하시 도오루高橋亨도 그중 하나였다. 다카하시는 도쿄제국대학을 졸업한 후 통감부 시절에 한국에 왔고 총독부의 학술조사사업을 담당하며 조선사편수회에도 참여했다. 또 해방 때까지 경성제대 교수로 재직한 식민지 관학자였다. 그는 한국의 역사를 타율성(종속성)과 정체성(고착성)의 관점에서 바라보았고, 조선시대를 사대주의와 당파성(분열성)이 극심한 시기로 보았다. 다카하시는 유교사를 서술하면서 사상 경향에 따라 주리主理, 주기主氣, 절충의 세 파로 나누어 정리했다. 주리와 주기의 구분, 그리고 경제학에 한정하기는 했지만 실학을 거론한 것은 이후 연구에 영향을 미쳤다.

1930년대에는 조선학운동이 활발히 일어났으며, 조선적 전통의 정체성을 탐색하고 그 안에서 근대의 원형을 찾으려는 시도들이 있었다. 유교 때문에 조선이 망했다는 유교망국론과 궤를 달리하여, 조선에도 실학이라는 '근대의 가능태'가 있었다는 긍정적 전통인식을 표명한 것이다. 이후 조선 후기 실학이 새롭게 발견되면서 정인보, 안재홍, 문일평 등 민족사학 계열은 실학을 치용致用이나 실사구시實事求是 학문으로 정의했다. 또한 마르크스주의 경제사학자 백남운은 이를 현실학파로 보았다.

1960년대부터는 식민사학을 극복하려는 민족주의 사학, 한국사의 내재적 발전과 주체적 전개를 강조하는 연구가 활발해졌다. 그 결과 실학의 위상과 학술사에서의 비중은 더욱 높아졌고, 실학은 관념적 허구가 아닌 실체를 가진 학파와 사상으로 거듭나게 되었다. 한우근은 실학을 경세치용학으로, 김용섭은 내재적 변화와 발전을 전제한 진보사상으로, 이우성은 경세치용, 이용후생, 실사구시의 학문으로 정의했다. 또 실학은 주기론(유물론), 조선 후기 성리학은 주리론적 관념론이라는 상대구도가 설정되기도 했다. 최근에는 대한제국기에 실학 담론이 제기되었고 그 상이 구체적으로 형상화되었다는 주장도 나왔다.

20세기 전반 식민지기에는 유교 전통의 상이 조형되었으며, 최근에는 그동안 상식처럼 굳어진 부정적 도식에서 벗어나 조선의 유교 전통을 어떻게 봐야 할지에 대한 학문적 논의가 계속되고 있다. 식민지기에 고착된 조선 유교에 대한 이미지는 당파 싸움, 문약과 사대주의 같은 부정적 색채로 점철되었다. 조선인은 단결이 안 되고 게으르다거나 엽전, 핫바지처럼 민족성을 비하하는 비유까지 겹쳐져 전통의 부정적 형상화가 의도적으로 이루어졌다. 한국의 경제발전과 민주화에 힘입어 이와 같은 어두운 고정

관념이 상당 부분 없어지긴 했지만, 유교에 대한 좋지 않은 선입견은 여전히 남아 있다.

아직도 대부분의 한국인에게 유교는 고리타분하고 완고한 남성 우위의 보수적 전통이라는 이미지로 떠오른다. 심지어 멸사봉공의 전체주의와 위계적 조직문화, 체제순응의 복종적 태도까지 모두 유교의 잔재로 일컬어진다. 하지만 이런 것들이 전부 유교 전통 때문에 생겨난 것일까? 식민지와 군부독재 등 근현대의 굴절된 역사를 거치며 체화되고 일상화된 우리 자신의 비뚤어진 모습을 유교에만 떠넘길 수 있을까? 근대 지상주의의 관점에서 그와 대척점에 있는 전통의 상을 정해놓고 그것을 무의식적으로 주입한 결과는 아닐까? 전통에 대한 부정과 그 반대의 의식적 복권이라는 두 극단 사이에서 유교는 설 자리를 못 찾고 있는 것이 현실이다.

조선의 정치체제를 당파, 신분제, 문약으로 볼 수도 있다. 하지만 이를 뒤집으면 오늘날의 정당제와 같은 붕당정치, 능력 우선의 과거제도, 강한 중앙집권제의 구현처럼 긍정적으로 해석할 수도 있다. 우리가 생각해야 할 것은 국왕의 학술 세미나인 경연, 공론을 보장하는 언관제, 역사를 꼼꼼히 기록하는 사관과 실록 등 조선은 유교의 정치이념에 따라 문치를 실현하려 한 나라였다는 점이다. 밖으로도 힘과 폭력이 아닌 문화와 예를 통한 외교 메커니즘을 구현한 동아시아 국제관계의 전통적 질서를 준수해왔다. 유교 또는 조선의 유교 전통은 공공성에 입각한 공동체주의, 개인의 사적 영역과 사회의 공적 영역을 포괄하는 관계망, 백성과 민생을 최우선의 가치로 보는 것이었다. 적어도 그것을 목표로 삼아 관철시키려 한 시대이자 전통이었다.

인간과 사회를 바라보는 한국인의 입장과 삶의 태도는 '인지상정'이라는 유교적 관념과 감성에서 출발한다. 조선적 전통의 주축인 유교는 한국인의 가치관, 인간관계와 윤리의 잣대였고 오늘날에도 우리의 심성 깊숙이 뿌리박고 있다. 현대 한국 사회에서 유교의 유산으로 얼핏 떠오르는 것은 효와 경로사상, 교육열, 명분주의, 공동체 윤리 등이다. 이 중에는 가족과 향촌 단위의 전통, 교육과 출세 사이의 밀접한 상관관계, 정명과 대의적 가치의 중시 등 조선의 유교 전통을 이은 것도 있다. 또한 근현대사의 굴절 속에서 영향을 미친 일본식 근대문화와 군부독재체제의 이질적 경험도 녹아들어 있다.

평생 근검절약하며 남에게 폐 끼치지 않고 예의 바르게 살아온 한 80대 노인을 떠올려보자. 그의 삶의 태도와 가치관은 어디에서 나온 것일까? 일제강점기 때 소학교를 다니면서 배운 일본식 근대교육의 수혜자로 볼 것인가, 아니면 어려서부터 습득한 가정교육과 지적 소양에서 비롯된 유교 전통의 충실한 계승자로 볼 것인가? 분명 여러 요인이 복합된 시대와 삶의 중첩적 결과이겠지만, 최소한 유교 전통을 배제하고 그의 인생관과 가치관을 온전히 설명할 수는 없을 것이다. 요즘은 덜하지만 버스에 앉아 갈 때 나이 지긋한 노인이 타면 아무리 피곤해도 자리를 양보해야 했고, 그렇지 않으면 남의 이목 때문에 찜찜해서 눈 감고 자는 척한 경험이 한번쯤은 있을 것이다. 이 또한 사회적으로 강요된 약속이었을까, 아니면 유교 전통의 훈습이 남아 그런 것일까?

문제는 식민지와 전쟁, 경제적 궁핍과 독재체제, 산업화와 도시화, 민주화와 개인주의 강화 등 근현대사의 부침을 겪으면서 우리가 아는 전통은 상당 부분 와해되었다는 점이다. 지금의 한국 사회에서는 공공의 공동체적 가치보다 세속적이고 사적인 가치와 극단적인 이윤 추구가 지상목표가 되어버렸다. 유교는 우리의 삶과 일상 속에서 일찌감치 폐기처분된 것이다. 하지만 버려진 유교를 계속 방치하고 잊어버리고 말 것인지, 아니면 그 안에서 21세기 한국 사회의 새로운 비전과 모델을 발굴하여 부활시킬 것인지, 그 선택은 우리에게 달려 있다.

한국은 유교의 나라였고 아직도 가치관과 제사 등의 가족의례에서 유교 전통은 관습적이나마 남아 있다. 그럼에도 유교는 우리에게 점차 잊힌 존재가 되고 있고 과거의 화석화된 유산으로 남게 될 가능성이 크다. 그러나 심성, 가치의 측면에서 극단으로 치닫는 한국 사회를 치유하는 데 유교 전통은 이제 정말 쓸모없는 것일까? 한편 서구 학계에서는 동아시아의 경제발전을 '유교자본주의'에 의한 것으로 보기도 한다. 그렇다면 오늘날 한국과 동아시아의 천민자본주의는 과연 유교적 가치에 의한 것인가, 아니면 유교의 입장에서 원천적으로 극복, 지양되어야 할 현실인가? 높은 교육열과 인적 자원, 조직에 대한 충성을 유교의 영향으로 설명할 수는 있다. 하지만 자본보다 사람을 중시하는 인본적 가치, 대동大同과 공公으로 표상되는 공동체적 지향이야말로 유교 전통의 핵심이다. 21세기의 유교는 민생과 복지, 그를 위한 정치적·사회적 혁신, 민족 화해와 통일, 동아시아의 번영과 평화에 기여할 수 있어야 한다. 그리고 우리 역사에서 볼 수 있듯이 유교는 그런 저력을 가지고 있다. 한국 사회의 새로운 도전은 과거 전통의 망각과 폐기가 아니라 가치의 재발견과 창출에서 시작되어야 한다.

3

남녀균등의
전통 발견

친족제와 혈연관념,
그 상식을 깨다

흔히 친척이라고 부르는 친족은 '나'를 둘러싼 부계와 모계의 생물학적·혈연적 관계를 바탕으로 하지만 넓은 의미로는 결혼을 통해 확대된 인적 관계망까지 포괄한다. 친족의 범위와 그 사회적 의미는 시대에 따라 조금씩 차이를 보인다. 이번 토픽에서는 우리 역사 속에서 친족제와 혈연관념, 그에 기초한 의무와 권리의 길항관계가 어떻게 변해왔는지, 그리고 그 안에서 남녀의 균등 또는 차이가 어떻게 나타났는지를 살펴본다.

오늘날 우리가 직면한 여러 가족문제를 해결할 수 있는 방안은 과연 무엇일까? 그 방안을 혹시 과거로부터 찾아낼 수는 없을까? 전통은 고정불변의 것이 아니다. 오히려 지속적으로 변하며 끊임없이 새롭게 생성된다. 따라서 친족제와 혈연관념에 대한 상식을 접고 전통 속에서 오늘날의 가치를 찾아보자. 또한 이렇게 재발견한 전통을 다시 현실에 적용하는 미래의 길을 함께 모색해보자.

1. 나에게 친척이란 누구인가?

오늘날 우리에게 친척은 과연 어떤 존재일까? 과거의 전통을 말하기 전에 친척이 도대체 무슨 의미를 갖는지 먼저 생각해보자. 오늘날의 교육, 취업, 개인의 사고와 행동방식은 특정 사회나 국가와 같은 과거의 틀을 이미 넘어섰다. 그야말로 글로벌시대, 세계인의 시대라 할 만하다. 하지만 미래는 여전히 불확실하고 사회 각 분야는 불안정하기만 하다. 더욱이 한국 사회는 선진국의 문턱에서 맴돈 지 오래지만, 그 턱을 쉽게 넘지 못한 채 청년실업과 사회적 양극화가 심화되고 있다. 20~30대 젊은이들은 연애·결혼·출산을 포기한 '삼포세대'라 일컬어진다. 형제도 없고 자식도 없는 그런 상황이 계속되면 개인만 남고 가족은 축소되며 친척은 자신과는 상관없는 존재가 될지도 모른다. 빠른 변화와 함께 먹고살기 어려운 현실에서 친척은 과연 무슨 의미가 있을까? 평소 친구나 동료, 심지어 온라인상의 지인보다 친척과 더 많이 만나고 대화하는 사람이 얼마나 될까? 얼핏 생각해보아도 거의 없을 것이다.

오늘날 대다수의 한국인은 주로 명절이나 제사, 경조사 때에나 친척을 만난다. 그나마 명절과 제사 때에는 대개 가까운 일가 친척들이 늘 모이며, 결혼식과 장례식 때에는 웬만한 친구보다는 친척의 참여도와 비중, 부조의 액수가 훨씬 크다. 그래서 집안의 큰일을 겪노라면 친척이 정말 소중한 존재임을 새삼 느끼기도 한다. 하지만 평소에 친척은 생각과 생활을 함께하는 대상이 아니며, 정기적·비정기적 행사를 통해 혈연적 유대와 정체성을 확인할 뿐이다. 더욱이 명절과 제사는 기본적으로 부계 혈연의 직속 친척이 모이는 자리다. 최근 변화의 조짐이 보인다고는 하지만 그래도 여전히 모계 쪽의 비중과 역할은 작으며, 엄밀히 말하면 친족관계의 반쪽만 유지되는 셈이다. 이렇듯 한국의 전통은 모계가 아닌 부계 중심의 친족관계 위주로 형성되었고, 또 그것이 자연스러운 관행이었다.

그러나 지난 수십 년에 걸쳐 급속한 산업화·도시화·핵가족화가 진행되었고, 남성 중심의 가부장적 질서는 크게 약화되었다. 특히 육아라는 현실의 벽과 모계의 심리적 친밀감 때문에 처가와 외가의 역할이 점차 커져가고 있다. 또 친조부모와 한집에 사는 경우는 줄어들고 월례행사나 연중행사로 만나는 일이 많아졌다. 그렇기 때문에 어릴 적부터 '엄마' 쪽의 외가 친척을 만날 기회가 더 많아진 데다 본래 부계보다 모계를 더 살갑게 느끼는 것이 본능에 가깝기도 하다. 그러다 보니 외할머니나 이모가 친할머니나 고모보다는 상대적으로 편한 대상이 되고, 일상의 영역에서 점차 모계 친족의 비중이 커지고 있다.

그런데 이러한 변화는 제사나 명절 때 작동하는 부계 중심의 전통과는 상당한 거리가 생길 수밖에 없다. 여자를 남자 집안의 사람으로 들이는 시집살이는 많이 없어졌다지만 명절 내내 여성, 특히 며느리가 대부분의 일을 하는 것은 여전하다. 명절 때 며느리의 신체적·정신적 피로를 말하는 '명절증후군', 며느리의 육체노동과 감정노동을 당연시하는 시가를 은유한 '시월드' 등의 신조어가 널리 회자되고 있다. 이는 여전히 높기만 한 전통과 관습의 벽이 현실과 괴리를 일으키고 마찰음을 내고 있음을 잘 보여준다.

결혼은 친척의 범위를 확대 재생산하는 촉매제로, 관념과 현실의 괴리나 권리와 책임의 형평성 문제 등을 적나라하게 드러낸다. 오늘날 우리 사회의 미혼 남녀 대부분은 입시경쟁과 취업전선을 뚫고 겨우 직장을 얻고 결혼에 골인하기 전까지 가정 내에서 어떤 역할을 해볼 기회나 여력이 별로 없다. 그런 이들에게 결혼을 통한 친족의 확대와 그에 따른 의무 부담은 단순히 일 더하기 일이 아니라 무에서 유를 창출하는 것 같은 과부하일 것이다. 먼저 시가와 처가 가족뿐 아니라 그와 관련된 수많은 불특정 친척들이 경조사 중심의 의무관계망에 들어온다. 또 배우자와 자기 집안을 똑같이 챙겨야 한다는 형평성·호혜성의 강박에 시달리기도 한다.

그런데 바로 이 강박에서 부부 사이의 갈등이 싹트는 경우가 생각보다 많다. 이상적으로는 모든 영역에서 남녀평등이 구현되어야 하지만, 관습과 부모 세대의 인식은 여전히 가부장적·전근대적 사고에 갇혀 있다. 따라서 세대 갈등과 남녀 사이의 불균형은 줄지 않고 고부 갈등의 오랜 역사 또한 여전히 이어지고 있다. 더욱이 최근에는 장모와 사위 사이의 갈등도 새로운 가족문제로 떠오르고 있다. 남자는 모친과 처, 장모 사이에서 눈치를 봐야 하고, 여자는 시어머니와 시누이와의 갈등 속에서 골머리를 앓는다.

과연 이러한 갈등은 앞으로도 해결이 불가능할까? 그냥 과도기적 현상, 세대와 남녀 차이, 가정이나 개인의 문제로 돌려버리고 말 문제인가? 사람마다 가족마다 해결책 또한 다르겠지만 분명히 짚고 넘어가야 할 것은 모든 혼인관계는 계약관계라는 사실이다. 그렇기에 우리는 권한과 책임, 권리와 의무가 동등하게 적용되는 '기브 앤드 테이크give and take'의 원칙을 언제나 유념해야 한다. 과거에도 장남에게 재산을 몰아주는 대신 부모 봉양이나 제사 등의 기본 의무는 장남이 맡았다. 전에 비해 남녀평등이 진전되고 또 한 자녀 가정이 늘어나면서 아들딸의 구분과 차별은 점차 사라지고 있지만, 주는 만큼 받는다는 원칙만큼은 그대로 적용되어야 한다.

이제 개인이나 사회현상을 넘어 법과 제도의 차원에서 친척문제를 살펴보자. 법과 제도는 현실을 반영하며 친족 범위를 규정한 법 조항도 시대변화에 따라 고쳐졌다. 1980년대까지 민법에서 정한 친족 범위는 '8촌 이내 부계 혈족, 4촌 이내 모계 혈족, 처의 부모와 배우자'였다. 부계는 8촌, 모계는 4촌으로 한 것은 전통적 부계 중심의 가부장적 인식이 투영된 것으로, 일제강점기에 조선의 관습이 근대적 민법에 담긴 결과였다.

이 조항은 1990년에 바뀌게 되는데, 새로 정한 범위는 '8촌 이내의 혈족, 4촌 이내의 인척, 배우자'였다. 남녀평등의 대원칙을 적용해 부계와 모계를 똑같이 하여 8촌 이내의 혈족으로 하고 혼인관계의 인척도 4촌까지 확대한 것이다. 즉 부계 8촌의 친족 범위는 유지한 채 모계 쪽을 확대해 그에 맞추었다. 하지만 친족관계가 점차 약해지고 있는 상황에서 누군지도 모르는 8촌까지 넣은 것은 현실과 맞지 않는다. 만에 하나 어떤 독신 자산가가 유언장 없이 사망했을 때 8촌 친척이 그 재산을 상속받는 행운을 누릴지는 모르지만, 현재의 친족 범위는 지나치게 넓은 것이 사실이다.

한국 사회에서 친족관계를 둘러싼 관행과 현실 사이의 파열음은 호주제 철폐와 가족법 개정문제에서 나타났다. 호주제는 가족 구성원의 법적 지위를 남성 호주 밑에 속하게 한 것으로 여성은 결혼 전에는 아버지, 결혼 후에는 남편, 남편이 사망하면 아들을 호주로 한 호적에 등재되었다. 또 호주의 승계 순위는 아들 → (미혼)딸 → 처 → 어머니 → 며느리 순으로, 누가 보아도 분명한 남성 중심의 위계였다. 호주제 폐지를 적극 주장해온 여성단체들은 남녀평등이라는 시대변화와 헌법정신을 내세웠고, 호주제 폐지에 반대한 전국 유림들은 한국의 미풍양속과 전통을 지켜야 한다고 목

1973년 가족법 개정
홍보 포스터와
1984년 서명운동

소리를 높였다. 그런데 호주제는 1912년 조선 민사령에서 정비된 것으로 말로는 조선의 관습에 의거했다고 하지만, 실제로는 일본의 전통적 가家의 배타적 호주상속권과 재산관리권을 인정한 일본 민법을 모델로 했다. 비록 예외적 사례일 수는 있지만, 조선 후기에는 늙은 과부가 호주가 되고 성인이 된 아들이 동거인으로 기재된 호적 기록도 확인된다.

2005년에 호주제가 폐지되고 법이 개정되기까지 호주제의 기원과 역사적 의미 등을 둘러싼 많은 논의가 오갔다. 전통 옹호론자들의 주장을 보면서 현실에 맞지 않는 전통을 꼭 지켜야 하는 것인지, 또 남성 위주의 가부장적 체제가 역사상 신성불가침한 전통이었는지 의문을 갖는 사람들이 많았다. 우리는 언제부터 부계 중심의 전통을 갖게 되었을까? 그리고 그것이 오늘날의 상황과 맞지 않는다면 역사 속에서 과연 대안을 찾을 수는 없을까? 이러한 문제의식을 갖고 지금부터 한국사 속에서 친족과 혈연관념이 어떻게 바뀌어왔고 어떤 전통이 만들어져왔는지 알아보자.

2. 친족과 혈연의 관계망: 한국적 고유성

결혼, 친족, 가족의 사회사

오늘날 우리가 알고 있는 '전통'은 오랜 역사의 일부에 불과하다. 전통은 늘 시대의 요구에 따라 변하고 생성된다. 그렇다면 고려시대와 조선시대에는 어떤 조건에서 친족과 혈연을 둘러싼 관행이 생겨나고 어떤 전통이 만들어졌을까? 결혼, 친족, 가족을 키워드로 삼아 당시 사회의 실제 모습을 살펴보자.

가족이나 친족의 구성은 남자와 여자의 결혼과 출산을 전제로 한다. 한국사에서 결혼의 관행에 대한 정보를 얻을 수 있는 시기는 고려시대부터다. 하지만 당시의 결혼 관행을 두고 논란이 있을 정도로 정확한 실상은 불명확하다. 한 명의 남자가 한 명의 처를 두는 일부일처제가 법과 현실에서 확고하게 지켜졌는지, 아니면 동시에 많은 부인을 거느릴 수 있는 일부다처제가 예외적으로 인정되었는지는 분명하지 않다. 일부일처제가 통설이지만, 여섯 명의 정비를 둔 고려 태조 왕건을 비롯한 왕실의 사례, 다처의 풍습을 보여주는 고려 말의 기록이 일부 전하기는 한다. 오늘날에도 중동의 몇몇 이슬람 국가나 미국의 몰몬교는 다처를 허용하고 있고, 동서고금을 막론하고 일부다처의 사례가 없지 않기 때문에 예외적 가능성을 열어둘 수밖에 없다.

그럼에도 일부일처제가 고려 사회의 기본 관행이었다는 데는 이견이 없다. 이는 다처제의 근거가 되는 기록들이 대개 왕실을 중심으로 한 것이고, 고려 말에는 몽골의 풍습에서 영향을 받아 조선 초까지 일시적으로 유행한 것으로 보이기 때문이다. 고려 사회가 일부일처제였음을 보여주는 일화 하나를 소개한다. 충렬왕 즉위 초인 1275년에 대부경이라는 직책에 있던 박유는 고려에 온 원나라의 이국인들이 고려인 처를 여럿 두었다가 본국으로 함께 귀환하는 일이 문제가 되자 다음과 같은 의견을 냈다. 그는 (오랜 전란으로) 여자가 남자보다 월등히 많은 상황에서 신분에 상관없이 한 명의 처만 두고 있으니 1처에 1첩 이상을 거느릴 수 있게 하고 첩에서 난 자식도 벼슬을 할 수 있게 정하자고 주장했다. 그러면 홀어미와 홀아비가 사라지고 인구가 날로 늘어날 것이라고 본 것이다.

그런데 이 소식을 들은 고관대작의 부인을 비롯한 개경의 여성들이 집단적으로 반발함에 따라 결국 이 주장은 받아들여지지 않았다. 이 기록에서 당시 고려는 일부일처제였고 첩을 두는 것조차도 인정되지 않는 사회였음을 알 수 있다. 고려 말에 몽골의 영향으로 다처의 풍습이 잠시 유행하게 되었다 하더라도, 조선 태종대에 처첩제가 법적으로 확정되면서 첩은 인정되었지만 일부일처제의 근간은 흔들림 없이 유지되었다.

유교사회를 만들려 했던 조선은 왕실은 물론 서민에 이르기까지 유교적 명분론에 입각해 철저한 일부일처제를 시행했다. 나라에 왕이 하나인 것처럼 가정에도 처는 한 명이며, 자식도 적자와 서자를 분명히 구분하는 것이 유교의 명분론이었다. 이는 국왕도 예외가 아니어서 빈을 여럿 둘 수는 있었지만 비는 오직 한 명이었고, 정비가 죽은 후에야 새 왕비를 얻을 수 있었다. 사대부 또한 처가 살아 있는데 새 처를 맞을 수 없었고, 한 명의 처에 한 명 이상의 첩을 두는 일처다첩만 인정되었다. 물론 처가 낳은 아들인 적자와 첩이 낳은 서자 사이에는 엄격한 신분적 차별이 적용되었다. 서자인 홍길동이 '아버지를 아버지라 부르지 못하고, 형을 형이라 부르지 못하는' 자신의 처지를 개탄한 것도 그 때문이었다. 문과와 무과의 과거를 통한 관직 진출에서도 서자는 많은 제약을 받았다. 정조가 즉위하자마자 시행한 '서얼허통'은 양반가의 서자와 중인이 관직에 나갈 수 있게 한 조치였고 규장각에서 활동한 이덕무, 박제가, 유득공 등이 그 혜택을 받았다.

결혼을 통해 이루어지는 친족의 범위는 시대에 따라 달랐다. 고려시대 친족에 대한 인식은 왕족은 태조 왕건의 내외 자손 모두를 포함하는 광범위한 것이었다. 고려 전기에는 왕실의 동성 족내혼 풍습이 관행으로 유지되기도 했다. 귀족 관료들은 '나'의 6대조부터 자녀까지를 포괄하는 7대조손, 8대(세) 호적에서 친족의 상한 범위를 볼 수 있다. 잡류층 이하 서민들은 부계와 모계의 조부모부터 시작되는 3대 조손만이 실제 효력을 미치는 친족이었다. 그런데 고려시대 친족의 범위와 기준에서 가장 주목할 점은 부계와 모계의 비중이 크게 다르지 않았다는 점이다. 그렇기에 가깝고 먼 친족관계에 따라 상복 입는 기간을 차등적으로 규정한 중국의 오복제가 고려에 와서는 달리 적용되었다. 오복제는 기본적으로 부계 중심의 친족관념에 따른 것인데, 고려에서는 중국에 비해 모계의 비중이 작지 않았다. 예를 들어 중국에서는 차이가 났던 친조부모와 외조부모의 상복 입는 기간이 고려에서는 똑같이 시행되었다.

상피제에서도 고려만의 친족관념과 그 범위를 확인할 수 있다. 상피제란 가까운 친척이 동일한 관청이나 서로 연고가 있는 지역에서 함께 근무하지 못하게 한 제도다. 이때 서로 피해야 할 대상은 부계, 모계, 처계의 4촌 이내 친족과 그 배우자였고, 예를 들면 모계 쪽의 외삼촌, 이종사촌 등이 포함되었다. 원칙적으로 부계와 모계가 대칭을 이루고 친족 범위에 처가를 포함한 모든 계보가 망라되었다. 이러한 특징은 중앙관료가 연고가 있는 지역의 정치적·행정적 자문 역할을 하는 사심관 제도에서도 발견된다. 중앙관료는 부계와 모계, 처계의 향촌 지역에서 사심관 노릇을 할 수 있었다. 이를 중국의 오복제와 비교하면 부계 비중이 상대적으로 약하며, 부계와 모계가 비교적 동등했던 고려의 상황을 반영하고 있다.

이제 친족 혈연관계의 핵심 축인 가족에 대해 알아보자. 과거의 가족은 오늘날의 핵가족과는 달리 대가족이었으며, 규모가 작은 소가족의 경우도 조부모, 부모, 자녀가 함께 사는 3대로 구성되었다. 호주를 중심으로 일가 구성원을 기록해놓은 호구자료를 보면 대가족이 기본이었다. 대가족은 농경사회에서 노동력을 확보하고 경제규모를 확대하기 위한 필수 단위였다. 다만 호구자료는 행정의 편의를 위해 호주와 관련된 혈연관계를 다 기재한 것이지 이들이 반드시 함께 살았다는 증표는 아니다. 그런데 3대가 함께 산 경우 조부모가 부계의 친할아버지와 친할머니를 의미하는 것일까? 반드시 그렇지는 않았다.

조선 전기 이전에는 결혼하면 여자가 시집살이를 하는 것이 관행이 아니었다. 오히려 남자가 처가살이를 하는 경우가 많았고, 경제적 여유가 있으면 부부가 따로 나가서 살기도 했다. 이를 거주율의 자유라고 한다. 그렇기에 3대가 같이 산다고 할 때 조부모가 외할아버지와 외할머니를 가리킬 가능성이 높다. 이처럼 결혼 후 거주의 관행이 부계 쪽으로 한정되지 않고 자유로웠으며 모계의 비중이 더 컸다고 하면, 가족 구성은 부부를 중심으로 한 3대가 일반적이었을 것이다. 이보다 큰 대가족 형태는 부계를 중심으로 직계와 방계 몇 대가 같은 공간에서 사는 것을 의미하는데, 이는 17세기 이후에 두드러진 경향이다. 즉 소가족에서 대가족으로의 전환은 모계에서 부계로 거주율이 바뀐 것과 관련이 있는 것이다.

상속·거주의 관행과 족보

가족과 친족관계에서 중요한 권리는 재산의 소유와 상속일 것이다. 흔히 생각하는 전통적 상속 관행은 딸이 아닌 아들, 아들 가운데서도 장남이 재산을 독차지하는 것이다. 이는 장남이 부모의 봉양과 제사라는 의무를 거의 전담했기 때문이다. 그런데 이러한 장남 위주, 아들 위주의 전통은 아주 오래전부터 원래 그래왔던 불변의 관습이었을까, 아니면 어느 시점에 기존의 관행을 대체하고 등장한 새로운 전통일까?

재산 상속에 관한 옛 사료 가운데는 16세기 이전의 '분재기'라는 것이 있다. 여기에는 '집주執籌', 즉 제비뽑기와 같은 표현이 나온다. 토지와 노비 등의 재산을 자녀에게 상속할 때 형평성을 위해 제비를 뽑은 것이다. 그런데 당시 통용되던 상속의 원칙이 있었을 텐데 그대로 하면 됐지 왜 하필 제비를 뽑았을까? 우리가 아는 상식처럼 장남에게 재산을 몰아주면 되지 않았을까? 재산이 많고 자식도 여럿인 집 같으면 장남이 대부분 갖지만 나머지 아들들도 땅과 노비를 적당히 나눠 갖고, 시집가는 딸에게도 결혼 밑천을 좀 떼어주면 되지 않았을까? 제비를 뽑았다는 것은 우리의 생각과는 달리 장남의 독점적 지위가 아직 생겨나지 않았음을 뜻한다. 그뿐 아니라 딸도 아들과 동일한 상속권을 가졌을 가능성을 보여준다.

실제로 16세기 이전의 조선 전기에는 아들과 딸 사이에 차등을 두지 않는 자녀균분 상속이 이루어졌고 그것도 매우 일반적인 관행이었다. 이는 고려시대에도 마찬가지였는데, 경상도에서 일어난 한 소송 사례를 소개한다. 부모를 잃은 어느 집에서 누나가 재산을 독차지한 반면 남동생은 부친의 유언에 따라 옷과 신발, 종이 한 장만 받게 되었다. 안찰사 손변은 "자식에 대한 부모의 마음은 균등하니 이는 어린 동생을 누나가 돌보게 한

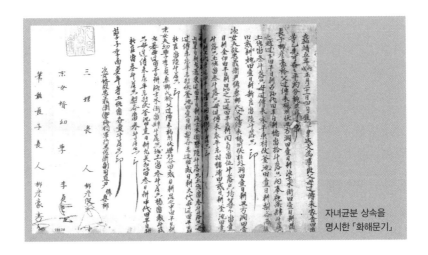

자녀균분 상속을
명시한 「화해문기」

것이다. 유언으로 남긴 물품을 보면 아이가 커서 의관을 갖춰 입고 종이에
탄원서를 써 낼 수 있게 한 것이다"라고 판결했다. 조선 전기에는 남녀균
등의 상속 관행이 법적으로도 인정받았다. 15세기에 나온 조선시대 공식
법전인 『경국대전』의 형전에는 "부모의 토지와 노비는 제사를 모시는 이
에게 5분의 1을 더 주고 여러 자녀에게 평등하게 나눠준다"라고 되어 있
다. 이처럼 토지와 노비는 아들이든 딸이든 구분 없이 똑같이 상속하는 것
이 원칙이었다.

어느 시대에나 권리와 의무는 '기브 앤드 테이크'의 관점에서 볼 수 있
다. 권리의 측면인 상속에서 남녀균분의 원칙이 지켜졌다면, 그 반대급부
인 의무의 영역 또한 마찬가지였을 것이다. 제사를 모시는 자녀에게 5분의
1의 재산을 더 준다는 법령처럼 봉양과 제사의 의무를 행하면 그에 상응
하는 권리가 더해지기 마련이었다. 그렇다면 제사는 오늘날에도 큰아들이
지내는 것이 일반적인데, 당시에도 그랬을까? 조선 전기에도 장남이 지내

는 장자 봉사가 기본이었지만, 아들과 딸이 돌아가며 부모 제사를 모시는 자녀 윤회봉사, 아들이 없어 딸과 외손이 맡는 외손봉사도 가능했다.

제비뽑기를 했을 정도로 남녀균분의 상속 전통이 이어져온 것도 흥미롭지만, 더욱 눈길이 가는 것은 결혼 후의 거주문제다. 16세기까지는 딸이 결혼하고 자신의 부모를 모시고 사는 경우가 적지 않았고 오히려 관행으로 여겨졌다. 이를 사위가 처가에 들어가 산다는 서류부가혼, 장인이 사위를 데리고 산다는 솔서혼이라고 부른다. 과연 그랬을까 하는 의문을 가질 수도 있겠지만, 율곡 이이가 태어나 어릴 때 자란 강릉 오죽헌이 외가, 즉 모친인 신사임당의 집이었음을 떠올려보자. 다시 말하면 이이의 부친 이원수는 결혼 후 처가살이를 했고 그곳에서 아들을 낳아 키운 것이다. 만약 처가살이가 관행이 아니었다면 이원수는 경기도 파주의 본가를 놔두고 굳이 강릉까지 가야 할 이유가 없었다. 물론 자녀균분 상속이나 서류부가혼(솔서혼)이 여성의 높은 사회적 지위와 권리를 전제로 한 것은 아니었다. 여자 집에서 혼수를 마련하고 남자를 들여 산다는 것은 어느 정도 경제력이 뒷받침되어야 하는 일이었기 때문이다.

오늘날 우리가 '전통'으로 알고 있는 남녀차별, 장남 우대의 관습은 사실상 17세기 이후에 정착된 것이다. 조선 후기에는 장남이 재산을 거의 독차지할 수 있었고, 부모를 모시거나 제사 지내는 일도 장남이 단독으로 떠맡는 시대가 되었다. 아들이 없는 집은 가까운 부계 친족 중 아들이 많은 집에서 양자를 들여 제사를 모시게 했다. 따라서 그에 맞게 장남, 아들 중심으로 재산 상속이 이루어졌고 결혼 후 처가가 아닌 시가 거주의 관행이 생겨났다. 이처럼 부계 중심, 장남 위주로 이어지는 종법제 질서가 사회 전반에 점차 확산되었다.

신부 집으로 가는 신랑 행렬

조선 후기에는 친족관계의 원칙이 변하며 부계 중심의 문중, 동족촌과 선산이 등장했다. 잘 알려진 부계 성씨의 동족 집성촌은 처음 향촌마을을 만든 입향조의 처가나 외가 연고지에서 시작한 경우가 적지 않다. 세계문화유산인 경주 양동마을은 일찍이 이씨와 손씨가 집성촌을 이루었는데, 여강 이씨 이번이 월성 손씨 손소의 딸에게 장가들며 시작되었고 이 집안에서 회계 이언적이 나왔다. 앞서 15세기의 김종직, 16세기의 이황 등 조선을 대표하는 명유들도 처가와 외가의 재산과 근거지를 배경으로 생활한 이들이 많았다.

17세기 이후에는 상속은 장남 중심, 결혼 후 거주는 처가가 아닌 시가로 급속히 바뀌었다. 이는 부계 위주의 유교적 예제가 확산되고 적자와 장자 중심의 종법제 질서가 강화된 것과 관련 있다. 조선은 16세기 중반부터 인구가 크게 늘기 시작했는데, 재산을 쪼개 아들과 딸 모두에게 나누어주기보다 장남에게 몰아주고 일가가 동족촌을 이루는 방향으로 차츰 변화되었다. 임진왜란과 같은 큰 전쟁과 이상기후 현상 등을 겪으면서 이러한 추세는 더욱 가속화되었다. 몰아주기와 부의 집중으로 사족 내에서 또 친족 안에서 빈익빈 부익부 현상이 심해졌으며, 잘나가는 가문이나 일가가 있었던 반면 몰락 가문, 몰락 양반도 나오게 되었다.

가문의 계보도인 족보는 가족과 친족관계, 당시의 혈연관념을 그대로 반영한다. 족보도 시대에 따라 달라졌는데, 지금까지 전하는 가장 오래된 족보는 15세기에 성립된 「안동 권씨 성화보」다. 이것과 16세기 「문화 유씨 가정보」 등 17세기 이전 족보는 조선 후기의 것과는 기재 원칙과 방식이 다르다. 먼저 이들 족보에는 친손과 외손의 차등이 없고 다양한 계보가 포함되었으며, 아들딸 구분 없이 태어난 순서대로 이름을 적고 있다. 이에 비해 17세기 이후의 족보는 부계 중심의 8촌으로 대상 범위가 확대되었다. 또 딸의 경우 그 배우자인 사위와 이들이 낳은 외손만 기재되고 그로부터 나온 계보는 사위 쪽 가문 족보에 기재되었다. 이와 함께 출생 순서대로 적던 것에서 태어난 순서와 상관없이 아들을 먼저 적고 다음에 딸을 기재하는 '선남후녀' 방식으로 바뀌었다.

유교사회의 모습을 단적으로 보여주는 부계 중심의 족보 편찬은 18세기 이후 더욱 성행했다. 그러면서 양반의 족보를 베껴 위조하고 다른 집안의 족보를 사서 그 안에 자기 일가를 넣는 등 불법과 편법이 만연했다. 피가 전혀 섞이지 않은 집안끼리, 심한 경우 노비가가 족보로 혈연세탁을 해서 양반가의 친족관계망 안에 들어갈 수도 있었다. 또 웬만한 가문들의 족보를 보면 시조의 연원이 통일신라시대와 삼국시대까지 올라가게 된 경우가 적지 않다. 이처럼 족보에는 가족과 친족관계, 혈연관과 여러 사회상의 변화가 담겨 있다.

3. 16~17세기 호칭과 인식의 변화

친족원리와 호칭의 전환

16~17세기는 임진왜란, 병자호란 같은 전쟁도 있었지만 여러 정치적·사회적 변동이 발생한 시기다. 친족관계와 혈연관념에서도 중요한 전환기였는데, 부계로 무게중심이 완전히 기울었다. 친족인식의 변화를 살펴보기 전에 우선 친족의 구성원리와 범위를 소개한다. 친족은 어떤 기준으로 구조를 만들고 구성원들을 구분할 수 있을까?

친족의 전체 계보도를 그릴 때는 '조상'을 중심으로 할 때와 '나'를 중심으로 할 때로 나눌 수 있다. 먼저 '조상'을 중심으로 할 때의 친족집단 lineage은 부계나 모계 어느 한쪽을 위주로 한 단계unilineal가 있고, 또 모든 계보를 포함하는 양측적bilateral 친족이 있을 수 있다. 우리에게 익숙한 부계 중심의 단계 친족은 다른 친족집단과의 차별성과 배타성이 분명하다. 즉 김씨 가문이라면 이씨나 박씨 문중과는 전혀 다른 소속감과 정체성을 가질 수밖에 없다. 이에 비해 양측적 친족은 부계와 모계로 상호 연결된 다양한 계보를 포괄한다. 그 안에는 서로 다른 몇 개의 친족집단이 얽혀 있고 구성원 개개인도 복수의 친족집단에 겹쳐서 속하므로, 어느 하나의 그룹만이 실질적 친족집단으로 기능하기는 어렵다.

'나'를 중심으로 한 친족은 우선 나의 관점에서 큰 의미를 갖고 현실에서 실질적 효력을 발휘한다. 나를 통해 직접 연결된 소속집단이기 때문에 친속kindred이라고도 한다. 부계와 모계 양측의 계보를 다 포함하며, 나를 중심으로 사방으로 퍼지는 방사형 도표로 그릴 수 있다. 부계와 모계의 비중이 서로 비슷할 때는 사방이 대칭적인 동심원 형태가 된다. 하지만 부계

순조와 순원왕후의 결혼식 장면을 그린 반차도

와 모계의 비중에 차이가 크게 나면 완전한 비대칭구조가 된다. 우리가 알고 있는 '전통'의 경우는 부계 8촌의 방대한 조직표가 쪼그라든 모계 쪽 공간을 짓누르는 모양이 될 것이다.

한국에는 중국이나 일본에는 없는, 친족의 거리를 나타내는 독특한 방식이 있다. 바로 삼촌, 사촌 할 때의 촌寸이다. 이것은 혈연거리를 손가락 마디를 기준으로 표시한 것으로 촌수는 피를 나눈 친족관계에 적용된다. 촌수에서 가장 가까운 사이는 누구일까? 바로 부모와 자식 사이로서 1촌이고, 다음은 형제자매로서 2촌이다. 예를 들어 아버지의 남동생은 부자간의 1촌에, 형제간의 2촌을 더하여 3촌이며, 그의 자녀는 나로부터 4촌 거리의 관계다. 촌수는 부계뿐 아니라 모계에도 똑같이 적용된다. 어머니의 여동생도 1촌에 2촌을 더해 3촌 거리이며 그 자녀는 4촌이 된다. 그렇다면 부부 사이는 몇 촌일까? 부부는 혈연이 아닌 혼인관계라서 촌수가 적용되지 않으며 굳이 붙인다면 0촌이다. 가까울 때는 부모보다 가깝지만 멀어지면 피 한 방울 섞이지 않는 남남이 되는 것이 바로 부부 사이다.

친족의 거리를 나타내는 것이 촌수라면 촌수가 같은 여러 관계의 호칭은 같을까, 다를까? 호칭에는 친족 구성원리가 담겨 있는데, 현재 우리가 쓰는 친족 호칭은 부계 중심의 '전통적' 관념에 기초하고 있다. 여기서 전통적 관념이란 나로부터 4대 위의 고조할아버지로부터 갈라져 나온 부계 동 同고조 8촌을 가리킨다. 조선시대에는 고려와는 달리 부계 중심의 중국식 오복제가 그대로 적용되어, 자신과 망자와의 관계에 따라 3개월에서 3년까지 상복을 입었다. 『경국대전』에도 부계 증조부의 상은 포함됐지만 같은 촌수인 외조부의 부친이나 조모의 부친은 들어가지 않았다.

오복제와 함께 부계를 중심으로 한 중국의 친족 호칭도 한국에 유입되었다. 그러나 친족관계와 혈연관념이 달랐기에 부계가 아닌 친족의 명칭은 '한국적 지형'에 맞추어져야 했다. 예를 들어 중국에서는 남자 형제의 조카는 질姪, 여자 형제의 조카는 생甥이라고 해서 남녀를 구분했다. 한국에서는 남녀 형제가 동일한 2촌이었고 조카도 3촌으로 같았기에 모두 질로 칭했다. 그러다가 17세기 이후 부계 외의 계통을 구분할 필요가 생겨났다. 남자 형제의 조카는 이전처럼 질을 썼지만 여자 형제의 조카는 질 앞에 생을 추가해 생질이라는 조어를 만든 것이다. 이는 부친의 남자 형제나 모친의 남자 형제를 모두 3촌 숙부로 부르다가 부계는 그대로 삼촌 숙부를 쓰고 모계는 바깥 외外를 붙여 외숙부, 외삼촌이라 칭하게 된 것과 마찬가지다. 부계와 비부계를 나누지 않고 모두 4촌 형제라고 하다가 이제 혈연 계통에 따라 외삼촌 자녀는 외종 4촌, 이모와 고모의 아들딸은 이종 4촌, 고종 4촌이라 한 것도 16~17세기의 호칭 변화였다.

조선 전기 이전에는 같은 혈연거리의 촌수를 가진 모든 혈족을 단일한 호칭으로 불렀다. 부계와 같은 특정 계통에 치우치지 않고 나를 중심으로 한 대칭형 친족원리가 구현된 것이다. 하지만 어느 시점에 이르러 부계의 비중이 높아지면서 나머지 비부계 혈연계통을 구분할 필요가 생겼다. 부계는 기존의 호칭을 그대로 쓰면 됐지만 부계가 아닌 경우에는 각각의 혈연계통을 표시해야 했다. 따라서 혈연계통을 가리키는 외, 이, 고를 촌수 앞에 붙이게 되었다. 이러한 친족 호칭의 변화는 늦춰 잡아도 17세기 전반에는 일어난 것으로 보인다.

16세기 이전에는 나를 중심으로 하는 동심원적 친족 구성에서 부계와 모계, 남녀 모두의 혈연계통이 중시되었다. 부계와 비부계를 굳이 구별하지 않고 촌수거리만 따져서 나와의 관계를 인지한 것이다. 이때 숙부라고 하면 3촌 거리에 있는 남자 혈족 모두를 가리켰다. 『경국대전』, 『조선왕조실록』, 상속 문서인 '분재기' 등에서 이를 확인할 수 있다. 할아버지의 경우도 조부와 외조부는 대부大父(한아비)라고 불렀고, 그 위의 직계 할아버지나 조부의 형제는 몇 대, 몇 촌 대부(한아비)라고 했다. 부계와 모계를 구분하지도, 크게 의식하지도 않았던 때였다.

17세기 이후 친족 호칭의 변화에는 부계를 중심으로 재편된 혈연계통의 분화가 전제되었고, 모계 쪽 호칭이 크게 달라졌다. 그 모습을 단적으로 보여주는 예가 바로 3촌 숙모일 것이다. 현재 우리는 숙모라고 하면 숙부의 부인, 즉 작은아버지의 처인 작은어머니를 바로 떠올린다. 그런데 이처럼 당연한 상식이 16세기 이전에는 통용되지 않는다. 당시 숙모는 나와 3촌 관계에 있는 여성 혈족 모두를 가리켰다. 3촌 관계의 여성 혈족, 즉 '작은엄마'는 고모와 이모였다. 그럼 지금 우리가 알고 있는 숙모는 당시 뭐라고 불렀을까? 바로 3촌 숙부의 처이므로 숙부처, 숙처叔妻(아자배 겨집)라고 불렀다. 마찬가지로 2촌 조모는 지금의 할머니, 외할머니였고 조부의 형제의 처는 대부처大父妻(한아비 겨집)라 했다. 나와 혈연관계에 있는 여성 혈족의 호칭에는 엄마의 모(아자미)가 들어갔고, 혈족 남성이 혼인으로 맺어진 인척 여성은 그냥 처(겨집)였던 것이다.

하지만 조선 후기에는 부계 중심의 시대가 펼쳐졌고 그 외의 혈연계통을 분명히 구분해야 했다. 그렇기에 가까운 혈족 여성이므로 모의 자격은 유지하면서도 앞에 이나 고를 붙여 이모, 고모라 했다. 반면 부계 직계의 위상이 커지면서 숙부의 권위도 높아졌고, 숙부의 처도 남편 혈족의 일원이 되어 숙모의 지위를 얻게 되었다. 이모, 고모의 남편은 원래 숙모부夫였다가 이때 이모부, 고모부로 바뀌었다.

16~17세기에 친족관계는 부계와 모계를 모두 포괄하는 양측적 친족에서 부계 중심으로 급속히 전환되었다. 부계 혈족의 비중과 위상이 높아짐에 따라 호칭 또한 부계와 비부계를 구분하는 방식으로 전개되었다. 혈연계통에 따른 호칭의 분화는 이 시기의 독특한 특징인데, 생질과 외삼촌질이라는 명칭이 생겨 서로 경쟁하다가 생질로 굳어지기도 했다. 남성이 친족관계와 혈연관념의 주축이 되면서 원래 숙모였던 이들이 이모와 고모가 되고, 숙부의 처가 숙모가 되는 '가부장의 시대'가 도래한 것이다.

혈연인식과 일상의 변화

16~17세기에 친족원리와 호칭의 변화가 있었고 그에 따라 혈연인식도 바뀌게 된다. 친족은 크게 보면 부계의 내족, 모계의 외족, 처계의 처족으로 나뉜다. 현실에서 구속력을 갖는 친족의 대상 범위와 인식 또한 16세기 이전, 17세기 이후에 차이를 보인다. 16세기 이전에 '족'은 단지 부계 혈연집단만을 가리키는 것이 아니었고, 복수의 성씨를 포괄한 중첩된 혈연관계망이었다. 족이라고 할 때 부계 동성만이 아닌 모계를 포함한 모든 혈연관계가 들어갔던 것이다. 고려의 대표 문벌귀족 경원(인주) 이씨 가문의 이자겸은 본족(내족), 외족, 인족(처족) 가운데 뜻이 맞는 무리를 족당이라 통칭했다. 또 조선 태조 이성계가 족형, 족질이라 부른 사람 중에는 전주 이씨가 아닌 다른 성씨를 가진 경우도 있었다. 친족의 웃어른인 족장이나 조카뻘인 족하를 말할 때도 부계만은 아니었다. 대개 본족은 혼인으로 맺어진 처족과는 구분되는, 부계와 모계의 혈연으로 이루어진 *끈끈한* 집단이었다.

그렇다면 본족에 내·외족이 포괄되고 같은 촌수나 관계에 동일한 호칭을 쓰던 때에도 부계, 모계와 같은 혈연계통을 명확히 구분했을까? 부계 중심의 조선 후기나 오늘날에는 양자가 분명히 구분된다. 그런데 당시에는 촌수와 같은 혈연거리만 따질 뿐 부계, 모계를 딱히 구분하지 않고 통틀어서 보거나 혈연계통 자체를 아예 인식하지 않았을 수도 있다. 따라서 고려시대나 조선 전기에는 개인이 맺는 친족관계망과 현실적 영향력이 매우 넓고 다양하게 나타났을 것이다. 꼭 부계 친족이 아니더라도 잘나가는 모계 친족이 있으면 그와의 관계와 선택을 통해 입신과 출세가 가능했다.

부계 중심의 친족관념이 뿌리내린 17세기 이후에는 여러 변화가 생겼

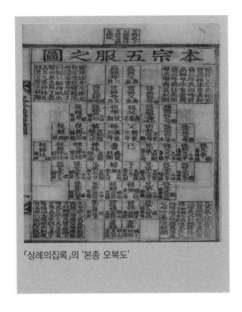

「상례의집록」의 '본종 오복도'

다. 유교가 사회 저변까지 확산되면서 적장자 중심의 종법제 질서가 확고히 자리 잡았고, 고조부에서 나온 부계 직계 친족 '동고조 8촌'이 친족관계의 기본 틀이 되었다. 부계와 동등했던 모계의 비중은 이제 크게 줄었고 부계 항렬에 따라 친족 내 서열과 질서가 정해졌다. 문중과 가문의식이 강화되고 부계 동족 집성촌이 만들어졌으며, 죽은 후에도 부계 친족의 관계망을 이어가는 선산과 족분이 생겨났다. 무엇보다 결혼 후 장가가지 않고 시집가는 세상이 되었으며, 장남(아들)이 부모를 모시고 제사를 지내는 대신 상속을 독점하는 시대가 되었다.

우리가 아는 전통적 남아 선호, 장남 위주의 관습은 이러한 시대변화 속에서 만들어졌다. 만약 아들이 없으면 조카나 부계 친족의 자제 가운데 양자를 골라 들였다. 유교사회에서 제사의 주관자는 반드시 부계 남자여야 했다. 유교에서는 영혼의 존재를 인정하지 않고 사후에 육신은 썩고 정신은 혼백이 되어 하늘과 땅에 흩어져버린다고 한다. 다만 부모나 조상의 제사를 지낼 때 흩어진 기가 잠시 모여 제사상을 흠향한다. 그렇기에 정성을 다해 제사를 지내야 하며, 기가 모이기 위해서는 반드시 망자와 같은 기를 지닌 남자 혈족이 제사를 올려야 한다. 이것이 같은 기가 감응한다는 동기감응론同氣感應論으로, 딸을 비롯한 여자는 삿된 기일 뿐이라서 가문을 잇고 제사를 지내는 적자, 즉 장남이 가장 중요해졌다.

언제나 전환기에는 과도기적 갈등, 신구 관행의 충돌이 발생하기 마련이다. 조선 후기 친족인식의 변화 또한 예외는 아니었다. 예를 들어보자. 어느 명문가의 애를 낳는 방인 산실이 정승 몇 명을 배출할 정도로 영험 있는 명당이었다. 부계나 모계의 혈연인식에 차이가 없고 딸이 결혼해서 사위와 함께 이 집에 들어와 산다면, 또 딸이 출산을 위해 친정집에 와 있는 경우 이 산실에서는 누가 애를 낳을까? 며느리는 아들과 함께 원래 자기 집에 살거나 출산 때에는 친정에 갈 테고, 이 집의 딸이 명당자리인 산실에서 아이를 낳게 될 것이다.

신사임당 집에서도 딸이 결혼해 들어와 살다가 율곡 이이를 낳은 만큼 이이의 출생은 가문의 영광이자 산실의 명성을 더욱 높이는 경사였을 것이다. 그러나 완전한 부계 중심 사회가 되면 이야기가 달라진다. 딸이 낳은 외손이 출세하는 것도 기쁘고 도움이 되기는 하지만, 이제 외가가 아닌 친가의 대를 잇고 가문을 드높여야 했기 때문에 이름난 산실일수록 딸보다 며느리가 손주를 낳고 자신의 가문을 일으키는 것이 더 중요했다. 실제로 산실을 놓고 딸과 며느리 중 누가 우선권을 가지는지 갈등이 생겨나기도 했다.

혈연인식의 변화상을 잘 보여주는 예로 계모관념의 변천을 들 수 있다. 이전에는 숙부의 처는 숙처였지 숙모가 아니었고, 다만 계모는 딴 사람이 아닌 아버지의 처였기에 '모'의 호칭을 특별히 붙여주었다. 그러나 계모가 어머니의 위상을 확고히 갖지는 못했다. 남자가 결혼해서 여자 집에 들어가 살 경우 처가 죽었다고 새 부인을 들이는 것은 불가능했으며, 따로 나가

근대기에 나온,『장화홍련전』의 표지

살 때는 가능했다. 어쨌든 계모는 처가 거주가 일종의 관행이었던 조선 전기보다는 여자의 시가 거주가 일반화되고 상속과 제사 등에서 부계 중심의 관념과 질서가 정착된 시기에 활성화되었으며, 비로소 모친의 권위를 얻었다.

이를 반영해 조선 후기에는 계모가 나오는 기록이 다수 등장한다. 그것도 높아진 가족 내 계모의 권력을 반영해 전처 소생과 갈등을 빚는 사례가 간혹 나온다. 대표적 예가『장화홍련전』으로 이 소설의 최초 판본은 17세기 중반 변방인 평안도 철산을 배경으로 하며, 계모의 위상을 둘러싼 과도기적 모습이 담겨 있다. 『장화홍련전』에서 장화가 죽음을 결심하고 하직인사를 올리는 장면을 보면 처음에는 외가에 있는 모친의 사당을 찾아간 것으로 나온다. 하지만 후대 판본에는 외삼촌 집에서 삼촌을 만난 것으로 설정이 바뀌었고, 더 뒤에는 자기 집 사당에 있는 모친의 신주에 인사를 하고 외삼촌을 언급한 것으로 변했다. 이는 결혼 후 여자 집에서 살던 시대에서 남자 집으로 거주 관행이 변한 상황을 잘 보여준다.

또 처음 판본에는 모친이 물려준 재산을 둘러싼 장화와 계모 사이의 다툼을 그리다가 이후에는 어머니의 권위를 갖게 된 계모가 장화를 구박하는 것으로, 그다음에는 아들이 주로 상속받는 풍조를 반영해 계모와 아들과의 다툼으로 성격이 바뀌었다. 딸에게도 재산이 균등하게 상속되다가 아들 위주의 시대로 바뀌면서 그에 따른 변화상을 반영한 것이다.

조선 전기까지는 남자가 결혼해서 신부 집에 들어가 사는 '장가가는' 시대였다. 조선 후기에는 여자가 신랑 집에 들어가 사는 '시집가는' 시대가 되었다. 전통혼례에서 식을 치르기 전에 신랑이 처가에 가서 신부를 데려오는 것, 오늘날 신혼여행을 다녀와 처가에 먼저 인사를 하러 가는 관행도 일찍이 남자가 장가가던 시대의 유산으로 볼 수 있다. 또 재산 상속도 남녀 균분에서 남자 중심, 장남 우위로 바뀌었고 제사의 책임도 재산과 함께 장남에게 귀속되었다.

현재 한국 사회는 청년세대의 취업난과 결혼의 어려움, 세계 최저의 출산율과 최고 수준의 자살률 등 심각한 난관에 봉착해 있다. 급속한 노령화도 큰 문제인데 상당수의 노인세대가 노후자금도 없이 사회제도의 안전망 밖에 방치되어 있다. 또 과거처럼 장남이나 아들이 모시는 모습은 눈에 띄게 줄었다. 날로 독거노인의 수가 늘어나고 황혼 이혼과 노인 자살률마저 증가하는 등 옛날에는 드물었던 일들이 점차 큰 사회문제가 되고 있다. 이와 함께 딸만 있는 집의 비율도 커지고 아들보다 딸이 노후에 더 큰 위안이 되는 등 아들 선호 신화도 더는 유지될 것 같지 않다.

이처럼 우리가 아는 전통은 17세기 이후 길어야 400년의 역사를 가진 것이다. 그리고 그 이전의 더 오래된 관습은 오늘날 우리가 생각하는 전통과는 다른 것이었다. 전통은 고정불변의 것이 아니라 시대에 따라 그에 맞는 조건에서 태어나 성장하는 생물과 같다. 우리가 처한 현실에서는 어떤 전통이 더 맞는 것일까? 남녀평등과 형평성, '기브 앤드 테이크' 등 보편적 기준을 따라야 함은 물론이다. 부계 위주, 아들 선호의 전통은 현실에서 점차 비중이 축소되고 있으며, 새로운 방향과 그에 대한 사회적 합의를 적극적으로 모색해야 할 것이다.

전통은 살아 움직이는 역사의 산물이다. 그렇기에 현실에 맞는 전통의 발견과 새로운 창출이 필요하다. 혈연을 바탕으로 한 가족과 친족관계도 과거 역사를 통해 미래의 해답을 찾을 수 있다. 한국사에서 16세기 이전에는 혈연관계와 거주, 상속 등 많은 영역에 남녀균등의 전통이 흐르고 있었다. 물론 그때도 그랬지만 부계 중심, 적장자 위주로 재편된 조선 후기에도 권리에 상응하는 의무의 적용은 마찬가지였다. 만일 선택이 가능하다면 우리는 어떤 전통을 택해야 할까? 그 해답은 일상에서 늘 부딪히는 삶의 경험 속에 있다. 전통은 오랜 역사의 일부이며 시대의 요구에 따라 바뀌고 창조된다. 역사 속의 전통을 오늘날의 시점에서 다시 생각해보고 가족과 친족의 의미, 남녀균등의 방향을 새롭게 모색해나가야 할 때다.

4

삶의 변화와
굴절된 이미지

근대로의 이행과
전통의 자화상

우리에게 근대는 무엇일까? 근대의 시작에 대해서는 개항기, 대한
제국, 일제강점기 등 다양한 관점이 있다. 그런데 우리에게 관념과
일상에서의 근대는 아직도 현재진행형이라고 보는 시각도 있다. 어
떤 이는 한국 사회가 1980년대 이후 비로소 근대 시민사회로 진입
했다고 하며, 1990년대 이후 본격 제기된 포스트모더니즘 논의와 근
대 이후의 전망은 우리에게 아직 시기상조라고 보기도 한다.

그러나 근대는 전근대 전통시대와는 확연히 구분되는 새로운 시
대로 우리 안에 들어와 있다. 문제는 주체적 근대를 이루지 못하고
식민지가 되었기에 우리 기억 속의 근대는 뭔가 찜찜한 그 무엇으로
남아 있다. 식민지기를 살았던 이들 가운데는 19세기 말에 삶의 유
년기와 청년기를 보낸 조선인과 대한제국인도 있고, 일본 제국의 국
민으로 삶을 마친 이들도 있다. 이들을 전통시대인, 근대인으로 명
확히 나누기는 어렵다.

바람직한 것은 전통과 근대를 단절보다는 연속적 관점에서 바라
보는 것이다. 하지만 서양 문명의 세례 속에 우리의 일상과 관념에
서 전통적 문물과 전근대적 사유는 철저히 타자화되었다. 어느 순간
우리는 근대인이 되었고 또 아무렇지도 않게 근대인으로 살아왔다.
이번 토픽에서는 근대로의 이행과정에서 나타난 변화된 삶의 모습,
타자화된 전통의 상을 떠올리면서 우리는 누구이며, 근대는 우리에
게 무엇인지를 함께 생각해보자.

1. 문명개화와 근대의 얼굴

서구화나 근대화를 의미하는 문명개화는 조선의 개화파 지식인에게 큰 영향을 미쳤다. 서양의 문물을 받아들여 군사적 자강과 경제적 부강을 이루고자 한 중국의 양무자강洋務自强 및 변법운동에 나타난 중체서용中體西用, 일본의 화혼양재和魂洋才 논의와 마찬가지로 조선과 대한제국에서는 시무자강론時務自强論이 펼쳐졌다. 조선은 1881년 통리기무아문을 설치해 대외 개방정책을 추진했고, 일본과 청에 각각 신사유람단과 영선사를 보내 신식 무기를 비롯한 새로운 문물을 수용하려 했다. 우리에게 문명개화는 서양 과학기술의 놀라운 산물을 직접 접하면서 가시화되었다. 1884년 갑신정변이 3일 천하로 막을 내리고 청이 조선에 더욱 적극적인 개입을 하게 되면서 청의 기술과 자본으로 1885년 서울과 인천 사이를 연결하는 경인전선이 개통되었다. 이때 한성전보총국이 설립되었으며 '통신은 부강의 기본이요 개화의 근원'이라는 구호 아래 도보로 한나절이 걸리던 거리에서 전보를 치면 바로 소식이 전해지는 마술 같은 시대가 열렸다. 같은 해에 인천에서 서울과 평양을 거쳐 의주까지 이르는 전기통신망인 서로전선도 개통되었다. 또 1887년에는 경복궁 건청궁에 미국 에디슨사의 전등이 처음 불을 밝혔고 이후 궁과 종로 거리에도 일부 가설되었다.

1894년 청일전쟁 발발 직후에는 군국기무처를 신설해 갑오개혁을 실시했고, 1897년 대한제국 성립 후 광무개혁이 단행되면서 근대 문물의 도입은 더욱 촉진되었다. 1899년부터는 서울의 서대문과 청량리 사이에 전

서울 남대문 앞의 전차

차가 다니기 시작했고, 일본의 자본과 기술로 경인철도가 개통되어 인천
에서 노량진까지 1시간 30분 만에 주파할 수 있게 되었다. 다음 해에는 한
강철교가 놓이면서 서울역까지 바로 올 수 있었다. 1901년에는 일본이 자
국의 국민주를 모금해 경부철도 공사를 착공했는데, 이는 군사적·경제적
진출과 병참보급을 위한 전략적 사업으로 추진되었다. 당시 토지징발과
인력동원으로 많은 원성이 일었고 전통적 지역 중심지가 철도를 비롯한
신설교통망에서 소외되는 결과를 낳기도 했다. 1902년에는 서울과 인천
사이에 공중전화가 개설되었고 이후 개성, 평양, 수원 등으로 확대되었다.
전신과 철도, 전화는 일제의 침략과 수탈을 가속화시켰지만, 한편으로 문
명개화의 상징이자 근대의 얼굴로서 우리 앞에 갑자기 나타난 것이다.

근대 과학기술이 선사한 물질문명의 세례는 광폭으로 우리의 일상에
침투해 자동차는 1903년 고종 황제의 어차로 국내에 처음 들어왔으며, 무

한강철교와 뱃사공

선전화로 알려진 라디오는 1927년부터 방송되어 경천동지할 사건으로 인구에 회자되었다. 일제강점기에 과학문명의 시혜는 더욱 확대되었다. 다만 그 수혜자는 주로 일본인들이었고 과학문명은 조선인 민중의 실생활과는 동떨어진 그들만의 세계였다. 서울의 일본인 상점거리 혼마치와 진고개 일대는 네온사인으로 휘황찬란하게 밤을 수놓았지만 1945년 해방 전까지 전기 이용률은 10퍼센트 이내였고, 이는 서울과 주요 도회지에서만 야경이 일상화되었음을 의미한다. 1930년대에 과학기술의 진흥을 통해 조선을 발전시키려는 조선과학운동이 일어나기도 했지만 과학을 전문적으로 배우고 기술을 익힌 조선인은 극소수에 불과했다. 이처럼 근대 문명의 빛의 이면에는 일본의 군사적 침탈과 경제적 이익을 목적으로 한 철도 부설, 토지조사사업과 회사령, 헌병경찰에 의한 강압적 통치 등 어두운 그림자가 도사리고 있었다.

한편 서구 문명의 수용을 상징하는 또 하나의 기제는 서양종교, 즉 기독교였다. 일찍이 들어온 천주교는 19세기 내내 조선 정부의 탄압과 박해를 받으며 겨우 명맥을 이어나갔고, 1866년 이를 빌미로 프랑스 함대가 강화도에 와서 조선군과 싸운 병인양요가 일어났다. 하지만 1886년 조불수호통상조약이 체결되면서 프랑스인의 내지 여행과 교화가 가능해졌고, 1899년에는 파리 외방전교회 조선 교구장 뮈텔 주교와 대한제국 내무지방국장 사이에 교민敎民조약이 체결되어 신교 자유와 정교분리의 원칙을 확인했다. 조선 정부는 서구 열강과 수호통상조약을 맺음에 따라 종교의 자유와 선교를 인정할 수밖에 없었다. 이는 불교에도 마찬가지로 적용되어 1895년에는 승려의 도성출입 금지가 해제되었다. 1897년 대한제국이 세워지면서 유교가 국교로 선포되었고, 전통종교였던 불교는 정부가 직접 통제하고 활용하려 했다. 1902년 승려 자격과 사찰 재산의 관리와 보호를 목적으로 하는 사찰령이 반포되었으며, 서울의 원흥사에 이를 담당하는 사사관리서가 설치되고 관리가 파견되었다.

천주교와 달리 개신교는 신교 자유가 행해진 19세기 말에 미국 선교사들이 들어오면서 본격적으로 유입되고 전도가 이루어졌다. 근대 문명의 기제인 교육과 의료기관을 설립하면서 개신교는 왕실과 관료층을 비롯한 조선인의 환심을 살 수 있었다. 현재의 연세대, 이화여대를 비롯한 많은 미션스쿨, 세브란스로 대표되는 의료기관이 이 시기에 설립되었다. 교육과 의료는 기독교 선교를 위한 핵심적 수단이었고 근대 문명의 시혜자라는 인상을 주기에 충분했다. 대한제국에 애정을 가진 개신교 선교사 일부는 고종을 위해 외교특사의 역할을 하기도 했다. 서양 문명을 수용하기 위한 조선 정부의 노력과 대응도 일찍부터 나타났다. 1895년에는 「외국어학교관제」가 공포되면서 앞서 세워진 일어학교, 영어학교 외에 프랑스어 교육기관인 법어학교가 세워졌다. 이어 러시아어, 중국어, 독일어를 학습하는 아어학교, 한어학교, 덕어학교가 설립되었으며 1906년에는 한성외국어학교로 통합되었다.

천주교나 개신교는 정교분리의 원칙에 따라 정치현실에 대해 일체 간여하지 않았고, 조선이 보호국을 거쳐 일본의 식민지로 전락하는 과정도 지켜보기만 했다. 그 결과 일제 당국은 외국인 신부나 선교사에 대해 초기에는 강압적 시책을 펼치지 않았다. 그 덕에 조선의 반일적 지식인이나 여론 주도층의 피신처 역할을 맡기도 했다. 1915년 총독부의 포교규칙에서는 일본 신도와 불교, 기독교를 공인종교에 포함시켰고 유교 등은 제외했다. 신도와 일본 불교는 일제 당국이 적극적으로 전파시킨 덕에 교세가 점차 확대되었다. 19세기 말부터 일본 불교 각 종파의 별원과 포교소가 각지에 세워졌고, 총독부의 신사건립 정책에 따라 남산의 조선 신궁을 비롯해 지방에도 신사가 건립되었다. 반면 한국 불교는 1911년 사찰령과 본말사제 시행을 통해 30본산 본사 주지의 임면권과 사찰 재산의 관리권을 조선총독이 갖게 되었다. 기독교에 대해서도 포교규칙에 의거한 감독과 통제가 점차 강화되기에 이르렀는데, 이러한 종교 통제책은 일본에서 1898년에 상정이 이루어지지 못했던 종교법을 조선에 관철시켜 실행한 것이다.

서양인의 시각에서 기독교는 서양 문명을 상징하는 유일신의 종교였기에 아시아의 미신적 종교인 불교나 유교 등은 타파와 교화의 대상이었다. 불교는 19세기 후반부터 기독교를 방어하며 근대적 제도를 모방해온 일본 불교의 영향을 받아 세속화·대중화를 추구하는 한편, 철학성을 겸비한 세계종교, 근대종교로서의 자부심을 드러냈다. 이처럼 기독교는 기독교대로, 불교는 불교대로 상대를 의식하고 견제하면서 자신의 영역을 넓히려 함에 따라 20세기 전반의 한반도는 동양과 서양, 한국과 일본 종교의 각축장이 되었다.

한국인에게 근대는 상징적 기제와 표상들을 통해 갑자기 나타났지만 일상 속에서 근대가 체화되기까지는 많은 시간이 필요했다. 인문학의 문·사·철 영역 가운데 근대의 수용과 성과의 도출이 가장 빨랐던 분야는 문학이었다. 현실을 풍자하는 상상력과 재미는 대중의 욕구를 자극했고, 이는 어느 시대에나 마찬가지였다. 예를 들어 추리소설이 영험담과 기담의 자리를 빠르게 대체해나갔다. 문학의 약진은 전통문학과 근대 신문학의 차이는 있었지만, 계몽과 대중의 통속적 재미의 추구가 잘 맞아떨어진 결과였다. 식민지 현실을 반영한 계몽주의는 진보주의와 민족주의의 정치성을 띠면서 계급문학과 민족문학으로 나타났고, 권선징악의 소설류와 같은 순수문학도 성행했다.

1915년에 나온 안국선의 『공진회』에는 단편소설 「인력거군」과 「기생」이 수록되었다. 전자는 1910년대 서울의 대표적 서민층인 인력거꾼을 주인공으로 하여 지나친 음주를 금하고 새 시대에 맞는 근면절약을 강조한 내용이다. 후자는 서울과 중국 칭다오, 일본 도쿄 등 동아시아 각지를 전전하며 살았던 기생의 애환을 다루었다. 안국선은 1895년 국비 유학생으로 일본에 유학하고 독립협회 활동을 했으며 1908년 탁지부 서기관, 1911년 청도군수가 된 근대적 지식인이었다. 당시 개최된 물산 공진회에서 소설집의 제목을 따온 것에서도 알 수 있듯이 문명개화와 근대화의 관점에서 민중을 계몽하기 위해 재미가 가미된 이러한 소설을 썼던 것이다.

신문, 잡지를 비롯한 대중적 출판물이 봇물처럼 쏟아져 나온 1920년대 이후 신문 소설류는 학생과 지식인, 도시민을 대상으로 한 계몽주의의 주제와 재미를 추구하는 통속성이 주류를 이루었다. 문자와 활자문화에 대한 동경, 한자와 한글의 겸용, 일본어 독해는 새로운 지식을 얻고 근대 문명을 접하기 위한 필수 조건이었다. 그럼에도 농촌이나 장년층에서는 구활자본의 전통적 구소설이 여전히 인기를 끌었으며, 가장 많이 간행된 책은 가문과 학술의 전통을 이으려는 족보와 문집이었다.

일제강점기 문학계의 동향을 통해 당시의 사회 분위기와 시대의식을 읽을 수 있다. 근대기 최초의 베스트셀러는 1918년에 나온 이광수의 『무정』이었다. 이 책은 자유연애를 소재로 한 신문연재 소설로서 출간 당시 1만 부나 팔려나갔고, 이후에도 스테디셀러로 꾸준히 인기를 끌었다. 그런데 이광수는 1922년 잡지 『개벽』에 「민족개조론」을 발표해 조선인의 민족성 때문에 식민지가 되었으므로 민족성을 개조하기 위해 인격을 수양하고 도덕적 타락을 극복하자고 주장했다. 1919년 도쿄 유학생들의 2·8 독립선언서를 직접 쓰고 중국 상하이에서 독립신문사를 운영했던 이광수는 1924년 독립을 포기하고 자치운동을 주창한 「민족적 경륜」을 발표했다. 이후 창씨개명에 앞장서고 내선일체를 지지하면서 징병을 독려하는 등 철저한 친일의 길로 접어들었다. 그는 해방 후 반민특위에서 "민족을 위해 친일을 했다"고 강변했으며 한국전쟁 때 납북되었다. 이광수처럼 실제로 많은 지식인이 독립을 이미 물 건너간 것으로 보고 일본의 통치가 계속되리라고 여긴 점은 씁쓸한 일이다.

1941년까지 치안방해라는 명목 아래 금서로 지정된 책은 민족의식을 고취하는 황현의 『매천야록』, 박은식의 『한국독립운동지혈사』, 한용운의 『님의 침묵』, 최현배의 『조선민족갱생의도』 등 340여 종이었다. 1945년 해방 후에는 급변한 정세와 높아진 정치사회적 관심을 반영해 서적에 대한 수요가 폭발적으로 늘었다. 당시 "해방 직후의 장관은 실로 유흥계와 출판계가 쌍벽"이라고 표현했을 정도였다. 심훈의 『상록수』, 박계주의 『순애보』, 김구의 『백범일지』, 최현배의 『우리말본』 등은 해방 이후 큰 인기를 끈 책이었다.

역사학 분야에서는 이미 개화기 때 애국계몽사상이 투영되고 중국에 대한 자주독립을 강조한 역사서와 교과서가 만들어졌다. 반면 일본에 대해서는 대체로 우호적인 시각을 보이며 『일본서기』 등 일본 측 자료와 주장을 그대로 따르기도 했다. 그러나 을사조약이 체결된 1905년 이후에는 일본에 대한 반감이 커지면서 민족주의 역사학이 점차 고개를 들었다. '아我와 비아非我의 투쟁'을 내건 신채호의 『독사신론』과 『조선상고문화사』, '국혼'을 강조한 박은식의 『한국통사』, 『한국독립운동지혈사』가 대표적인 책이었다. 식민지 때 민족주의 사학은 고대사의 넓은 강역과 화려한 영광을 내세우며 현실의 자괴감을 달래주었다.

1920년대에는 안확이 주체와 발전을 내세운 문화사와 문명사 연구를 했고, 1930년대에는 사회주의 좌파와 민족주의 우파로 나뉘어 이념과 실증에 따른 전문 역사학 연구가 활발해졌다. 백남운, 이청원은 마르크스주의 역사학을 한국사에 적용시켰고, 문일평, 정인보, 안재홍 등은 조선어학회에서 주도한 조선학운동에 참여하며 역사학 분야를 이끌었다. 식민지기 역사학 분야에서의 학술운동은 메이지기 이후 일본인 학자들의 한국사 연구에서 한반도 침략을 옹호하거나, 1930년대에 나온 『조선사』 37책처럼 식민사관에 입각한 일련의 역사공정을 이어간 것에 대한 대응이기도 했다.

근대의 또 다른 얼굴은 신이 아닌 인간의 주체적 사유를 강조한 서양

철학의 도입이었다. 이는 일반 대중이나 전통교육을 받은 이들과는 무관한 근대적 지식인의 전유물이었고 사회가 아닌 강단의 학문이었다. 하지만 근대 철학의 주류는 퇴계나 율곡의 전통이 아닌 데카르트, 칸트, 쇼펜하우어로 대표되는 서양철학이었다. 한동안 한국에서의 철학은 수입중개상, 지식의 과시 차원에 머물렀으며 '철학의 근대'는 시민과 일상의 영역까지 내려와 정착하지는 못했다. 서양철학의 보편적 사상은 한국적 사유방식을 압도했고 한국적 철학이나 한국에서 철학하기는 서양철학의 높고 거대한 벽에 부딪혀 오랫동안 자생력을 되찾지 못했다. '한국적 민주주의'처럼 포장은 그럴듯하지만 문제의식이나 성찰, 논의 내용에서 한계를 드러낸 경우가 많았다. 결국 제대로 된 한국철학이나 동양철학은 근대 문명에 짓눌린 전통의 허명 뒤에서 명맥을 유지했고 서양철학의 개념과 틀을 통해 재구성되어야 했다.

한국의 근대는 우리 스스로의 노력으로 만든 것이 아니라 밖에서 주어진 힘, 즉 서양 문명의 근대 기획과 일제의 식민지를 거치며 이식되고 수용된 것이었다. 따라서 그 밑바탕에는 자신에 대한 타자적 시각, 자기부정의 도식이 알게 모르게 스며들었으며 그만큼 근대성보다는 식민성에 더 익숙해질 수밖에 없었다. 서양의 관념론적 순수철학과 사회주의 계열의 유물론이 한국 사회에 큰 영향을 미쳤지만, 이 또한 타자의 눈으로 자신을 바라보는 것이었다. 식민지 철학의 잔재는 1970년대 국가주의 철학으로까지 이어졌다. 1980년대에는 좌파적·개량적 사회철학, 1990년대에는 주체적 철학하기와 철학의 대중화운동이 있었고 포스트모더니즘의 열풍이 불기도 했다. 하지만 한국의 현실과 동떨어진 서양철학의 사유를 수입하고 모방하는 것만으로는 근본적 문제가 해결되지 않았다. 주체와 현실 사이의 괴리는 매우 컸고, 이는 전통과 전혀 이질적인 근대의 사유를 체화하는 일이 얼마나 어려운 것이었는지를 극명하게 보여준다.

한편 식민지기에는 서민의 애환을 노래한 대중가요가 널리 사랑을 받았다. 〈목포의 눈물〉, 〈타향살이〉와 같은 공전의 히트가요는 고향을 떠난 이들의 심정을 달래면서 식민지 한국인의 슬픔을 감싸주었다. 고려의 옛 수도 개성의 모습을 감상적으로 읊은 〈황성옛터〉나 고국을 떠나는 이들의 서글픔을 그려낸 〈눈물 젖은 두만강〉 등은 금지곡이 되기도 했다. 또한 "울 밑에 선 봉선화야, 네 모양이 처량하다"로 시작되는 홍난파의 〈봉선화〉, 〈봄처녀〉 등의 가곡도 인기를 끌었다. 김우진과의 러브스토리와 현해탄 투신으로 장안을 떠들썩하게 했던 윤심덕의 〈사의 찬미〉는 두고두고 사람들의 가슴속에 남았다. "오가며 그 집 앞을 지나노라면 그리워 나도 몰래 발이 머물고 오히려 눈에 띨까 다시 걸어도 되오면 그 자리에 서졌습니다"라는 이은상 작사, 현제명 작곡의 〈그 집 앞〉, 만주 벌판을 호령하던 선구자의 모습을 떠올리게 하는 〈선구자〉도 한국인이라면 누구나 한번쯤은 들어본 그 시대의 가곡일 것이다.

2. 전통의 단절과 근대의 일상

우리는 근대의 시간 안에 살고 있고 우리의 생각은 물론 주변의 현상과 사물 또한 대부분 근대의 산물로 덮여 있다. 만약 우리의 일상을 전통과 근대의 경계선으로 구분한다면 근대의 공간에 속할 것이다. 문명개화의 근대가 우리 일상에 미친 영향은 무엇일까? 우선 일상생활의 근간이자 쉽게 변하지 않는 의식주 영역을 살펴보자. 우리 것에 대한 애착과 기억(전통), 현재의 일상과 관습(근대) 사이에는 연속과 단절이 동시에 존재한다. 하지만 의식주 역시 전통에 대한 아련한 향수와 상품화의 유혹만 남았을 뿐, 실상은 철저히 근대화되었음을 인정해야 한다. 전통과 현재 사이의 과도기에 놓인 근대 시기에 우리의 의식주는 어떻게 변화해왔을까?

의衣(옷)는 백의민족이라는 상투어처럼 한민족을 다른 민족과 구분 짓는 우리의 대표적인 상징이었다. 19세기까지 한복은 한국인, 양장은 서양인을 모방한 일본인을 알아보는 결정적 기준이었다. 또한 옷은 한국인 내의 신분적 차이와 계층, 직업을 바로 드러내는 구분과 차등의 전통적 잣대였다. 하지만 신분제의 철폐와 근대화는 복식의 변화를 낳았고 기능성과 편리성, 서양에 대한 선망과 동경이 전통에 대한 자부심을 대체해나갔다. 기록상 우리나라에 양복이 최초로 등장한 때는 언제일까? 1881년 신사유람단의 일원으로 일본에 간 서광범이 선교사 언더우드의 권유로 요코하마의 양복점에서 검은색 양복 흑라사를 사서 입고 돌아온 것이 최초라고 한다. 그는 1884년 갑신정변의 주역인 김옥균, 박영효 같은 동료들에게도 양복을 입으라고 권유했으며 이들도 곧 개화복이라 불린 양복을 입게 된다.

1894년 갑오개혁으로 신분제 철폐와 의복을 간소화하는 복제개혁이 시행되었고 간편한 검은 두루마기가 통상 예복이 되었다. 1895년에는 상고시대부터 한민족의 상징이었던 상투머리를 자르게 한 단발령의 시행과 함께 서구식 군복 등 양복 착용이 추진되었다. 또 여성복제 개량운동으로 외출할 때 머리에 쓰는 장옷 대신 검정 우산을 사용하게 했다. 1899년에는 외교관 복장을 양복으로 했고 다음 해에 문관의 복장이 양식으로 개정되면서 모든 관복이 양복으로 바뀌었다. 우리나라 최초의 양복점은 1896년 광화문 우체국 앞에 세워진 일본인 가게 하마다 양복점이었다. 이후 일본인 양복점에서 재단기술을 배운 한국인들이 나오면서 1903년 한국인이 세운 최초의 양복점인 한흥양복점이 문을 열었다. 현재 남아 있는 가장 오래된 양복점은 서울 중구 저동의 종로양복점으로 1916년 종로 보신각 근처에서 창업했다.

1907년에는 최활란이 일본 도쿄에서 귀국하면서 챙머리 헤어스타일에 발목 위까지 보이는 검정 통치마를 입고 와 큰 화제가 되었으며, 식민지기에는 단발미인, 양장미인, 모던 걸이 신여성의 대명사가 되었다. 1910년대 이후 양복과 양장 보급이 더욱 확대되었지만 사치스러운 양장이나 일본식 복장에 대한 경계심도 있었고 한복의 개량을 권장하는 분위기도 생겼다. 1920년대에는 서양식 속옷인 사루마다가 등장해 전통적인 속곳을 대체했다. 또한 조끼나 양말, 장갑을 비롯해 경제화로 불리던 운동화나 구두의 등장도 한국인의 외형을 바꾸어놓았다. 무엇보다 고무신의 탄생은 주목할 만한데, 이후 짚신, 갖신, 나막신을 대신해 우리 민족의 대표 신발이 되었다. 1930년대 후반부터 1940년대 전반까지는 이른바 전시체제기로, 남자는 짧은 스포츠형 머리와 전투모에 국민복을, 여자는 치마 대신 노동복인 일명 몸뻬(일바지, 왜바지) 옷을 입는 것이 크게 유행했다.

1945년 해방 이후에는 독립의 기쁨을 만끽하며 한복을 입는 것이 대세가 되었다. 하지만 1950년 한국전쟁을 계기로 대중은 간편하고 오래 입을 수 있는 옷을 선호했고, 전쟁으로 말미암은 피폐한 경제 상황에서 미국의 구호물자가 유입되자 한복에서 양장으로 급속히 전환되었다. 그 결과 1950년대 후반에는 한복과 양장의 비율이 비슷해졌고, 나일론 66 등 합성섬유의 대량보급으로 양장의 대중복식시대가 활짝 열렸다. 1960년대에는 군사정권의 신생활 재건운동으로 외국산 의류 수입이 금지되고 의복 간소화가 추진되면서 재건복과 생활복이 유행했다. 어느덧 양장은 한국인의 일상복이 되었고 한복은 의례복에 만족해야 했다. 1970년대에는 의류산업의 급성장과 수출, 미니스커트의 등장, 청바지와 장발로 상징되는 청년문화가 시대를 주도했다. 1980년대 이후에는 유명 메이커로 상징되는 패션이 대중의 생활 속에 들어왔고 브랜드 신발이 중·고등학생을 중심으로 선풍적 인기를 끌었다. 양장의 착용은 도시와 농촌을 가리지 않고 한국인의 정형이 되었으며, 급기야 양복, 양장이라는 말 자체가 무색할 만큼 의복의 근대화는 완전히 일상이 되었다. 양복이 등장하고 100년도 채 안 되어 우리의 의복은 이제 '옷'과 '한복'으로 구분되는 세상으로 변한 것이다.

그다음으로 식食(음식)은 밥과 김치를 비롯해 전통적 삶의 유습이 비교적 강하게 남아 있는 영역이다. 하지만 이 또한 외식문화의 변천을 통해 시대상의 변화가 나타났다. 전통시대에는 오늘날처럼 상품으로 만든 음식을 돈 주고 사서 먹는 외식문화가 발달하지 않았다. 시골의 주막거리에 있던 주막은 술집과 밥집은 물론 여관을 겸하는 숙식업소였는데, 주막이나 장터에서 파는 음식을 그나마 외식이라고 할 수 있었지만 그마저도 상인과 장시 이용자가 주된 수요자였다. 또한 국물에 밥을 만 국밥, 국수 등의 간편한 메뉴가 주종을 이루었다.

그러나 개항 이후 중국인과 일본인이 들어오면서 중국 음식, 일본 음식이 유입되었고 일본식으로 변형된 서양음식도 선을 보였다. 청국장처럼 전근대시대의 외래 음식문화도 있었지만, 다양한 외국 음식의 한국 진출은 이때 본격적으로 시작되었다. 일제강점기에는 도시에 관료와 사업가, 특권층 등이 이용하는 고급 요릿집이 성황을 이루었다. 1919년 3·1운동이 일어났을 때 33인의 민족대표들이 모여 독립선언서를 낭독한 곳이 바로 서울 인사동의 태화관이었으며, 종로3가 단성사 맞은편의 명월관이나 남대문의 식도원, 중국요리점 아서원 등 이름난 음식점들이 성업했다. 또한 서울의 미츠코시나 화신백화점의 식당가에 가면 카레라이스, 돈가스, 덮밥, 우동 등 퓨전 양식이나 일식을 접할 수 있었다. 이와 함께 양과자, 아이스크림, 탄산음료도 거리에서 맛볼 수 있게 되었다. 오늘날 한국인의 주요 먹을거리로 정착한 짜장면, 짬뽕, 라면 등은 근대기 이후에 들어와 한국인의 입맛에 맞게 개발된 음식이다.

일반 가정에서 외식을 하고 외식의 대중화가 본격적으로 이루어진 시기는 1980년대부터다. 이때는 국민소득과 도시 근로자 소득이 확대되고 88서울올림픽 개최를 계기로 자동차 보유 대수가 급증했다. 외식의 활성화와 소비문화의 확산도 시대변화와 함께 일어난 것이다. 햄버거와 피자 등 유명 외국계 패스트푸드점이 들어왔고 한식도 국밥, 냉면, 불고기 일색에서 갈비집이 번창하고 특정 지역의 향토음식이나 전통 가정식이 상품화되면서 전국으로 퍼져나간 시기였다. 돈가스와 함박스테이크를 팔던 경양식집도 다양해져서 이탈리아, 프랑스 레스토랑 등 양식의 세분화와 전문화가 시작되었다. 현재는 음식의 전국 평균화가 이루어져 돈만 있으면 어디서나 세계 각국의 음식을 맛볼 수 있는 시대가 되었다. 밥과 김치로 대표되는 한국인의 입맛도 변해 쌀과 김치 소비량이 줄고 젊은 세대는 라면, 치킨, 피자, 햄버거를 선호하여 일상적으로 즐기게 되었다. 여기에는 산업화, 도시화, 핵가족화, 개인주의, 배달문화의 급속한 발전 등이 한몫했다.

마지막으로 주住(집)의 근대적 변화는 초가집과 한옥에서 아파트로 옮아간 것으로 요약할 수 있다. 19세기 말 인천, 부산, 원산 등 개항장에 일본식·서양식 주택이 지어졌고 도시 미관에 변화가 생기기 시작했다. 초기에는 한옥을 개조하기도 했지만 1884년 최초의 양옥인 인천의 세창양행 사택이 지어진 후 개항장은 물론 전국 도회지에 성당을 비롯한 서양식 건물이 등장했다. 서울 약현성당(1893), 인천 답동성당(1897), 서울 명동성당(1898), 평양성당(1900) 등이 대표적인 초기 근대 건축물이다. 대한제국 시기인 1899년 한성부, 즉 서울의 인구는 20여만 명이었고 주택 수는 약 4만 3,000호였는데 이 중 초가집이 70퍼센트, 기와집이 20퍼센트, 반기와집이 10퍼센트 정도였다. 당시 서울의 모습은 언더우드 부인이 "마치 거대한 버섯처럼 보였다"고 기술했듯이 둥근 초가지붕이 다수를 차지했다. 그러나 1900년에 착공해 1910년에 완성된 덕수궁 석조전처럼 으리으리한 근대식 건물이 서울 시내 도처에 세워지기 시작했다. 최초의 한국인 소유 개인 양옥은 대원군의 손자이자 고종의 조카인 이준용의 운현궁 사저로 1912년 무렵에 건축되었다.

개항 직후인 1880년대부터 일본인들이 개항장을 중심으로 거주했고, 이후 철도역이 위치한 신흥 도시로 퍼져나갔다. 또한 일제강점기에는 서울 남대문 인근, 용산과 마포, 장충동 일대에 일본인 거주지가 들어섰다. 일본인 상업지구는 혼마치로 불린 오늘날의 명동 일대였고, 조선인 상권은 북촌의 조선인 거주지와 가까운 청계천 북쪽 종로였다. 1924년 통계에 의하면 서울의 건물 6만 4,000채 중 초가집, 기와집 등 한옥은 1만 5,000채가 안 되었고 나머지 5만 채 가까이는 돌, 벽돌, 콘크리트로 만든 신식 가옥이나 건물, 일본식 집이었다. 이 시기에는 다양한 형태의 주택이 보급되었는데 주방, 욕실, 변소를 가옥 내에 갖춘 고급 문화주택과 간소하게 지어진 개량 기와 한옥이 1930년대부터 양산되었다. 현재 서울의 북촌에 밀

1930년대 경성(서울)의 모습

집해 있는 규모가 작은 한옥들이 이에 해당한다. 또 서민용 영단주택이 많이 세워졌는데, 일본식 목조구조에 다다미와 온돌을 깐 소형 연립주택이었다. 이는 주택난 해소와 병참기지화를 위한 노무자 사택용이었고, 1941년 주택공사와 같은 조선영단주택이 설립됨에 따라 전국에 대규모로 공급되었다.

해방 후에는 일본과 중국 등에서 들어온 120만 명에 달하는 귀환동포와 북한에서 내려온 월남민들로 서울과 대도시의 주택문제가 매우 심각했다. 이때 8만 호에 달하는 일본인 소유 적산가옥이 불법으로 매매되고 접수되는 등 큰 사회문제가 되었으며 토막이나 움막 등이 도처에 들어섰다. 1950년 한국전쟁이 발발하자 전국적으로 60만 호의 가옥이 파괴되었고,

임시수도였던 부산의 인구가 100만 명을 넘어서면서 천막집이 급증했다. 전쟁 후에는 흙벽돌로 된 소규모 재건주택이 급조되었는데, 1950년대 말에 가서야 국민주택 건설사업이 시작되었다. 1960년대에는 난방용 주연료가 장작에서 연탄으로 바뀌었다. 지금도 많은 중장년층은 연탄가스를 마시고 머리가 몽롱해진 기억을 갖고 있다. 1980년대 후반 이후에는 점차 석유와 가스로 대체되었고 주택 난방설비도 개선되었다.

1970년대에는 새마을운동이 시행되어 농촌 주택개량사업이 이루어짐에 따라 가옥 지붕이 초가에서 슬레이트나 함석으로 개량되었다. 그 때문에 전통적 향촌의 외관이 크게 바뀌었지만 국적 불명의 어정쩡한 모습이라는 비판을 받기도 했다. 1960년대 후반부터 본격화된 탈농촌, 도시로의 유입은 도시 빈민을 대거 양산했고 도시 재개발에 따른 철거민 문제가 심각했다. 1960년대에 아파트가 처음 등장한 후 현재는 아파트 전성시대라 할 만큼 서울은 물론 지방도시까지 아파트가 넘쳐나고 있다. 최초의 아파트는 1964년에 지어진 도화동 마포아파트였고, 1970년에 세워진 지 몇 달 만에 붕괴된 마포 창전동의 와우아파트는 고도성장기의 부실한 단면을 잘 보여준다. 1970년대 후반 강남개발 붐으로 조성된 반포와 압구정동의 대규모 아파트 단지는 불법분양과 투기, 복부인을 등장시켰으며, 1980년대 초에 시작된 개포동·목동·상계동 개발, 이후 분당과 일산 등 신도시 건설로 말미암아 서울과 수도권 위성도시는 아파트 천지가 되었다.

주거문화의 변화는 근대화의 이름 아래 정책적으로 시행되었고, 아파트는 일상의 영역이면서 재산증식을 낳는 황금알이 되었다. 강남의 고급 아파트는 부의 상징이자 빈부격차의 생생한 현장이 되었으며, 주거 지역의 차등화와 계급적 재편도 일어났다. 이제 도시에 사는 한국인들에게 전통적 향촌공동체의 정서나 가치관은 바랄 수도 없게 되었고 이웃과의 단절, 개인과 가족, 사회 사이의 공간적 격리는 돌이킬 수 없는 시대적 풍조가 되었다. 전통시대 양반 가옥에서 볼 수 있는 남자들만의 공간인 사랑방이 사라지고 거실과 주방 등이 가족 모두와 여성 중심의 공간으로 재편된 것도 근대가 미친 주거문화의 변화라고 할 수 있다.

3. 불교를 통해 본 근대화의 꿈과 전통의 굴절

근대화의 격랑과 함께 식민지의 정치적 현실은 한국의 모든 것을 뒤바꾸어놓았다. 식민지기에 만들어진 전통의 자화상 또한 비주체적 근대의 영향을 받아 굴절된 형태로 그려졌다. 이 점은 근대 불교사의 전개와 근대 불교학에 기반을 둔 전통상의 조형에서 분명히 드러난다. 불교는 조선의 전통에서도 비주류였고 또한 근대에 대비되는 낡은 전통이었다. 이러한 이중적 타자로서 불교의 정체성은 전통의 굴절, 근대의 꿈과 좌절을 설명하는 데 매우 적합한 분야다.

　종교 경쟁의 새 시대를 맞아 불교계는 문명개화를 적극적으로 추진했다. 일본의 침탈과 식민지배와 같은 정치적 압력이나 국체의 변화에 항거하기보다는 근대적 종교로서의 존립과 활로를 모색하는 데 전력을 기울였다. 이는 호국보다 호교에 큰 가치를 둔 것으로 유교에 비해 전통의 지분이 빈약했던 불교의 실상을 반영한 것이기도 하다. 일본 불교계는 근대에 들어 국가 불교의 길을 걸었으며 제국주의 침탈에 보조를 맞춰 한국에 진출했다. 개항 직후인 1878년 개항장인 부산에 정토진종 별원이 세워졌고 일

불교 근대화를 추구한 개화승 이동인

련종·조동종 등 일본 불교의 각 종파가 앞다투어 조선에 승려를 파견하고 별원과 포교소를 개설했다.

19세기 후반 동학의 성행, 기독교의 유입과 일본 불교의 진출로 한국의 종교적 지형은 급변했다. 한국 불교계는 치열한 종교 경쟁에서 살아남기 위해 앞서 근대화 노선을 추진한 일본 불교의 영향을 크게 받았다. 1870년대 후반부터 일본 불교계와 교류하며 문명개화를 꿈꾸었던 승려 이동인은 김옥균, 박영효 등 젊은 개화파 지식인들에게 근대 문명을 소개했다. 그는 일본의 근대화 정책을 시찰하러 간 조선 정부 사절단과 일본 정치계 인사와의 교섭, 미국과의 수교과정에서도 역할을 담당했다. 하지만 이동인이 의문의 죽음을 당하면서 그가 추구한 불교 근대화도 수포로 돌아갔다.

1905년 조선이 일본의 보호국이 되고 통감부가 설치된 후 1906년 일본 불교의 한국 사찰 관리 허용을 내용으로 하는 「사찰관리세칙」이 시행되었다. 이 무렵 불교연구회와 근대식 불교교육기관인 명진학교가 세워졌다. 또 1908년에는 한국 불교계를 대표하는 통합종단인 원종이 창설되고 서울 도심에 각황사가 건립되었다. 하지만 원종의 종정 이회광은 1910년 강제병합 직후 원종을 정식으로 인가받기 위해 일본 조동종과 비밀리에 연합조약을 체결했고, 이 사실이 알려지면서 종파의 근본 취지를 고치고 종조宗祖를 바꾸는 개종역조改宗易祖의 매교행위라는 거센 비판에 직면했다. 이에 1911년 한용운, 박한영 등이 주도한 임제종 건립운동이 일어났지만 총독부는 원종과 임제종 모두 인정하지 않았다. 대신 총독부가 불교계의 인사권과 재산권을 통제, 관리하는 「사찰령」을 공포하고 일본처럼 본말사 제도를 시행했다.

1910년대에 불교계는 식민지 체제에 순응하고 타협하면서 오직 불교의 개혁과 근대화의 길에만 매진했다. 대중적 불교잡지 간행과 불서의 한글 번역 및 출판, 그리고 당시 지식인 승려들이 불교의 환골탈태를 주장한 데서 문명개화를 위한 불교계의 열망을 볼 수 있다. 또한 포교당 개설과 함께 보통학교, 지방학림, 중앙학림으로 이어지는 근대적 승려교육 체제가 정비되었다. 한편 불교의 근대적 혁신을 위한 방안이 모색되었는데, 권상로는 「조선불교개혁론」(1912)에서 조선 불교의 구태와 폐쇄성을 극복하기 위해 개혁이 불가피함을 주장했다.

이 시기 불교계의 대세는 한마디로 문명개화론과 사회진화론에 바탕을 둔 근대화 지상주의였다. 한용운도 『조선불교유신론』(1913)에서 철학과 종교를 겸비한 불교는 근대성에 부합하며 미래의 문명시대에도 살아남을 것으로 전망했다. 그는 불교의 평등주의와 중생제도의 대중주의를 강조했다. 한용운이 1910년에 승려의 결혼을 허용해 불교 부흥을 이루자는 청원서를 제출한 것도 불교 대중화와 사회화의 방안이었다. 이에 비해 백용성은 선종의 특색을 드러내고 불교 본연의 진면목을 제시하는 것이 진정한 유신이라고 보았다.

1919년 3·1운동을 계기로 민족지도자 33인에 든 한용운과 백용성을 위시해 불교계에서도 민족의식에 눈뜬 이들이 나왔다. 청년 승려들을 중심으로 1920년 조선불교청년회, 1921년 조선불교유신회, 1931년 조선불교청년총동맹이 설립되어 정교분립, 사찰령 철폐, 종헌 제정과 사법 개정을 내세웠다. 1920년대에는 사찰령 체제가 비판의 표적이 되면서 다양한 변혁운동이 펼쳐졌다. 일본 유학승 이영재는 「조선불교혁신론」(1922)에서 민주공화정 이념과 권력분립을 기조로 하는 혁신교단 건설과 교육의 근대화를 주창했다. 철저한 민족주의 불교운동가로 거듭난 한용운도 사찰령을 강하게 비판했고, '산간에서 가두로, 승려에서 대중으로'라는 구호를 내세워 불교의 저변 확대를 모색했다. 백용성은 불교 대중화를 위해 대각교를 설립하고 경제적 자립을 위한 식산운동을 펼치는 한편 노농자립공동체, 소비조합, 공장을 조직하고 운영하기도 했다. 또한 1921년에 설립된 선학원에 참여해 전통 선수행의 계승과 중흥을 자임했다.

1930년대 후반에서 1940년대 전반의 전시체제기에는 혁신운동이 퇴조했고, 불교계 주류는 많은 종교·사회단체들과 함께 심전개발운동에 참여했다. 전쟁수행과 황민화를 위한 심전개발운동은 천황으로 상징되는 일본의 국체를 바로 알고 감사와 보은의 마음을 갖게 하는 정신계몽운동이었다. 1941년에는 총독부에 의해 총본산 체제가 출범해 전승기념 법회와 국방헌금 납부 등을 주관했다. 불교계 주류는 개신교, 천주교, 유교 등의 다른 종교계와 마찬가지로 시국 강연, 학병 동원, 군수물자 기부 등에 적극 나섰고 정치적 속박과 친일, 대처승 제도는 식민지 잔재로 남게 되었다. 이처럼 불교 근대화의 꿈은 자주성을 상실한 식민지 불교의 현실 앞에서 물거품이 되었으며, 결국 제대로 된 호교마저 이루지 못했다.

한편 19세기 서구에서 성립된 근대 불교학이 일본이라는 수입도매상을 거쳐 한국에 전해졌고, 불교의 역사와 전통에 대한 본격적 연구가 시작되었다. 근대 불교학은 산스크리트어, 팔리어 사본과 티베트어 대장경 등 원전자료를 대상으로 한 문헌비판과 역사 실증주의의 방법론을 적용한 것이다. 원전을 통해 붓다의 가르침을 밝히고 이후 시대순으로 성립된 경전과 불교의 역사를 이해하게 되었다. 초기 불교와 부파불교, 대승불교에 대한 객관적 이해와 체계적 조망이 가능해진 것이다. 근대 불교학은 불교의 본거지인 아시아에 역수입되었고, 절대적·교조적 신념체계 대신 붓다와 불교에 대한 문헌학적·역사학적 접근이 이루어졌다. 일본은 19세기 후반부터 유럽에 유학생을 파견해 근대 불교학을 받아들였다. 1877년 난조 분유南條文雄 등이 막스 밀러Max Müller에게 배웠고, 다카쿠스 준지로高楠順次郎가 도쿄제대에 범어학 강좌를 개설하면서 제도적 기반을 마련했다.

한국에는 1910년대부터 일본 근대 불교학과 역사학의 성과와 방법론이 소개되었다. 또한 식민지 당국의 학술·종교·문화 조사사업의 일환으로 자료조사와 수집이 이루어졌다. 이를 바탕으로 한국 불교사 개설서인 권상로의 『조선불교약사』(1917), 한국학의 선구자인 이능화의 『조선불교통사』(1918)가 나왔다. 『조선불교약사』는 승려교육을 위해 집필된 최초의 한국 불교사 개설서로서 역사상의 사건과 인물, 관련 자료를 연대순으로 엮었다. 『조선불교통사』는 방대한 사료를 수록한 자료집 형태이며, 저자의 해설과 평가도 들어 있어 학계에 큰 영향을 미쳤다.

이러한 자료 집성과 연구 성과의 축적으로 일본인 학자들의 한국 불교 연구서가 나오게 되었는데, 경성제대 교수 다카하시 도오루高橋亨의 『이조불교』(1929)가 대표적이다. 다카하시는 일찍이 총독부의 종교정책과 학술조사를 담당하면서 한국의 불교와 유교에 대한 연구를 시작했다. 그 결과

물인『이조불교』는 다양한 자료를 활용해 조선시대 불교에 대한 틀과 입론을 마련했다는 점에서 역저로 평가된다. 하지만 관변 식민사학자 입장에서 한국사의 의타성과 발전이 없었다는 뜻의 정체성을 강조하고 한국 불교를 중국 불교의 아류로 규정한 한계도 있다. 특히 조선시대 불교는 여성과 비주류 신앙으로 명맥을 이었을 뿐 사상적 발전은 전혀 없고 억압과 퇴보의 연속이었다고 하여 부정적 이미지를 덧씌웠다. 중국 선종 전공자인 누카리야 가이텐忽滑谷快天의『조선선교사』(1930)는 한국 학자들로부터 자료와 정보를 얻어 한국의 선과 교학 전체를 서술한 책이다. 이 또한 식민지기 한국 불교 연구의 기념비적 저술이지만, 원효나 지눌 등 일부를 제외하면 한국의 불교사상에서 중국과 다른 독창성을 찾을 수 없다고 단정했다.

1930년대 이후에는 한국 불교 관련 연구 성과가 더욱 축적되었다.『조선불교사고』(1939)를 쓴 김영수는 5교 9산, 5교 양종 등 한국 불교 종파사의 체계를 세웠고, 에다 도시오江田俊雄는 조선 초기 간경도감의 불전 간행과 불서 언해를 비롯해 다양한 주제를 연구했다. 이 밖에도 고려대장경, 조선시대 간행 불서 등에 관한 문헌서지학적 연구도 이루어졌다. 한편 불교학자는 아니었지만 식민지기 한국학의 태두인 최남선은 불전 간행과 교열에 힘을 쏟았고, 인도의 서론적 불교, 중국의 각론적 불교에 이어 한국 불교를 결론적 불교로 규정했다. 그는 원효에서 비롯된 통불교 전통을 강조했으며, 서민생활과 정신문화에서 불교가 유교보다 더 큰 영향력을 미쳐왔다고 하여 한국 불교의 독창성과 역사적 위상을 높이 샀다.

이처럼 문헌텍스트의 집성과 근대 학문의 실증적·객관적 연구방법론이 적용됨에 따라 한국 불교의 역사와 사상, 문화를 종합하는 전통의 상이 그려졌다. 이에 역사성을 담보한 한국 불교사의 조형이 이루어졌다. 다만 식민지기 일본인 학자들의 한국 불교 연구는 전통의 형상화라는 점에서 기여한 바가 크지만, 오리엔탈리즘에 입각한 동양학적 접근과 타자에 대한 폄하의 시각을 강하게 드러냈다는 점에서는 분명한 한계를 보였다. 이후 한국 불교사의 전모가 밝혀졌지만 조선시대는 여전히 부정적 타자로서의 전통상이 완전히 없어지지는 않았다. 근대기에 그려진 전통의 자화상 속에는 편향과 왜곡의 비뚤어진 모습이 투영되었으며, 한 번 굳어진 통념과 상식에서 벗어나 전통을 새롭게 그려내는 작업은 결코 쉬운 일이 아니다. 이는 불교만의 문제가 아니다. 그러므로 근대기에 조형된 한국의 역사 전통 전반에 대해 원점에서 다시 생각해볼 필요가 있다.

갑작스럽게 우리 앞에 놓인 근대화의 여정은 한국인의 생각과 삶을 송두리째 흔들어놓았다. 오늘날의 한국인과 100년 전의 한국인은 동일한 계통의 DNA를 가지고 있고 한국어와 한국 문화를 공유하지만, 상당히 다른 차이를 보이는 것도 사실이다. 100년이라는 세월 동안 정치와 사회, 문화와 일상의 숱한 영역에서 수많은 변화가 일어났다. 우리는 문명개화, 서구화를 의미하는 근대화를 추구해왔고 결국 근대는 우리 안에 들어왔다. 이제 우리가 근대를 생각해볼 때다.

우리가 알고 있는 전통의 자화상은 근대기에 들어 조형된 것이다. 그 안에는 근대적 관점, 타자에 대한 오리엔탈리즘의 시각이 개재되어 있고, 그것은 전통의 변형과 굴절을 낳았다. 오늘날 한국인은 근대의 옷을 입고 근대인의 사고방식으로 살고 있다. 그렇기에 근대인의 눈으로 전근대의 한국인을 바라본다. 그런데 우리가 아는 전통과 바라보는 시선이 과연 정확하고 타당할까? 그것이 바로 다시 전통을 꺼내드는 이유다.

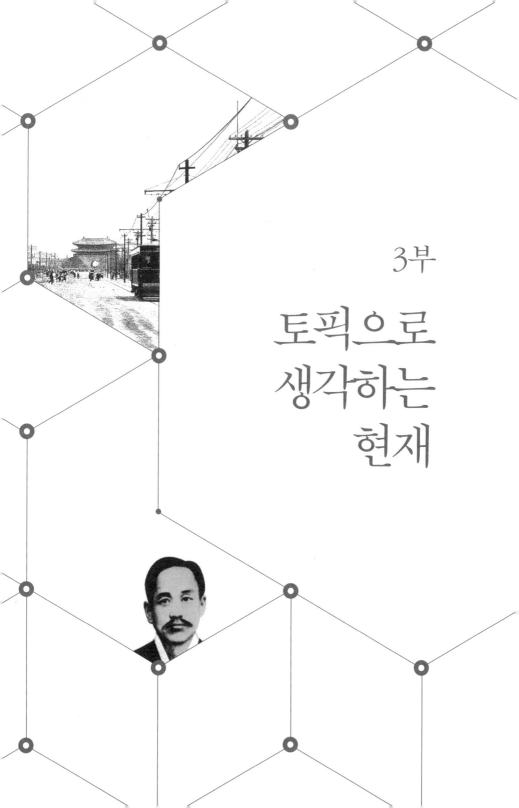

3부

토픽으로
생각하는
현재

1

한국 속의 세계,
세계 속의 한국

타자와의 교류와
시선의 교차

타자는 자신의 거울이다. 한국인의 정체성이나 한국사의 특성도 외부인의 눈으로 봤을 때는 다르게 보이기 마련이고, 이를 통해 우리가 그동안 몰랐던 사실을 알 수도 있다. 한국의 역사, 사상, 문화 등에 대한 객관적 접근은 19세기 말부터 시작했다. 1910년 이전에는 서양인이 쓴 한국 관련 책과 한국학 기초 성과가 나왔고, 식민지기에는 일본인과 한국인의 연구가 다수를 이루었다. 이후 민족주의 사관의 배타적 분위기 때문에 서양인이 남긴 초기 한국학의 업적과 한국관은 점차 기억 너머로 사라진 채 학문적 담론으로 승화되지 못했다.

  이번 토픽에서는 고대부터 근대에 이르기까지 이방인의 방문과 이질적 문화와의 교류, 서양과의 접촉을 사례 중심으로 살펴본다. 타자인 서양인의 눈에 비친 한국의 모습, 그 이미지는 어떤 것이었을까? 또한 근대기의 가장 가깝고도 먼 타자인 일본인의 한국 인식, 반대로 한국인의 일본관은 무엇이며, 어떤 문제점을 가지고 있는지 생각해보자.

1. 이질적 타자와의 만남과 한국사

고대의 문화 전파와 한국

중국을 비롯한 동아시아 세계는 일찍부터 이질적 타자와 접촉하고 외래문명을 수용해왔다. 그러면서 새로운 문화가 일상 속에 정착되고 사유의 전환과 세계관의 확대가 이루어졌다. 고대 동아시아의 이질적 타자는 중앙아시아와 인도는 물론 동남아시아와 서아시아까지도 포함된다. 이들 지역과는 대륙과 해양의 다양한 루트를 통해 인적 교류와 문물 전파가 빈번하게 이루어져왔다. 동서 문명을 잇는 지리상의 교차로가 활성화되면서 그 파급력과 효과는 더욱 커졌다.

현존하는 기록으로 볼 때, 중국과 서역세계 간의 직접 교류는 통일왕조 한 이후에 시작되었다. 기원전 2세기 말인 한의 무제 때 흉노와 전쟁을 하며 서역 월지국으로 원정을 떠난 장건의 군대가 돌아오면서 실크로드가 처음 열렸다. 기원후 1세기 중반 한의 명제 때는 인도에서 발원한 불교가 중앙아시아를 거쳐 중국에 공식 전래되었다. 불교는 기원전 이른 시기부터 인도의 상인들이 동남아시아로 전했고, 기원후 수세기에 걸쳐서 수많은 승려가 경전을 들고 톈산산맥을 넘어 중국으로 들어갔다. 동아시아 승려들 가운데서도 법을 구하기 위해 인도까지 직접 간 이들이 있었다. 중국 한족과 북방 유목민족이 대륙을 남북으로 나눠 가진 남북조시대가 지나고, 수에 이어 중국을 통합한 당이 세계제국으로 떠올랐다. 세계 최대인 100만의 인구를 자랑하던 당의 수도 장안은 모든 길이 통하는 실크로드의

사마르칸트의 고구려 사신 벽화, 아프라시압 궁전

종착지였다. 많은 이역인이 오가며 물산을 교역했던 장안은 바야흐로 동
서 무역의 중심지이자 국제도시로 명성을 떨쳤다.

한국도 이른 시기부터 대륙과 해양을 통해 중앙아시아, 동남아시아 세
계와 접촉이 있었고, 통일신라시대와 고려시대에는 서남아시아 세계와의
교류도 이루어졌다. 단군신화의 이주족 환웅족과 곰을 토템으로 하는 토
착부족의 결합은 아주 오랜 옛날부터 인적 교류와 문화 전파를 통해 사회
가 발전해왔음을 보여준다. 만주와 한반도 북부에 걸쳐 있던 고구려는 중
국의 선진 문물을 가장 빨리 받아들였고, 지리적 이점 덕분에 중앙아시아
지역과의 직접적인 왕래도 가능했다. 현재 우즈베키스탄 사마르칸트의 고
구려 사신이 그려진 벽화는 고구려의 대외교류가 동아시아에 국한되지 않
았음을 말해준다.

한반도 남부 낙동강 유역에 있던 가야는 『삼국유사』 김수로 왕 건국
신화에 나오는 왕비 허황후의 사례에서 보듯이 바다를 통해 동남아시아

와 인도까지 연결되고 있었다. 철광석 산지가 많은 가야는 철기를 제조하는 기술이 뛰어나 자연스럽게 왜를 비롯한 외국과의 무역이 성행했다. 경상남도 김해에 있는 파사석탑은 그 재질이 특이한데,『삼국유사』에서는 허황후가 인도 아유타국에서 올 때 바다신의 노여움을 잠재우려 가져왔다고 전한다. 파사석탑과 설화의 전승은 동남아시아 남방 불교의 해상 전래설을 강하게 뒷받침하는 사례다.

한반도 동남부 변방에 위치했던 신라 역시 이방인이 바다를 통해 건너오거나 간간이 이질적 문화가 전래되었다.『삼국사기』의 석탈해 설화에서는 그가 (어딘지 알 수 없는) 다파나국 출신이며 알에서 태어나 궤짝에 담겨바다로 보내졌다고 한다. 그는 금관가야에 도착했지만 아무도 거두지 않았고 다시 진한의 아진 포구로 와서 이후 신라의 제4대 임금이 되었다고설화는 전한다. 이방인 출신으로 신라의 최고 지위까지 오른 석탈해의 기이한 행적에서 당시 국제적 교류가 적지 않았으며, 그중 신라 사회의 주류세력으로 성장한 이들도 있었음을 볼 수 있다.

신라는 해상은 물론 대륙의 길을 통해서도 중앙아시아와 서역의 문물을 적극적으로 도입했다. 중앙아시아 스키타이의 황금문화와 페르시아 유리공예가 신라 고분에서 적잖이 유물로 나오고 있다. 경주 괘릉의 무인 석상은 한국인이 아닌 전형적인 서역인의 얼굴을 하고 있어 신라 문화의 국제적 성격과 전 아시아 차원의 해외교류망을 보여준다. 1973년에 발굴이시작된 경주 황남대총은 남북의 길이 120미터, 동서 너비 80미터, 높이23미터에 이르는 국내 최대 규모의 고분으로 5만 8,000여 점의 유물이 나왔다. 출토 유물은 고구려 문화의 색채가 강하지만 중국 남조와 왜의 물건도 나왔고, 실크로드를 따라 들어온 것으로 보이는 중앙아시아나 서아시

아 원산의 금팔찌, 그리고 로마의 유리제
품도 포함되어 있다.

처용무로 유명한 처용 또한 현강왕 때
인 879년에 신라에 왔다고 전한다. 『삼국
유사』에는 현재 울산 앞바다에 기상이변
이 발생하자 동해의 용을 위해 망해사라
는 절을 지었고, 용과 일곱 명의 아들이 함
께 나와 춤을 추었다고 한다. 용의 아들 중
하나인 처용이 달밤에 거리에서 춤추고
노래 부르자 왕이 혼인을 시켜주고 급간
이라는 벼슬을 주었다. 이후 역신이 처용
의 아내를 범하려 하자 처용이 노래를 부
르고 춤을 추었으며 역신은 곧 잘못을 빌
었다고 한다. 이후 처용의 모습을 그려 문

서역인을 닮은 괘릉의 무인 석상

간에 붙여서 귀신을 물리치는 풍습이 생겼으며, 처용이 추었던 춤은 처용
무라는 이름으로 전해지고 있다.

고구려와 백제에 불교를 전한 이들도 이역의 승려였으며, 불법을 구하
기 위한 승려들의 인도 구법행도 동아시아의 지리적 장벽을 허물고 넓히
는 데 일조했다. 당나라 때인 7세기 전반 인도에서 10여 년을 머물다 온 삼
장법사 현장의 구법행이 대표적이다. 현장의 여행기 『대당서역기』는 중앙
아시아와 인도의 당시 상황을 생생히 보여주고 있는데 손오공, 사오정, 저
팔계가 삼장법사를 모시고 모험을 떠나는 소설책 『서유기』의 모티브가 되
었다. 한국의 경우도 백제 겸익과 신라 출신 승려 혜초의 인도 구법행이 유

명하다. 겸익은 백제 성왕 때인 526년에 인도로 건너가 범어를 배우고 계율을 연구한 후 530년에 인도 승려와 함께 율장을 전래해 와 계율학의 정립에 기여했다고 한다. 하지만 그의 인도행을 전하는 사료는 이능화의『조선불교통사』(1918)에 수록된 것뿐이라 역사적 사실 여부를 입증하기는 어렵다. 이에 비해 8세기 중국에서 활동한 신라인 혜초는 4년간의 인도 여행기를『왕오천축국전』으로 남겼고 그 일부가 현존한다.

고려와 조선, 만남의 확대

고려시대에도 중국을 통한 중앙아시아, 서남아시아와의 교류가 이어졌고, 이는 13~14세기 원의 세계체제 아래서 더욱 확대되었다. 11세기에서 12세기 중반까지는 송의 상인들이 고려를 왕래하면서 모시는 물론 붓, 먹, 벼루, 종이의 문방사우 등을 구입해 갔고, 매년 11월 15일 개경에서 열린 국가의례인 팔관회를 참관하기도 했다. 또 서남아시아 아랍 상인들이 예성강 하구 벽란도와 개경까지 와서 교역을 행했다.

원 간섭기에는 중앙아시아 위구르 출신의 '회회 아비'가 등장하는 고려가요가 생겨날 정도로 이방인의 방문과 체재가 활성화되었다. 몽골의 4개 칸국 중 현재 이란 일대에 세워진 일 칸국의 수장 아부 사이드가 1331년 고려 충혜왕에게 사신을 파견해 특산물을 보낸 적도 있다. 당시 대외무역이 매우 활발했음을 보여주는 자료로 중국어 학습서이자 통상을 위한 현지 안내서인『노걸대』를 들 수 있다. '노걸대'라는 서명은 북방민족들이 중국인을 부르는 호칭에서 비롯되었다. 이 책은 언해본을 비롯해 몽골어와 일본어, 만주어로도 번역된 베스트셀러였다.

아시아 대륙을 장악한 몽골의 세계체제는 동서 문명을 연결하는 교류의 도화선에 불을 지폈다. 예를 들어 이전에는 거의 보이지 않던 유럽인의 중국 방문이 있었고, 이들을 통해 고려까지도 유럽 세계에 조금씩 알려지게 되었다. 원의 수도 대도(몽골어로는 카라코룸)에 머문 프란체스코회 수도사 루브루크는 『기행집』(1256)을 남겼는데, 여기에 고려를 지칭하는 'Caule' 사절단이 언급되어 있다. 또 원에 10여 년간 체류하면서 관리까지 지낸 이탈리아 베네치아 출신의 마르코 폴로가 쓴 『동방견문록』

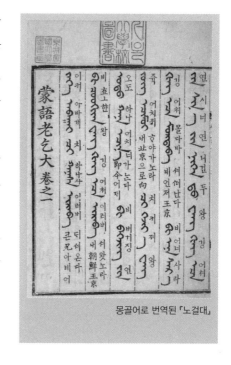

몽골어로 번역된 『노걸대』

(1298)에도 'Kaoli'에 대한 기술이 나온다. 이때가 고려Corea의 존재가 유럽에 알려지게 된 첫 시작으로 보인다. 최근 로마 교황이 1333년 고려 충숙왕에게 보낸 편지의 필사본이 바티칸 비밀문서 수장고에 있음이 밝혀졌다. 이 또한 당시 동서 교류의 생생한 모습을 잘 보여준다.

중앙아시아를 비롯한 서역문화의 전파와 영향도 원대에 더 활발해졌다. 고려의 궁중음악인 당악은 오래전부터 서역의 풍조를 따라온 중국 아악의 복합적이고 다문화적인 색채를 그대로 이어받았다. 원대에는 위구르 계통의 회회곡이 중국에 전해졌고 고려의 대중음악인 가요에도 그 유풍이 나타났는데, 회회 아비가 등장한 〈쌍화점〉이 대표적이다. 원의 세계체제 구축으로 급속히 확장된 국제교류와 세계화의 파급력은 한동안 이어졌다. 15세기 전반 세종대에 꽃핀 인문학과 지리학, 과학기술의 원숙한 발전은 서남아시아 지역의 선진 자연과학과 역법 등을 수용해 연구한 결과였다.

16세기 이후에는 유럽 열강의 '동양' 진출이 시작되면서 해상교역이 활발해졌다. 그러면서 역사, 문화, 지리, 산업 등 동양의 최신 정보들이 유럽 세계에 전해졌다. 이 시기 이후 유럽에서 나온 세계지도에 한반도의 모습이 그려졌고 '조선'이라는 국명이 새겨졌다. 임진왜란 때 일본에 와 있던 선교사 세스페데스가 종군신부로 조선에 1년간 체류하면서 보고서를 남기는 등 조선의 정보가 점차 유럽 세계로 알려지게 되었다.

17세기에는 네덜란드 출신 벨테브레이의 조선 귀화와 결혼, 네덜란드 동인도회사 소속 하멜의 표류가 조선과 서양인이 만난 대표적 사례다. 하멜은 1653년 일본으로 가다가 풍랑을 만났고 일행 36명이 제주도에 표착했다. 이후 13년간 지방에서 억류생활을 한 끝에 일본을 거쳐서 고국 네덜란드로 돌아갔다. 하멜 일행이 조선에 머물 때 안내와 교육을 담당한 이가 바로 벨테브레이였다. 벨테브레이는 1627년부터 조선에서 생활했는데 박연으로 개명한 후 자녀를 낳고 살았다. 그는 훈련도감에서 관리로 근무하며 조총 같은 무기 제조에 도움을 주었고 1636년 병자호란에도 참전했다. 하멜은 귀국 후 암스테르담에서 『표류기』(1668)를 출간했다. 그는 이 책에서 자신이 보고 들은 조선의 제도와 풍습 등을 상세히 기술했는데, 유럽 여러 나라에 미지의 나라 조선이 소개되면서 화제를 모으기도 했다. 한편 그리스 출신의 러시아 외교관 스파타리는 1675년 청에 와서 강희제를 만났고 『북경체제기』, 『중국지』를 남겼다. 여기에도 역시 지도와 함께 조선에 대한 언급이 나온다.

18세기 말부터는 영국, 프랑스, 러시아 등 열강의 군함과 상선들이 중국과 일본에 이어 한반도 해역까지 본격적인 탐사를 시작했다. 19세기에 접어들면 검은 배라는 뜻의 흑선, 모양이 다른 배인 이양선이 인근 바다에 출몰한다는 실록 기사가 자주 등장한다. 이 무렵 서양의 제국주의 국가들은 아프리카와 아메리카는 물론 인도와 동남아시아에서 많은 식민지를 경영했으며, 동아시아 쪽으로도 진출을 도모했다. 하지만 거대한 황제국 중국이 버티고 있는 동아시아는 다른 지역과는 달리 강력한 중앙권력과 군사력, 인구와 경제력을 보유하고 있었다. 그렇기에 함정 몇 척과 소규모 군대만으로는 군사적 도발 이상의 무언가를 하기 어려웠고, 처음부터 식민지화는 이들의 주된 목적이 아니었다. 대신 무역의 교두보를 선점하고 제국주의 열강 사이의 외교적 각축전에서 우위를 점하는 것이 유럽 국가들의 일차 목표였다.

당시 서구 제국주의자들의 시각에는 자신들이 오지와 미개지의 야만인들에게 문명을 선사한다는 '변경사고Border Thinking'가 밑바닥에 깔려 있었다. 그렇기에 아프리카, 아메리카, 아시아 각지에서 기독교와 문명의 전파를 명분으로 삼으면서도 군사적 침략과 경제적 수탈행위가 공공연히 자행되었다. 실제로 비유럽 세계가 접해야 했던 유럽인들은 천주교 신부, 외교관과 같은 일부 성직자나 고위관료를 제외하면, 겉모습은 군인이지만 출신이나 행동은 깡패, 범죄자, 해적과 다를 바 없는 사적 행위자, 일탈자가 다수를 이루었다. 기독교의 복음과 근대 문명화의 깃발 밑에서 약탈 제국주의의 폭력과 비인간적·비이성적 행위가 되풀이되었던 것이다.

2. 근대 세계로 휘말려들다

서양과의 접촉과 충돌

한국은 동아시아에서 고유한 언어와 문화, 역사와 공동체를 지켜왔고 조공, 책봉의 사대질서를 근간으로 하는 중화체제에 속해 있었다. 그러나 19세기 후반에는 산업혁명과 과학기술, 제국주의와 자본주의로 맹위를 떨치던 서양의 세계체제에 편입되어야 했다. 서구 제국주의 열강이 주도한 근대의 국제질서는 문명개화와 만국공법으로 포장되었지만, 사실상 군사력과 경제력을 앞세운 제국주의 침탈과정과 맥이 닿아 있었다. 동아시아에서는 중국 중심의 중화질서가 요동치면서 전면 해체의 위기를 맞았다. 조선 또한 대원군의 쇄국정책이 있은 직후 1870년대 후반부터는 일본과 서구 각국에 문호를 개방했고 근대 세계체제에 휘말려 들어갔다.

조선이 무력을 앞세운 서양 제국주의 세력과 직접 맞붙게 된 사건은 프랑스군과 전투를 벌인 병인양요와 미국 함대를 막아낸 신미양요였다. 1866년에 있었던 병인양요는 대원군이 주도한 천주교 금지령, 프랑스 신부와 조선인 신자에 대한 대규모 처형이 빌미가 되었다. 청에 있던 프랑스 극동함대 사령관 로즈가 함대를 이끌고 왔고, 서울로 가는 뱃길의 길목인 강화도에 상륙한 프랑스군이 한 달간 강화읍성을 점령했다. 양헌수가 이끄는 조선군이 정족산성 전투에서 이기면서 프랑스군은 철수했지만 강화도 외규장각에 있던 의궤류 등 왕실도서와 은괴를 약탈해갔다.

천주교는 서학이라는 이름으로 일찍부터 조선에 들어왔고 18세기 후반에는 근기남인을 중심으로 일부 지식인들 사이에서도 호응을 얻었다. 그러나 1791년 남인 사대부였던 윤지충이 천주교에 빠져서 조상의 제사를

병인양요, 신미양요의
격전지였던 강화부 지도

거부하고 모친의 위패를 불태우는 사건이 발각되었다. 이것이 유명한 진
산사건으로, 이 때문에 천주교가 정치와 유교의 교화에 큰 위협이 된다는
생각이 널리 퍼지게 되었다. 윤지충은 정조에게 총애를 받은 다산 정약용
의 외사촌 형이었는데, 이 일로 정약용은 노론 측의 공격을 받고 신유박해
때 전라도 강진으로 유배를 가야 했다.

신유박해는 정조 사후인 1801년에 일어난 천주교 탄압사건이다. 어린

순조를 대신해 수렴청정에 들어간 영조비 정순왕후가 그 시행을 명했고, 조선에 와 있던 청나라 주문모 신부를 비롯한 다수의 천주교도가 유배되거나 처형되었다. 이때 남인 출신의 황사영이 박해의 전말과 대응방법을 비단에 기록해서 중국 베이징에 있던 구베아 주교에게 밀서를 보내다 적발되었다. 밀서에는 청의 황제에게 부탁해 조선이 서양 선교사를 받아들이게 하거나 조선을 청의 한 성으로 편입시켜 감독할 것, 서양의 함선과 군대를 보내 조선이 신앙의 자유를 인정하도록 압박하라는 내용 등이 적혀 있었다. 황사영의 백서사건은 그렇지 않아도 천주교를 눈엣가시처럼 여기던 조선 정부가 국체를 위태롭게 하는 사교邪敎로 낙인찍고 금기시하게 만든 결정적 계기가 되었다.

　미국과 싸운 신미양요는 왜 발생했을까? 1866년 8월 통상교역을 하기 위해 대동강을 거슬러 온 미국 상선 제너럴셔먼호는 평양까지 왔다가 강의 수량이 줄어들자 발이 묶였다. 이때 상황을 파악하러 온 조선인 관리들을 배 안에 감금하자 격분한 지역민들이 돌팔매질을 비롯한 무력시위를 일으켰고, 충돌 끝에 배가 불타버렸다. 그런데 때마침 독일 상인 오페르트가 대원군의 부친 남연군의 묘를 도굴하려 한 사건이 벌어졌다. 이에 조선 정부는 천주교도가 오페르트에게 협조했다는 이유로 천주교를 다시 박해하기 시작했다. 이 과정에서 조선 정부는 과거와 달리 조난된 외국 선박에 대한 인도적 대우를 하지 않겠다는 강경한 대외노선을 천명했다.

　미국 측은 1867년에 제너럴셔먼호를 찾기 위한 수색작업을 펼쳤고, 이를 계기로 군사력을 앞세워 조선을 개항시키려 했다. 1871년 주청 미국공사 로우가 전권을 행사하고 아시아함대 사령관 로저스가 이끄는 해군 함정 5척이 조선에 왔다. 이것이 신미양요였는데, 서울로 가는 수로인 강화해협에서 격전이 펼쳐졌고 협상이 결렬되자 미군은 강화의 초지진과 광성보를 점령했다. 20여 일 후 결국 미국 함대는 큰 소득 없이 돌아갔다. 프랑스와 미국 같은 서구 열강과 군사적 대결을 펼친 후 조선은 고종의 부친 홍선대원군이 척화비를 세우는 등 쇄국정책을 강화해나갔다.

개항, 회오리치는 국제정세

조선이 프랑스, 미국과 같은 열강과 싸우며 문호를 닫아걸고 버틸 때 일본은 근대 국가로 첫발을 내디딘 상태였다. 페리 함대가 요코하마 앞바다에 출현한 후인 1854년에 일본은 미국과 수호조약(가나가와조약)을 맺고 개국했으며, 1858년에는 미일수호통상조약으로 개항을 단행했다. 1867년 말부터 1868년 초에는 메이지 유신이 일어나 에도 막부가 무너지고 천황의 왕정복고가 이루어졌다. 메이지 정부는 부국강병과 근대화를 적극 추진했고 북쪽의 홋카이도를 개척한 후 일본 열도 밖으로 눈을 돌렸다. 그러고는 가장 가까이 있던 조선에 자신들이 서구 열강과 체결한 방식과 같은 근대식 국교관계를 맺어 영향력을 확대하려 했다.

일본은 운요호를 강화도 앞바다에 보내 조선 수비군의 포격을 유발했고 이를 빌미로 무력시위를 하며 교섭을 요구했다. 이에 조선은 1876년 2월에 일본과 강화도조약을 체결했다. 신헌과 구로다 기요타카가 전권대신 자격으로 체결한 조일수호조규의 핵심 내용은 다음과 같다. "조선은 자주의 나라로 일본과 평등한 권리를 갖는다. 부산과 그 외의 두 항구를 개항한다. 일본의 조선 해안 측량을 허용한다. 개항장의 범죄사건은 (속지주의가 아닌) 속인주의에 의해 해당 국가(일본)의 법에 따라 처리한다." 이는 조선과 청의 관계를 약화시키고 조선에 대한 주도권을 잡아 일본의 경제적·군사적 진출

조선을 낚으려는 일본, 청, 러시아

의 교두보를 확보하려는 것이었다.

조선은 먼저 개항을 한 경험이 있고 서구 열강에 비해 덜 위험한 존재로 인식된, 그리고 전통적인 사대교린 질서에서 교린관계였던 일본과 새로운 근대적 형식의 외교관계를 맺었다. 하지만 의도와는 달리 조선은 일본에 많은 이권을 내주고 불평등한 근대 국제법 질서에 편입되었다. 부산, 인천, 원산의 개항과 일본 조계租界의 형성, 치외법권 허용, 조선에만 무관세를 적용한 협정관세 조항은 일본이 서구 열강과 맺은 불평등조약을 그대로 옮겨놓은 것이었다. '조선은 자주국'이라는 문구도 조선은 교린관계의 연장선에서 이해했지만, 사실 이는 청이 조선에 대한 종주권을 국제적으로 인정받으려 노력하던 때에 청의 영향력을 배제하기 위한 일본 측의 포석이었다.

이후 조선은 서구 열강과 잇달아 근대식 조약을 체결했다. 1882년 조미수호통상조약을 시작으로 1886년까지 영국, 독일, 러시아, 프랑스 등 유럽의 강대국과 수호조약을 체결했다. 전통적인 중화질서에서 볼 때 조선은 '자주지방自主之邦'과 '속방屬邦'의 경계선에 있었다. 그에 비해 근대는 만국공법의 국제질서로 포장했지만 실제로는 약육강식의 시대였고, 이제 자주독립국으로 살아남을지 종속국이나 식민지로 전락할지 중차대한 기로에 놓였다. 일본에서는 열강 중 가장 가까이 위치한 러시아로부터 일본을 지켜내려면 조선을 세력권에 둬야 한다는 정한론이 크게 호응을 얻었고, 그 결과가 조선에 대한 군사적·정치적 진출이었다.

1880년 주일 청국 참사관 황준헌이 쓴 『조선책략』은 조선 지도층의 국제정세 인식과 정부의 외교정책에 큰 영향을 미쳤다. 『조선책략』의 요지는 청과 조선, 일본이 당면한 위협은 국경을 맞댄 러시아의 남진이며, 이를 막기 위해서는 동양 삼국이 힘을 합쳐야 한다는 것이었다. 또 서구 열강 중에서 그나마 위험부담이 적은 미국과 적극적인 연합을 추진해야 한다고 주장하기도 했다. 그 결과가 1882년 청의 중재로 체결한 조미수호통상조약이었다. 그 직후 청과 맺은 조청상민수륙무역장정에는 조선이 전통적 '속방'임이 명시되었고 청의 경제적 특권이 인정되었다. 이어 1883년 영국과의 조영조약에서도 조미조약과 동일한 최혜국 대우 조항이 들어갔다. 이처럼 거듭되는 불평등조약은 조선의 이권을 빼앗고 경제적 주권을 약화시키는 결과를 낳았다.

당시 세계정세는 북방 대륙을 움켜쥔 러시아와 남방 해양을 제패한 영국이 유럽 남동부 발칸반도, 아시아 중원의 아프가니스탄 등 군사적·지리적 요충지를 두고 치열하게 맞붙던 상황이었다. 러시아는 극동의 거점 블라디보스토크가 혹한기 때 결빙으로 배의 출항이 어려웠기 때문에 바다가 얼지 않는 부동항을 찾아 함경도 영흥 쪽을 호시탐탐 노렸다. 영국은 이를 막기 위해 1885년 조선의 남해에 있는 거문도를 2년간 무단 점령하여 러시아와 신경전을 펼쳤다. 동북아시아까지 전선을 확대한 러시아와 영국이 대결하는 상황에서 청과 일본, 조선은 모두 러시아의 세력확대와 영토확장을 경계해 영국 편을 들었다.

이렇듯 중요한 시기에 김옥균과 박영효 등 젊은 개화파 인사들이 주도한 갑신정변이 일어났다. 그러나 1884년 일본의 지원 약속만 믿고 일으킨 갑신정변은 청군의 반격으로 '3일 천하'로 끝나고 말았다. 외세에 의지해 무모하게 밀어붙인 위로부터의 급진적 개화 노력은 이렇게 수포로 돌아갔다. 이후 1894년 녹두장군 전봉준을 필두로 한 동학농민운동이 조선 정부의 청군 파견 요청과 일본군의 폭압적 농민군 진압으로 좌절되었다. 아래로부터 타오른 혁명의 불길 역시 외국군의 힘 앞에 재로 돌아간 것이다. 청과 일본은 갑신정변 처리문제로 1885년에 텐진협정을 맺었고 조선에서 양국 군대를 철수하거나 출병할 때 서로 알리게 했다. 이를 이용해 일본은 조선 정부가 청에 군대를 요청하자 자국 공관과 자국민 보호를 내세워 전격적으로 군대를 파견했다. 조선은 스스로의 힘으로 근대적 개혁을 하고 체제를 바꿀 수 있는 기회를 놓쳤으며, 외세와 외국군에 기대어 문제를 해결하려 들었다. 그 결과 자주적 근대화와 혁명은 물거품이 되었고, 결국 망국의 길로 접어들었다.

동학 농민군을 진압한다는 명목으로 조선에 급파된 청군과 일본군은 1894년부터 1895년까지 충청도와 평안도에서 시작해 중국의 요동반도로 전선을 넓혀가며 격돌했다. 이것이 바로 청일전쟁이다. 전쟁에서 승리한 일본은 시모노세키조약에서 청으로부터 타이완(대만)을 할양받았다. 이어 주한 일본공사 미우라 고로가 일본 낭인들을 시켜 명성황후를 시해한 을미사변이 일어났다. 신변에 위협을 느낀 고종은 서울 정동에 있는 러시아 공사관으로 피신했고 아관파천은 1년간 이어졌다. 1904년에 일어난 러일전쟁에서는 일본 해군이 러시아 발틱함대를 격퇴하고 누구도 예상치 못했던 승리를 거두었다. 당시 세계 최강이었던 발틱함대는 유럽에서 동아시아까지 오는 길에 이집트의 수에즈 운하를 지나야 했지만 운하를 관리하던 영국이 통과를 허가하지 않았다. 할 수 없이 아프리카 끝을 지나 머나면 길을 돌아온 발틱함대는 대한해협에 이르렀을 때 이미 녹초가 된 상태였다. 러일전쟁에서 승리를 맛본 일본은 1905년 을사조약을 강제해 조선을 보호국으로 삼았고 통감부를 설치했다. 그 이면에는 러시아와 일본의 대결을 부추기는 대신 일본의 조선 점유를 인정한 1902년과 1905년의 1~2차 영일동맹, 그리고 일본의 조선 지배와 미국의 필리핀 통치를 서로 맞바꾼 1905년 미일 간의 가쓰라 태프트 밀약이 있었다.

3. 서양인의 시각, 일본이라는 타자의 거울

서양인이 본 한국과 한국인

아편전쟁의 패배로 청은 1842년 영국과 난징조약을 맺어 홍콩을 영국에 할양하고 상하이를 비롯한 5개 항구(광저우, 푸저우, 샤먼, 닝보)를 개항했다. 이후 서구 열강은 중국의 문호를 열고 불평등조약을 통해 경제적 특권을 챙겨갔다. 이들이 월척을 낚기 위해 낚싯대를 던진 곳은 중국이었지만, 중국과 일본 사이에 있는 한국도 지정학적 중요성 때문에 국제정치 무대에서 관심을 끌었다. 특히 아시아의 신흥 강자로 떠오르던 일본이 중국을 견제하며 한국에 영향력을 확대하는 것을 보면서 서구 열강은 큰 흥미를 가졌다. 그리고 이때 서양인의 시각에서 바라보는 한국의 이미지가 만들어졌다. 1905년 조선이 일본의 보호국이 되고 1910년 식민지로 전락하면서 정치적 관심은 크게 줄었지만, 그에 앞서 한국의 역사와 문화에 대한 정보가 서구 사회에 전해지기 시작했다.

1870년대부터 1890년대 초까지 한국에 대한 서양인의 관심은 천주교 문제, 통상과 수교를 위한 정치·경제·외교가 중심이었다. 동방의 미지의 나라를 바라보는 서양인의 시각에는 상당 부분 오리엔탈리즘이 녹아 있었고, 한국은 '은둔과 폐쇄'의 이미지로 부각되었다. 프랑스 파리의 외방전교회 신부인 달레의 『한국천주교회사』(1874)는 1839년 이후 조선에 잠입해서 활동한 프랑스 선교사의 보고서에 기초한 것이었다. 이 책은 천주교 포교 상황과 정부의 박해문제를 자세히 기술했는데, 한국의 역사와 문화를 최초로 서양에 소개했다는 점에서 의미가 있다.

미국의 동양학자 그리피스가 저술한 『은둔의 나라 한국』(1882)은 서양인이 쓴 최초의 한국 통사다. 이 책이 스테디셀러가 되면서 한국은 폐쇄된 은둔국이라는 고정관념이 서구 사회에 퍼지게 되었다. 그리피스는 도쿄제대 물리화학 교수를 담당하는 등 일본에서 주로 활동했기에, 이 책의 고대사 인식은 신공황후의 삼한정벌, 신라, 백제, 임나가야의 조공설 등 일본측 입장과 사료에 근거했다. 통상무역을 위해 조선에 왔던 독일 상인 오페르트의 『기행문』(1886)도 한국에 대한 꽤나 상세한 정보를 제공한다. 하지만 그는 뜻한 대로 교역이 이루어지지 않자 대원군의 부친 남연군의 묘를 파헤치려 했다. 그는 이 책에서도 자신의 도굴 시도를 변호할 목적으로 대원군의 쇄국정책이 낳은 폐해와 조선 민중의 반감을 부각시켜서 서술했다.

미국인 로웰의 『고요한 아침의 나라 조선』(1886)도 이 시기 서양인의 대표적 한국 관련 저술이다. 하버드대학교 수학과를 나온 로웰은 일본에서 민속과 문화를 연구했는데, 1883년 조선 최초의 대미사절단의 외국인 비서 겸 자문을 맡았고 고종의 초청으로 4개월간 서울에 머물면서 한국에 호감을 가졌다. 이 책에는 고종의 어진과 서울의 풍경사진 등이 수록되어 역사적 자료로서도 가치가 높다. 무엇보다 이 책은 한국이 '고요한 아침의 나라'라는 별명으로 알려지게 된 계기였다. 지금도 모 항공사 비행기를 타면 '모닝 캄morning calm'이라는 제목의 잡지가 좌석 앞에 꽂혀 있는 것을 볼 수 있다.

1894년에 발발한 청일전쟁에서 일본이 승리한 후부터 을사조약 체결 다음 해인 1906년까지는 국제외교 무대에서 일본의 후견자 노릇을 한 영국이 한국에 큰 관심을 가졌으며 영국인들의 저술도 나왔다. 대표적인 책으로는 이사벨라 비숍이 쓴 『한국과 그 이웃나라들』(1897)을 들 수 있다. 비숍은 영국 왕립지리학회의 특별회원이었고 1894년에서 1897년 사이에 네 차례나 한국을 방문해 총 11개월 동안 체류했다. 그녀는 몇 년 사이 급속히 변한 서울의 모습을 기록했고, 남한강을 거슬러 단양에도 가고 금강산과 평안도 등 외지의 여러 곳을 답사하기도 했다. 그러면서 위로는 국왕에서 아래로는 하층민까지 한국인의 일상과 당시 사회의 생생한 모습을 두 눈으로 목격했다. 이때는 동학농민운동과 청일전쟁이 일어나고 갑오개혁이 시행되었으며 독립협회가 발족되는 등 국내외적으로 격동의 회오리가 몰아닥친 시기였다. 그렇기에 이 책에는 위기에 직면한 한국의 상황과 정치·외교문제에 대한 심층 분석도 담겨 있다. 그녀는 한국인의 성품과 생활 면에서 발전의 가능성이 있다고 보았으며, 일본인에 비해 결코 뒤떨어지지 않는 민족성을 가졌다고 평가했다.

주한 프랑스공사관의 서기관 서리였던 쿠랑은 『한국서지』(1894~1896)를 작성했다. 여기서는 한국의 목판인쇄술을 소개하고 총 3,821권의 한문 및 한글 서적에 대한 목록과 해제를 수록했다. 이 책은 『중국서지』, 『일본서지』와 함께 서양인이 쓴 동양 서지학의 역작으로 손꼽힌다. 이어 러시아

재무성에서 펴낸 3부작의 『한국지』(1900)는 지리와 민족지 학자, 정보장교 등이 참여해서 쓴 책으로 한국의 역사와 지리, 산업과 재정, 제도와 교통 등의 상세한 정보를 얻을 수 있다. 이는 19세기 말까지 나온 한국 관련 보고서와 연구를 종합한 것이었고, 한국을 이해하는 데 필요한 구체적 정보를 주는 일종의 백과전서였다. 이 밖에도 영국 『가제트』지의 대표이자 극동기자를 맡았던 해밀턴의 『한국』(1904)이 있다. 한국의 산업과 일상생활을 찍은 사진자료로서도 큰 가치를 가지며 몇 개 언어로 출간되어 한국을 알리는 데 기여했다. 이처럼 당시에는 여행가, 언론인, 외교관, 선교사 등 아마추어 학자들이 동양학적 관심으로 한국을 방문하고 지식을 유포시키는 것이 일반적이었다.

『대한제국멸망사』(1906)를 쓴 헐버트는 을사늑약으로 한국이 일본의 보호국이 되자 고종의 밀서를 들고 미국에 가서 한국의 자주독립을 주장했다. 그는 자신의 책이 "저평가되고 헐뜯음을 당하는 한국인에 대해 관심을 갖게 하려는 사랑의 노작"이라고 밝히며 다음과 같이 한국인에 대한 깊은 애정을 보여주었다. "한국인의 민족성은 중국인이나 일본인에 비해 영국 앵글로색슨족에 가까우며 서양인이 동양에서 어울려 살기에 가장 기분 좋은 사람들이다. 잘못이 있다면 무지에서 비롯된 보편적 현상일 뿐 이후 향상의 기회가 온다면 바로 생활조건을 개선하는 데 성공할 것이다."

한편 저술 외에 서양인이 만든 한국 관련 잡지도 나왔다. 1882년에서 1898년까지 서울에 와 있던 미국 개신교 선교사들이 주도하고 독립협회가 지원해 『한국총보』가 발간되었다. 1900년에는 영국 왕립아시아학회의 한국지부가 설립되었고 1903년에는 회원이 74명이었다. 여기서 펴낸 잡지가 『기요』였는데, 헐버트나 게일 등의 필진들은 한문 원전자료를 활용했으며 한국에 대한 존중과 한국 입장에서 서술한 점이 눈에 띈다. 이들은 기독교의 종교적 우월감, 한국의 전통에 대한 편견이나 부정적 시각을 가급적 배제하려 했다. 그렇기에 이 잡지는 근대적 학술지의 효시이자 균형감각을 갖춘 한국학 연구의 시작이라고 볼 수 있다.

일본의 식민지로 전락한 1910년 이전까지는 한국에 대한 소개와 연구를 서양인이 주도했다. 또한 당시 일본인의 글에 비해 양이나 질에서도 떨어지지 않았다. 따라서 한국학에 근대 학문의 연구방법론이 적용된 최초의 사례가 아닐까 싶다. 이후 일제강점기에는 한국 연구를 일본인 학자들이 주도했고, 서양인의 앞선 연구 성과는 누구의 주목도 받지 못한 채 사장되었다. 해방 후에도 민족주의 사학이 부상하면서 식민사관을 극복하는 것이 초미의 관심사였기 때문에 근대 초기 서양인의 연구는 망각의 늪에 빠져 있었다. 다행히 최근 들어 대중적 번역서가 나오고 그에 대한 연구도 행해지고 있다.

한국과 일본, 적과 이웃 사이에서

1910년 8월 29일에 시작된 제국주의 일본의 한국 강점과 식민지 체제가 종지부를 찍은 것은 35년이 지나서인 1945년 8월 15일이었다. 천황의 항복 선언과 일본의 패전은 우리에게는 해방을 의미했다. 제국의 종주 국민과 식민지 피지배 민족 사이에는 건널 수 없는 큰 간극이 있었다. 식민지 시기에는 일본인과 한국인이 같은 뿌리의 동일한 국민이라는 내선일체론, 일본 천황의 충성스러운 신민으로 천황을 위해 목숨까지 바쳐야 한다는 황국신민 의식을 강요받았다. 그러나 실상은 차별과 불평등이 구조화되고 그에 따른 민족적 반감 또한 적지 않았다. 따라서 해방 당시 한국에 있던 일본인들은 비탄과 허탈감 속에서 정신적 공황을 겪었지만, 대다수의 한국인들은 민족적 정체성을 자각하면서 엄청난 환희와 기대감에 들떠 있었다.

경성의 한 소학교에 다니는 아사코의 눈에는 같은 반 동급생인 철수가 일본의 패전에 너무나 기뻐하는 모습이 매우 낯설게 느껴졌을 것이다. 하루빨리 일본으로 돌아가야 한다며 내일을 걱정하는 부모의 긴장된 얼굴을 떠올리면서 자신과 철수가 '다른 민족'이었음을 깨닫게 되었을 것이다. 실제로 당시 한국에 체류하던 일본인 가운데 일부는 비록 본토의 일본인은 아니지만 같은 일본 국민으로서 대동아공영권 완성과 전쟁 승리를 위해 피 흘리며 싸우겠다던 한국인들이 항복과 패전을 광복과 해방으로 받아들이고 환호하는 광경을 이해할 수 없었다고 한다. 패전 후 총독부 당국은 식민통치에 대한 어떤 책임도 지지 않았고 사과나 유감 표명조차 없이 미군과 소련군에 전권을 양도한 채 뒤도 안 돌아보고 한국을 떠났다.

해방 후 좌우 이념 대립과 분단, 1950년 한국전쟁을 거치며 제대로 된 식민지 청산은 결국 물 건너갔다. 이후 일본과는 적도 아니고 이웃도 아닌 어정쩡한 상태에서 정치적·경제적 활용대상으로 서로를 이용하며 공조관계를 유지했다. 한국전쟁 때 미군 등 유엔군에 필요한 군수물자를 일본이 보급하게 되면서 패전 후 중단된 군수산업체 공장이 다시 가동되었다. 이는 전쟁으로 쑥대밭이 된 일본 경제회생의 발판이 되었고, 전후 20년도 안 된 1964년에 도쿄올림픽을 성공적으로 개최하면서 일본은 자국의 경제재건과 부활을 알리며 세계무대에 화려하게 컴백했다.

1961년 5·16군사쿠데타를 일으켜 집권한 박정희 정권은 빈곤국을 벗어나기 위한 경제개발 자금을 필요로 했고, 대학생들의 격렬한 반대시위에도 아랑곳없이 한일 국교정상화를 추진했다. 1965년 6월 한일기본조약(한

일체의 외채는 한의 호적도 값요 갚라.
누구를 위한 韓·日 흥정이냐?

1964년 한일협정 반대시위

일협정)이 체결되었고 일본으로부터 경제개발 자금으로 무상원조 3억 달러와 2억 달러의 차관을 받았다. 하지만 식민지배의 책임을 물은 전면적 배상이 아닌 보상 차원의 청구권 형식이었고, 무엇보다 국권 강탈과 불행한 과거사에 대한 일본의 공식적 반성이나 사죄 표명은 얻지 못했다. 약탈된 문화재 반환에 대해서도 명확한 지침을 정하지 못했고, 독도나 위안부 등 지금까지 한일 간에 쟁점이 되는 문제들도 전혀 언급되지 않았다. 1950년대부터 한국은 일본에 국가 차원의 배상을 요구해왔고, 일본은 구체적으로 명시된 피해나 확실한 재산상의 손해를 입은 이들에 대해서만 개인배상을 주장했다. 그렇기에 한일협정으로 보상 차원의 청구권조로 5억 달러만 받고 끝낸 것은 돈으로 자존심을 판 정치적 타협이었다. 식민지배를 겪은 선현들의 고통과 피눈물을 경제개발 자금과 맞바꾼 몰염치와 역사적 책임은 그대로 부채가 되어 남아 있다.

일본은 한일협정으로 과거사의 모든 문제가 공식 종결되었다는 입장을 표명해왔다. 몇 번의 유감 표명, 위안부 문제에서 일본 정부의 책임을 일부 인정한 고노담화를 제외하면 큰 틀에서 과거사 청산을 향한 전향적 태도를 보이지 않았다. 일본의 한국 인식은 1980년대까지 군사쿠데타와 장기독재, 경제적 후진성과 같은 부정적 이미지가 짙었다. 노년층은 일본의 우월의식과 함께 한국과 북한의 독재정권에 대한 혐오감이 강했고, 젊은 층은 무지와 무관심으로 일관했다. 다만 역사교과서의 국제적 파동과 재일교포 지문날인 거부운동을 통해 양심적 지식인들은 일본이 패전과 원폭의 피해자만이 아닌 전쟁의 가해자였음을 각성했다.

한국이 경제발전과 민주화의 성과를 내게 된 1990년대 이후 일본인의 한국관은 점차 긍정적으로 바뀌었다. 김치를 비롯한 한식에 대한 관심에서 시작하여 한국 여행과 민간교류가 급증했고, 한류가 확산되면서 한국 대중문화의 최신 정보가 빠르게 전해졌다. 그러면서 일본인과 한국인 사이의 호감도와 친밀감은 전에 비해 크게 높아졌다. 한국에서도 1980년대까지만 해도 강한 민족주의 정서와 정치적 목적 때문에 반일기류가 팽배했지만, 1990년대 이후에는 정치적·경제적 동반자이자 가장 가까운 이웃으로 일본이 새롭게 다가왔다. 1989년에 해외여행이 자율화된 후 많은 사람이 일본을 오가면서 그들의 역사와 문화, 경제대국의 실상을 직접 접하게 된 것도 한 요인이었다.

김대중 정부 때는 국내에 일본 대중문화를 처음 개방했고 2000년 남북정상회담이 있었다. 이후 일본 언론에서 한국을 다루는 논조는 이전에 비해 긍정적·전향적으로 바뀌었다. 일본의 한 민영 지상파 방송의 유명한 뉴스 앵커는 남북정상회담 때 한반도의 분단에 일본도 일정한 책임이 있다

2000년 6월 13일에
개최된 남북정상회담

고 언급했으며, 오사카의 어느 식당에서 남과 북의 교포단체인 민단과 조
총련이 함께 축하를 나누는 모습을 보여주었다. 그러나 2002년과 2004년
두 번에 걸친 고이즈미 총리의 방북 이후 일본 언론은 북한의 일본인 납치
문제를 집요하게 파헤치며 북한 때리기에 나섰고 뒤따라 조총련에 대한
일본 정부의 제재가 시작되었다. 부정적 이미지를 덧씌울 표적이 한국에
서 북한으로 옮겨간 것이다.

식민지의 잊지 못할 기억 때문에 한국인의 일본 인식은 부정적일 수밖
에 없다. 일본에 대한 반감은 민족주의가 강할수록 더욱 커졌고 국가가 조
장하는 반일의식의 고취도 과거에는 일상적인 일이었다. 이전의 국민학교
와 중·고등학교에서는 연중행사로 3·1절과 8·15광복절을 기념하며 민족
의 일체감과 반일정서를 자연스럽게 몸에 익히게 했다. 1990년대 이후에
도 일본과의 교류와 소통은 크게 늘었지만 국민감정과 언론 논조는 그다
지 달라지지 않았다. 김영삼 정부 때인 1995년 국립중앙박물관으로 쓰이

던 조선총독부 건물이 철거되었다. 당시 근대 건축물 보존과 식민지 유산의 교육적 활용을 주장하는 국내외 전문가들이 거세게 반대했지만, 정부는 반일감정 여론에 편승해 철거를 관철시켰다.

같은 시기에 KTX 고속철도를 놓고 국제적 수주전이 치열하게 펼쳐졌는데, 동일한 산악지형과 안정성 면에서 검증된 일본 신칸센이 배제되고 프랑스 테제베가 최종 선정되었다. 기술이나 발주금액 등 합리적 조건보다 여론과 감정에 의해 사업자 선정이 이루어졌다는 느낌을 지울 수 없다. 프랑스 미테랑 대통령은 수주를 위해 병인양요 때 강화도에서 가져간 외규장각 도서의 전체 반환을 약속했지만, 2010년 5년마다 갱신 대여하는 것으로 합의되었고 2011년 1차분 75권만 대여 조건으로 환수되었다.

한국에서 반민족 친일 혐의는 누구에게나 아킬레스건이 되었다. 박정희 전 대통령조차도 만주육군사관학교 졸업과 일본군 장교 경력으로 친일의 꼬리표가 따라붙었다. 하지만 한국의 사회지도층 가운데 친일 부역자의 후손이 적지 않았기에, 해방 후 반민족 행위자 처벌이나 『친일인명사전』 발간(2009) 등 친일의 역사적 청산은 늘 어려움을 겪을 수밖에 없었으며, 극심한 갈등이 초래되었다. 친일에 대한 국민의 정서적 반감은 강했지만 기득권층과 보수 언론의 반대와 물타기로 본질은 사라지고 진보와 보수의 정치적 대결과 진영 논리로 탈바꿈했다.

한국이 경제발전을 이룬 데에는 일본의 역할도 컸다. 일본의 경제개발 자금과 원조자금이 포항제철을 비롯한 산업화의 토대를 마련하는 데 실탄이 되었고, 관 주도의 경제발전 및 수출 모델, 행정과 제도 등을 수십 년간 벤치마킹했다. 냉전시대 미국의 군사적 보호막 아래서 정치적 우방이자 경제적 파트너로서 한국과 일본은 적이 아닌 이웃이 되어야 했다.

그럼에도 1980년대 이전에는 전후 일본 사회의 변화와 발전의 실상이 제대로 알려지지 않았다. 높은 수출경쟁력을 갖춘 제조업이 강한 경제대국인 것은 누구나 알았지만, 일본의 역사나 문화, 선진국다운 면모는 쉽게 와 닿지 않았다. 뉴스 말미의 일기예보에서도 공산주의 국가인 중국은 물론 한국보다 훨씬 큰 일본 열도의 모습은 화면에 거의 나오지도 않았다. 한반도 북부의 북한도 압록강가의 중강진이 영하 20도 이하로 내려간다는 소식만 전하며 혹한의 겨울왕국 이미지를 덧씌웠다.

이처럼 신문과 방송에서 접하는 일본에 대한 지식과 정보는 매우 제한적이고 편파적이었다. 그렇기에 과거의 일본이 우리에게 무엇을 했는지에 대한 역사적 인식과 현재의 일본에 대한 이해 사이에는 불균형이 존재했다. 따라서 많은 사람이 일본의 실체를 잘 모르거나 과소평가하는 경향이 있었다. 전후 민주주의 교육과 근대적 제도, 다양한 시민운동, 세계 2위의 경제대국이 갖는 국제적 위상 등 일본 사회의 내면과 대외적 이미지가 정확히 알려지지 않았다. 대신 한국을 식민통치하고 괴롭힌 나쁜 나라, 역사에 대한 반성도 염치도 없이 자국의 이익에만 몰두하는 '경제적 동물 economic animal'과 같은 부정적 인식이 팽배했다. 하지만 1990년대 이후 일본에 대한 한국인의 인식도 많이 좋아졌다. 인적·문화적 교류의 확대로 일본을 직접 접하면서 과거의 일본이 나쁜 것이지 현재의 일본인은 나쁘지 않다는 인식이 생겨났다.

그런데 일본의 거품경제가 꺼지고 장기간 경기침체가 이어지자 일본 사회는 점차 정치적 우경화의 길로 나아갔다. 독도·위안부 문제 등 한일 간의 갈등의 골이 깊어졌고 정치외교적 냉기류와 관계회복이 반복되었다. 최근에 일본은 동아시아의 패자로 올라선 중국에 맞서 미국과의 동맹을 확고히 다지며 자위대의 역할 확대, 환태평양 경제동반자 협정TPP 등을 통해 군사대국, 경제대국의 재현을 꿈꾸고 있다. 전후에 만들어진 평화헌법을 개정해 군대를 보유한 보통국가로 전환하려는 일본 정계의 움직임은 군국주의의 부활과 한반도에 대한 군사적 영향력의 확대라는 우려를 낳고 있다.

동아시아의 주도권을 둘러싼 중국과 미국, 일본 사이의 정치군사적 대결, 한반도의 분단 상황 등을 고려할 때, 한국은 일본과 어떤 관계를 유지해야 할까? 지난 수십 년간 일본은 적이 아닌 이웃이었고 현재나 가까운 미래에도 그것이 바뀔 가능성은 거의 없다. 그렇다고 제대로 된 과거사 청산과 올바른 역사인식까지 포기해서는 안 된다. 또한 그 방향은 평화와 인권, 공생 등 보편적 가치를 담아내는 것이어야 한다. 그래야만 대등하고 호혜적인 이웃으로서의 한일관계를 정착시킬 수 있다.

그러기 위해서 우리는 먼저 자국사를 상대화하려는 노력을 기울여야 한다. 이는 다른 민족이나 국가에는 그들만의 역사상이 있음을 인정하고, 우리와 다른 인식과 입장에도 귀 기울이는 상대주의적 관점이 필요하다는 의미다. 물론 일본 역시 이러한 노력에 동참해야 한다. 반일과 혐한은 한국과 일본의 뿌리 깊은 불신감과 과거사를 청산하지 못한 데서 나온 산물이다. 그것을 극복하고 가까운 이웃이자 친구로 살아가기 위해서는 인식의 공유와 공통의 목표가 전제되어야 한다. 동아시아의 평화와 번영을 함께 추구하는 동반자가 되려면 상대를 알고 나를 아는 '지피지기知彼知己'의 자세가 요구된다.

전통문화와 역사가 갖는 이미지는 국가의 위상을 높이는 데 큰 영향을 미친다. 중국은 일찍부터 실크로드를 통해 부강한 황제국의 존재를 세계에 알렸다. 일본도 황금의 나라라는 전설과 강렬한 원색 그림으로 유럽인들에게 환상을 심어주었다. 인도는 2,000년 이상 붓다와 불교의 나라로 알려져왔다. 그리스와 로마는 지금도 서양 문명의 근간이자 상징으로 남아 있다.

한국은 고대부터 중앙아시아, 동남아시아 지역과 교류가 있었고 고려시대에는 세계의 반대편 끝을 보는 경험을 했다. 조선도 중국을 통해 서양에 대한 정보를 접할 수 있었다. 하지만 중국이나 일본에 비해 타자와의 만남과 교류가 제한적이었고, 유럽 세계에서는 거의 존재감이 없었다. 근대기에 들어 '고요한 아침의 나라'로 알려졌지만, 식민지배와 전쟁의 상처를 입으며 긍정적 이미지를 만들어낼 기회를 얻지 못했다. 다행히 최근 30년 사이에 경제발전, 민주화, 한류문화 등에 힘입어 한국에 대한 인식을 바꾸고 '국격'을 높이게 되었다.

한국은 대륙과 바다의 접점에 있는 유리한 지정학적 환경을 가지고 있다. 또한 고유한 역사적·문화적 유산과 수준 높은 인적 자원을 갖추고 있다. 타자의 거울을 통해 우리 자신을 다시 바라보고 자부심과 아울러 상호주의에 입각한 열린 시각을 가져야 한다. 한국 속의 세계, 세계 속의 한국을 이끄는 국제인의 탄생은 역사의 교훈과 타자의 시선에서 무엇을 배울 것인지에 달려 있기 때문이다.

2

내재적 발전론과
식민지 근대화론의
평행선

식민지,
어떻게 보아야 하나?

20세기 전반에 36년간 경험한 식민지는 한국인의 기억 속에 어떻게 남아 있을까? 국권 상실, 민족적 자괴감과 수치심, 일제의 수탈과 동화, 독립운동과 친일, 전쟁과 징용 등이 떠오를 것이다. 이처럼 한국사의 발전을 가로막은 단절의 시대로 식민지를 기억하는 것이 내재적 발전론이다. 한편 식민지가 갖는 부정적 성격이 있기는 하지만 일본을 통해 근대 자본주의가 이식되고 수용된 사실만큼은 인정해야 한다는 주장도 있다. 이것이 바로 식민지 근대화론이다. 민족사의 불행한 과거인 식민지를 바라보는 서로 다른 두 주장은 브레이크 없는 기차처럼 평행선을 달리고 있다. 식민지를 어떻게 보느냐의 문제는 한국의 근대가 언제, 어떻게 시작되었고 근대는 우리에게 과연 무엇인가 하는 질문으로 이어진다.

1. 우리에게 식민지는 무엇인가?

지금부터 100여 년 전인 1910년에 대한제국은 강제로 일본에 병합되었다. 한국인은 이제 조선인이나 대한인이 아닌 일본 제국의 신민이자 피지배 민족으로 36년간을 살아야 했다. 동아시아 세계의 일원이자 오랜 역사적 기억을 공유해온 일본에 국권을 빼앗긴 사실은 감당할 수 없는 자괴감과 무력감을 낳았다. 군경을 동원한 강압적 통치, 경제적 수탈, 민족적 차별은 당시를 살았던 식민지 한국인 대다수에게 현실적 고통을 주었고 설움을 느끼게 했다. 그러나 시간이 흐르면서 한국인의 자의식은 점차 무뎌졌고 비록 2등 국민이지만 일본 제국의 국민으로 사는 것에 익숙해져갔다. 0.1퍼센트의 열혈 독립운동가는 만주와 연해주 등지에서 조국 독립을 위해 목숨을 내걸고 싸운 반면, 또 다른 0.1퍼센트의 골수 친일파는 황국신민의 자부심을 가지고 천황에게 목숨을 바친다며 충성을 맹세했다.

　1940년대에 들어 중국을 넘어 동남아시아까지 맹렬히 확장해가던 군국주의 일본은 미국과 맞붙은 태평양전쟁에서 두 번의 원자폭탄 투하로 참담한 패전을 맞았다. 그리고 우리는 1945년 8월 15일, 꿈에 그리던 광복을 맞이했다. 일제의 압제에서 갓 벗어난 해방의 기쁨과 감동은 민족국가를 건설하고 식민지 유산을 청산하리라는 장밋빛 꿈을 꾸게 했다. 자주적인 근대 국민국가를 세울 수 있는 절호의 기회를 맞이한 것이다. 그러나 제2차 세계대전 직후 세계는 독일과 일본 등 전체주의 국가가 패망하면서 자본주의와 사회주의 체제의 대결로 재편되었다. 일본이 물러난 한반도는 미국과 소련을 맹주로 하는 양 진영의 전초기지이자 각축장이 되었다.

해방 공간에서 한국인은 일본인을 몰아내지 못했고 식민지 유산의 척결도 마음대로 할 수 없었다. 미군과 소련군이 들어오기까지 일제의 헌병과 경찰은 한국에 있던 일본인을 보호하면서 그들의 안전한 귀국을 준비했다. 36년 만에 독립을 맞이했지만 민족은 좌우 이념과 남북으로 쪼개졌고, 결국 냉전체제의 높고 단단한 벽 앞에서 하나의 민족이 두 개의 분단국가로 나뉘었다. 1950년 6월 25일에는 북한의 남침으로 한국전쟁이 발발해 수백만의 사상자를 낸 동족상잔의 참상이 일어났다. 한국전쟁은 피를 나눈 민족이라는 동질감과 형제애를 뿌리째 뽑아버렸고 돌이키기 어려운 적대감과 증오를 낳았다. 이후 분단이 고착화된 군사적 휴전상태에서 서로 간의 체제 경쟁이 이어졌다.

남과 북 사이에 펼쳐진 이념과 체제 대결은 양쪽 모두 비민주적 독재권력이 정권을 장악하고 장기독재를 이어가는 불행한 결과를 낳았다. 식민지 잔재를 쓸어버리고 친일 반민족 행위자를 처벌하는 것보다 반체제·반정부 인사를 잡아들이고 입을 막는 것이 더 중요한 일이 되었다. 이처럼 20세기 후반 이후 한국의 적국은 같은 민족인 북한이었다. 반면 20세기 전반 한국을 식민지로 삼아 지배한 일본은 한국의 경제적 후원자이자 정치적 우방이 되었다. 축구나 야구의 한일전 때와 일부의 태생적 반일감정을 제외하면 일본은 가까운 이웃이자 상부상조하는 동반자 관계였다. 그에 비해 북한은 국제 탁구경기에서 남북한 공동팀이 중국을 이길 때 정도를 빼고는 응원하거나 좋아할 상대가 아니었고 멀고도 다른 적대적 대상이었다.

20세기 이후 100여 년의 역사를 돌이켜보면 일본의 식민지배는 우리에게 큰 정신적 상처를 입혔다. 분단과 같은 민족끼리의 대립도 식민지배

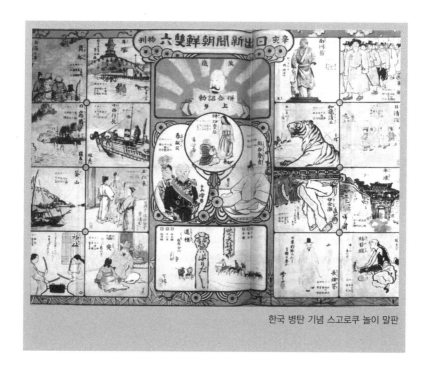

한국 병탄 기념 스고로쿠 놀이 말판

가 아니었으면 없었을 것이다. 그런데 한편에서는 식민지기에 근대 자본주의 경제의 토대가 놓이고 인적 인프라가 형성되기 시작했다고 본다. 그렇기에 식민지는 분명 어둡고 부정적인 이미지로 남아 있지만, 과연 주입된 기억이 아닌 식민지의 실상은 어땠을까 하는 궁금증이 생긴다. 당시 사람들도 지금처럼 먹고살기 위해 열심히 일하며 경제활동을 했을 것이다. 다시 말하면 이미 내려진 역사의 장막 뒤에는 보통 사람들의 일상이 숨쉬고 있다. 식민지는 과연 어떤 시대였을까를 생각해보자. 주체적·자생적인 근대의 길이 가로막힌 단절과 부정의 역사일 뿐인가? 아니면 이후 한국이 산업화에 성공하게 된 인적·물적 토대가 처음 갖추어진 때였을까?

2. 내재적 발전론: 주체적 근대

내재적 발전론이란?

내재적 발전론은 한국 사학계에서 식민지기를 바라보는 기본 관점이다. 조선시대부터 이어진 주체적 발전과 자주적 근대화의 길이 있었지만, 식민지라는 거대한 장애물이 그 길을 가로막았다는 것이다. 이런 입장에서는 식민지기를 단절의 역사이자 부정과 극복의 대상으로 보기 마련이다. 그렇다면 근대 이전의 조선 후기는 어떻게 이해하고 있을까? 개혁적 사상의 출현, 생산성 증대와 유통의 확대 등 여러 요인을 근거로 들어 근대로 이행하기 위한 준비기이자 과도기로 본다. 이 관점에서는 전근대 사회의 내재적 발전이 주체적 근대화로 이어지지 못한 이유를 일제의 식민지배에서 찾을 수밖에 없다. 그렇다면 내재적 발전론의 시각에서는 경제발전과 성장, 민주화 등 현대 한국이 이룬 성과가 어떻게 가능했다고 볼까? 간단히 말하면 식민지기를 건너뛰어 그 이전 전통사회의 역량에서 찾고 있다. 식민지라는 공간을 역사에서 지운 채 내재적 전통의 잠재력, 주체의 의지와 능력을 역사발전의 동력으로 본 것이다.

그런데 한국사 연구자들 사이에서 흔히 쓰이는 '내재적 발전'이라는 용어는 어디서 나왔을까? 공교롭게도 이 말은 1980년대 초 일본인 학자가 한국사 관련 논문에 처음 썼다. 『신 조선사입문』(1981)에 들어간 나카쓰카 아키라中塚明의 「내재적 발전론과 제국주의 연구」는 서구의 경험에서 유추한 세계사의 발전법칙을 한국사에 적용했다. 이후 요시노 마코토吉野誠는 한국사의 내재적 발전론을 언급하면서 이전의 식민주의 사관을 극복하기 위해 '타율적'을 '내재적'으로, '정체적'을 '발전적'으로 대체한 방법론적 관점이라고 설명했다. 식민사관에서는 한국사를 비주체적이고 발전적이지 못한 역사로 보았는데, 이를 대신하여 역사상과 사회구조의 객관적 실체에 접근하기 위해 내재적 발전론을 활용했다는 것이다.

한국의 역사학계에서 기존의 타율성론과 정체성론을 비판하고 한국사의 왜곡된 이미지를 바로잡기 위한 방법론으로 내재적 발전론의 관점을 차용했음은 물론이다. 내재적 발전론은 세계사의 보편적 발전에 대한 강한 확신이 깔려 있다. 그렇기에 특수성의 함정에 빠지지 않고 사회구조와 경제생산력을 객관적으로 파악하려는 노력이 뒤따랐다. 이는 한국 사회에 널리 퍼져 있던 식민사관의 폐해를 털어내고 한국사에 대한 자긍심과 한국인으로서의 책임감을 갖게 했다. 또한 현재와 미래의 변혁을 꿈꾸고 전망을 제시했다는 점에서도 의미가 있다.

한국사에 적용된 내재적 발전론의 원형은 이미 식민지기에 나왔다. 당시 사회주의 계열의 유물사관에서는 역사발전의 합법칙적 전개를 주장했는데, 원시 공동체 – 고대 노예제 – 중세 봉건제 – 근대 자본주의를 거쳐 사회주의가 도래한다는 것이다. 그런데 이러한 역사관은 인문정신이 부활한 르네상스 시대에 고대 – 중세를 넘어 새로운 근대가 펼쳐진다는 역사인식이 정해진 후, 서구 유럽 중심의 발전도식을 세계사의 보편적·전형적 모델로 상정한 것이다. 그에 비해 아시아는 정체되고 발전이 더딘 역사로 그려졌으며, 그 안에는 서양인의 시각에서 동양을 바라보는 왜곡되고 전도된 관점인 오리엔탈리즘이 깔려 있었다. 일본인 학자들은 비유럽 세계에서 고대 – 중세 – (근세) – 근대의 전개와 자본주의 도입 전의 봉건제는 일본에서만 그 유형을 찾을 수 있다고 보았다. 반면 한국은 유럽에서 아시아를 보듯이 타율성과 정체성의 전형으로 묘사되었다. 그렇기에 유물사관에 입각

경성(서울) 혼마치(현재 명동) 모습

한 경제사학자 백남운은 서구 우월주의의 도식을 수정하려고 노력하는 한편, 조선 후기의 사회경제적 발전에 주목해 근대의 싹인 자본주의의 맹아를 찾으려 했다.

한국의 타율성과 정체성을 강조한 식민사관에 반발하고 나선 또 하나의 흐름이 민족주의 사학 계열이었다. 이들은 조선학운동 등을 통해 근대적 사유의 원형으로 조선 후기 실학에 주목했으며, 실학을 활용해 대중을 사상적으로 계몽하고 민족의식을 드높이려 했다. 그런데 이들 또한 역사는 발전한다는 기본 원칙에 충실하면서 서양이 창출한 근대를 한국이 추구해야 할 지상의 목표로 삼았다는 점에서 유물사관에 입각한 사회경제 사학자들과 한배를 탔다. 또한 반反봉건, 반反외세를 추진하는 입장에 섰다는 점에서도 이 둘의 공통점을 찾을 수 있다.

해방 이후 식민지 유산을 척결하고 민족적 자긍심을 되찾는 것이 당면

과제가 된 상황에서 사회경제와 사상에서 조선 후기 맹아론이나 실학, 민족주의 사학은 각광을 받아야 했다. 하지만 좌우 이념 갈등과 남북 분단이라는 정치적 대결과 현실적 장애 속에서 제도권 학문 연구는 침체될 수밖에 없었다. 일부 신민족주의 사학자와 사회주의 역사학자가 연구를 이어갔지만, 한국의 근대와 역사발전에 대한 학계의 진지한 논의는 당장은 기대하기 어려웠다. 다만 한국전쟁이 끝난 후 1960년대까지 북한 학계에서는 백남운이 주창한 자본주의 맹아론을 유물사관과 북한 정통주의에 입각해 더욱 발전시켰다. 그 내용은 조선 후기에 자본주의의 맹아가 싹텄지만 일제의 극심한 수탈과 탄압으로 성장의 단초가 꺾이고 식민지 이식 자본주의가 형성되었다는 것이다. 그리고 그 과정에서 형성된 부르주아 민족운동이 항일무장투쟁으로 이어졌고, 결국 북한의 사회주의 사회로 진입했다는 논리였다.

내재적 발전론, 시대를 담다

한국에서는 1950년대까지 식민사학에 대한 본격적 비판이나 한국사의 정체성이 무엇인지에 대한 진지한 성찰과 학술 담론 생산이 이루어지지 못했다. 여전히 식민지기의 연구 방법과 성과를 그대로 가져다 쓴 실증주의 사학이 중심이었기에 새로운 모색과 변화는 거의 없었다. 하지만 1960년 4·19혁명을 기점으로 민족주의 사학이 활기를 되찾으며 식민사관에 대한 비판이 거세게 일었다. 당시 역사학계는 식민사관을 탈피해 민족사의 주체적·내재적 발전과정을 추구하는 분위기가 주류였다. 대표자로 이기백과 김용섭을 살펴보자.

이기백은 정치사상사 분야에서 식민사학을 극복하기 위해 노력했다.

그는 반도적 성격론, 사대주의론, 당파성론 등 식민사관의 전형적 개념들에 대해 반론을 펼쳤다. 반도적 성격론은 대륙과 해양에 접한 한반도의 지리적 환경이 외침과 종속을 가져온 태생적·필연적 조건이라는 것이다. 하지만 같은 반도지형인 이탈리아에서 로마가 나와 세계제국을 이룬 사실을 보면, 지리와 공간이 역사를 좌우하는 결정적 요인은 아닐 것이다. 사대주의론은 한국사가 줄곧 중국의 영향력 아래 있었고 큰 나라를 섬기는 사대에 빠져 주체성을 상실했다고 보는 관점이다. 하지만 이를 단순히 수직적 상하관계, 굴욕적 외교로 폄하해서는 안 된다. 동아시아는 중화주의, 사대교린, 무력이 아닌 문화에 의한 예치질서가 존중되어왔다. 한편 당파 싸움이라는 부정적 이미지로 각인된 당파성론은 학파와 정파가 결합된 붕당정치, 성리학 이념을 현실에 구현하려는 정치운영체제 등 그 성격과 의미가 재조명되어왔다.

김용섭은 사회경제사 분야에서 타율성론과 정체성론을 비판하고 식민사관을 타파하고자 했다. 부정적 이미지로 고착된 한국 사회의 상식을 깨뜨리고 새로운 한국사의 상을 세우려 한 것이다. 그가 주목한 것은 상부구조가 아닌 사회경제의 하부구조가 어떻게 변화하고 발전했는지의 문제였다. 특히 조선 후기 농업경제사를 연구해 임진왜란과 병자호란 후 국가재조를 위해 추진된 토지개혁의 실상과 농촌사회의 구체적 면모를 밝혀냈으며, 이를 내재적 발전의 관점에서 평가했다.

학계의 연구 성과가 쌓이면서 식민사관의 기본 틀이 부정되고 새로운 입론과 주장들이 나오기 시작했다. 또 한국이 산업화와 민주화에 성공하면서 전통과 근대를 어떻게 볼 것인지, 식민지 이후 현재까지 역사의 연속과 단절, 향후 방향에 대한 고민도 생겨났다. 1980년대 전후에는 한국 사회의 내적 구조가 변화되고 시민의식 또한 바뀌면서 한국사에서 몇 가지 주제가 조명을 받았다. 우선 조선 후기 실학과 사회경제사를 중심으로 주체적·자생적 근대의 길을 찾으려 했다. 그와 함께 전근대기 우리의 꿈이 송두리째 꺾이고 만 식민지 체제의 현실이 주목되었다. 한국 사회의 시대성을 반영해 유물사관과 계급모순에 주목한 민중사학, 분단시대 사학 같은 실천적 역사학도 풍미했다.

또한 제도권 학계 내의 담론은 아니지만 고대사의 드넓은 영역과 자랑스러운 영광을 되살리려는 재야 사학계의 주장 역시 선풍적 인기를 끌었다. 그러나 이들의 논리에 따르면 한국사는 고대에는 융성했다가 이후 축소와 쇠퇴를 거듭해온 역사일 뿐이다. 세계사의 보편적 발전법칙과는 전혀 동떨어진 시각인 것이다. 무엇보다 역사는 사실과 근거에 기초해야 하며, 과도한 목적의식이나 자의적 해석이 개입되어서는 안 된다.

냉전체제가 무너진 1990년대에 한국 사회는 러시아, 중국 같은 과거의 적성국가와 수교를 맺고 교류하는 등 세계사적 변화의 격랑 속에 휩쓸려 들어갔다. 이때에는 근대 자본주의가 사회주의로 이행한다는 유물사관의 발전도식이 사실상 사형선고를 받았다. 따라서 근대 자본주의의 완성 후를 고민해야 했던 내재적 발전론의 미래상도 불확실해졌다. 당시 프랜시스 후쿠야마는 『역사의 종말』에서 자유민주주의의 자본주의 체제가 인류 역사발전의 최종 단계임을 선언했다. 현실 사회주의 국가의 몰락과 함께 미래 사회주의로의 전망 또한 폐기처분된 것이다.

그러면서 학계에서는 역사발전, 사회구조 같은 거시적 조망이나 거대 담론에 대한 관심이 크게 줄었다. 그 대신 사상사, 사회사, 문화사, 생활사 등 여러 분야에서 개별 연구가 진행되었다. 내재적 발전론의 입장 아래 전근대 사회에서 근대의 싹을 찾으려는 노력이 조선 후기 자본주의 맹아론이다. 그런데 이 또한 근대의 실재가 아닌 주체적 근대, 근대로의 이행을 전망하는 선에서 멈춘 채 한 걸음도 더 나아가지 못했다.

세계화시대의 개막과 함께 한국 사회에도 신자유주의가 급속히 확산되었다. 한국은 김영삼 정부 때 세계화를 추구하고 OECD(경제협력개발기구)에 가입하며 세계체제 변동의 거대한 흐름에 몸을 내맡겼다. 하지만 그 귀결은 투기자본 등 외국 자본의 도입과 위기, 구조조정의 광풍을 몰고 온 IMF(국제통화기금)시대의 도래였다. 1990년대의 이러한 분위기 속에서 나온 담론이 바로 넓은 의미의 '근대화론'이다. 근대화론은 원래 서양을 모델로 한 원조경제의 배경이론으로 1950년대 이래 많은 영향을 미쳤다. 이는 경제발전 단계와 그에 따른 근대화의 진행과정에 초점을 맞추고, 전근대 전통과는 다른 근대 자본주의의 정착과 발전에 주안점을 둔 것이다. 1990년대의 새로운 근대화론은 20세기에 일본의 식민지를 경험한 국가의 경제성장을 배경으로 하는 '식민지 근대화론'으로 논의가 모아졌다.

3. 식민지 근대화론: 실재의 근대

식민지 근대화론의 등장

포스트모더니즘의 열풍이 휩쓸고 지나간 1990년대 이후 역사학계에 등장한 거대 담론에는 어떤 것들이 있을까? 이 무렵에는 민족주의, 내재적 발전론으로 성장해온 한국 사학계에 대한 원론적 공격이 시작되었다. 일국사적 시각이나 한국사 필수 교육 등 제도적 기득권에 대한 비판으로 '국사의 해체' 주장이 나오기도 했다. 세계사의 보편적 관점 적용, 탈민족주의 움직임과 함께 동아시아의 역사와 미래 가치를 공유하자는 동아시아론도 제기되었다. 1990년대는 냉전체제가 붕괴되고 신자유주의의 광풍이 한국 사회에 휘몰아친 시기이기도 하다. 그러면서 다국적 자본의 유입, 급격한 구조조정과 양극화 심화 등 사회체제의 근간이 흔들리는 조짐이 보이기 시작했다. 세계화, 영어 공용화, '글로벌 스탠더드' 같은 말들이 신문지상을 장식하면서 국제화와 세계주의가 시대의 화두로 떠오르기 시작한 것이다.

1960년대 이후 궤도에 오른 산업화와 1980년대 민주화운동은 한국 사회의 양적·질적 수준을 크게 높였다. 하지만 사회구성원들이 그 결실을 함께 누리고 민주시민의식을 미처 체화하기도 전에 급변하는 세계체제에 떠밀리면서 새로운 위기와 도전을 맞게 되었다. 그 본질은 글로벌 자본주의 체제의 공고화와 부의 양극화 추세 속에서 어떤 사회를 지향하고 만들 것인가 하는 사회적 공감의 형성이었다. 그러나 한국은 전쟁의 참상과 그에 대한 적대적 기억 때문에 좌우 진영의 이념 대립의 골이 너무나 깊었다. 굴절된 근현대사는 정치적 헤게모니 쟁투를 낳았고, 보수와 진보로 나뉘어 마치 선과 악을 다투듯 치열한 공방을 벌였다. 그 와중에 은근슬쩍 '식민지 다시 보기'가 시도되었는데, 경제사학 연구자들이 내놓은 식민지 근대화론이 그 대표 주자다. 이들은 불행한 과거에 대한 부정적 기억이나 정서, 주체와 내재적 발전에 대한 과도한 집착에서 벗어나 실재했던 근대를 바라보는 객관적 역사인식이 필요하다고 주장했다.

식민지 근대화론의 기본 전제는 근대의 역사는 세계 어느 지역에서도 약간의 층차는 있지만 자본주의 확산의 과정이라는 점에서 예외가 없다는 것이다. 자본주의를 만든 서양, 그것을 적극 수용해 전파한 일본 등 '밖'으로부터 발전의 동력을 도입하거나 이식하지 않으면 비서구 사회의 자본주의 발전은 불가능했다고 본다. 이들은 오랜 기간 자본주의 체제를 거부한 동유럽 사회주의 국가가 몰락의 길을 걸은 반면, 중국은 1980년대부터 개혁·개방으로 전환해 급속한 경제발전을 이루었고 자본주의화에 성공했음을 예로 들었다. 한국의 근대 또한 종속적 자본주의화의 길을 걸었다고 보는데, 이것이 바로 식민지 근대화론이다. 비록 식민지 상태였지만 일본 덕에 초보적 형태의 자본주의가 이식되고 근대적 경제발전의 초석이 놓였다는 논리다. 나아가 당시 형성된 인적·물적 인프라를 기반으로 해방 이후 산업화로 불리는 경제적 근대화가 가능했다는 시각을 갖고 있다.

경제성장론과 동아시아 자본주의

식민지 근대화론의 대표 개념은 '경제성장론'이다. 이는 한국의 근대를 설명하면서 일본의 식민지이기는 했지만 내부적으로 자본주의의 발전과 경제성장이 있었다는 주장이다. 그런데 이런 주장을 펴는 이들은 식민지에 대해 상당히 부정적일 수밖에 없는 한국인의 정서를 고려할 때, '발전'이라는 용어는 민족주의 이데올로기에 따른 오해를 불러일으킬 수 있으므로 '성장'이라는 단어를 썼다고 한다. 이는 근대화=발전=선이라는 도식이 식민지=수탈=악이라는 기존 정서와 충돌함으로써 객관적 평가를 가로막을 수 있다는 인식에 근거한 것이다.

그렇다면 이들이 식민지기에 경제성장이 이루어졌다고 보는 근거는 무엇일까? 먼저 19세기 후반의 조선은 극심한 인플레이션을 겪었고, 많은 경제지표에서 상당히 저조한 상태였으며, 일본의 식민지로 전락한 1910년까지도 본격적인 자본주의 기업경영 형태가 거의 보이지 않음을 들고 있다.

식민지 수탈의 거점, 경성 동양척식주식회사

반면 일제가 시장경제를 도입하고 정착시키면서 내부적으로 자본주의적 발전요소가 성장할 수 있었다고 본다. 그 예로 1910년에는 기업 형태의 공장이 겨우 200개였지만 1945년 무렵에는 4,000개로 급격히 늘어났음을 든다. 그중 1910년에는 일본인 소유 공장이 150개였고 1945년에는 2,000개가 되었는데, 이는 계산상 한국인이 운영하는 공장이 50개에서 2,000개로 늘어난 것이며, 따라서 자본주의의 내부적 성장을 말할 수 있다는 것이다.

식민지 근대화론자들이 제기한 경제성장론의 주요 논리를 좀더 구체적으로 살펴보자. 이들은 첫째, 식민지 종주국인 일본이 가한 외적 억압이나 압력을 추상적으로 압박과 수탈이라고 비난하지만, 식민지를 운영하기 위해서는 인프라 구축과 함께 개혁이 동반된다고 본다. 철도와 항만 건설, 전력 생산과 보급, 토지조사사업이나 산미증식계획 등 침탈의 이면에는 사회경제 개혁도 동시에 따른다는 것이다. 그렇기에 식민지기에 기초적인 경제 인프라가 구축되었고 1인당 GNP(국민총생산)도 상승했다고 설명한다.

그렇다면 외형적·양적 측면 외에 질적 측면, 그리고 교육이나 복지 등 삶의 향상을 보장하는 제도와 정책은 갖추어졌을까? 사실 그 수준은 매우 열악했다. 금융자본주의가 발달한 영국의 식민지였던 인도는 금융자본의 유입으로 공업경제가 크게 발전했다. 그에 비해 후발 주자인 일본 자본주의는 성장의 성과를 가져가는 경제적 침탈에 주력했다. 당시 일본 자본주의의 후진성은 계속 성장하던 중국 자본주의의 발전을 도전과 위협으로 간주했고, 결국 중국에 대한 군사적 침략으로 문제를 해결하려 들었다.

둘째, 식민지 체제가 비식민지 체제보다 시장경제 제도를 형성하는 데 훨씬 효율적이라고 본다. 원활한 식민지 통치를 위해서는 일거에 제도를 정비하고 인프라를 구축해야 했다. 이는 전통사회의 급속한 해체와 혁신을 스스로 만들기 어려웠던 비식민지 국가에 비해 훨씬 유리한 조건이었다고 하며, 19세기 말 일본의 식민지가 된 타이완이 중국에 비해 제도와 인프라 구축에서 훨씬 앞섰음을 예로 들고 있다. 하지만 경제규모나 주체의 의지 문제도 고려해야 한다. 무엇보다 식민지기 사회구조 변화는 결국 식민지 경제가 종주국의 경제체제에 포섭되고 종속되는 동화의 과정이었음을 부정할 수 없다.

셋째, 자본주의 이식이라는 외적 요인도 중요하지만 전통의 연속성 또한 고려해야 한다고 본다. 전통사회의 역사적 축적이 있어야 효율적 개발과 빠른 경제성장이 가능하다는 주장이다. 서구 열강의 침탈로 식민지를 겪고 자본주의가 이식된 많은 지역과 국가들이 자본주의 발전 속도와 수준이 같지 않았던 것은 서로 다른 전통과 내적 역량 차이 때문이다. 이들은 한국이 식민지기에 빠른 개발과 성장이 가능했던 것은 외적 요인 외에 전통사회에서 축적된 발전 가능성이 있었기 때문이라고 주장한다. 조선 후기에 소농사회가 정착되고 생산량이 증가했던 역사적 경험과 물적 토대가 있었기에, 식민지기에 산미증식 등을 추구할 때 그 나름의 성과를 낼 수 있었다는 것이다. 이러한 전통의 역량 강조는 내재적 발전론과 맞닿아 있는 지점이다.

식민지 근대화론에서는 경제성장론 외에도 다음과 같은 몇 가지 주장을 펴고 있다.

첫째, '수용능력론'이다. 식민지기의 경제성장이 내적 자산이 되어 주체적 경제발전을 할 수 있었다는 논리다. 경제성장을 역사발전의 지표로 삼으면, 식민지와 해방 이후를 주체적 경제발전이라는 측면에서 연속적 관점으로 설명할 수 있다고 본다. 주체의 수용능력이 바로 경제발전의 원동력이며 식민지기와 해방 이후를 역사의 단절이 아닌 인적·물적 인프라의 계승으로 볼 수 있다는 것이다.

둘째, '발전국가론'이다. 식민지의 운영주체인 조선총독부가 국가 주도의 경제정책을 전개했으므로 이를 경제성장을 주도하는 발전국가 체제로 본다. 이후에도 국가 주도를 통해 산업화와 경제발전을 함으로써 한국적 자본주의의 성공과 한강의 기적을 낳았다는 것이다.

셋째, '중진자본주의론'이다. 내재적 발전요인이 선진 자본과 기술을 수용해 경제발전을 이루었다는 개념이다. 한국의 경우 일본의 선진 모델을 수용해 발전과 근대화를 성취했으며, 결국 동아시아 자본주의의 성장은 밖으로부터 주어진 자본주의 시스템을 자기화하고 흡수하는 과정이었다고 설명한다. 동아시아의 근대 역시 일본이 자본주의 수용과 정착을 이끌고 한국이 그 뒤를 따랐다고 보는 것이다.

여기서 일본 중심의 동아시아 자본주의론에 대해 한번 살펴보자. 동아시아의 근대는 서구와는 다른 경제성장의 궤적을 밟아왔다. 다만 일본은 동아시아 세계의 일원이면서도 동아시아의 여타 국가와는 역사적으로 다른 길을 걸어왔다고 해서 서구 유럽의 역사발전 모델에 비견되었다. 하지만 전근대기 일본에 자본주의의 토대가 이미 형성되었다는 주장은 서구 근대의 발전도식에 꿰맞춘 일종의 일본 특수론이었다. 소농사회가 농촌 공업의 활성화를 낳았고 그것이 바로 초기 자본주의 형태였다는 논리는, 일본에서 전근대기의 프로토原 공업화의 토대 위에 산업자본주의가 가능했다는 이론으로 연결되었다. 하지만 이는 일본의 특수성을 지나치게 강조하고 과신한 것으로 중국, 인도와 같은 아시아 선진 지역의 경제발전 양상을 무시하고 간과했다. 근대 이전에 일본보다 훨씬 높은 생산력과 발전 수준을 보인 중국, 인도의 선진 지역에 대한 고려 없이, 일본의 상황만 특화시키고 보편적 잣대에 끼워 맞춰 이해하는 것은 객관적 해석이라 할 수 없다.

동아시아 자본주의화에서 서구 근대의 수용과 적용, 정치경제적 구조의 추동력 등이 중요한 관건이었음은 분명하다. 동아시아에서 경제 근대화는 19세기 후반 서구화를 추진한 일본이 가장 앞섰다. 제국주의의 대륙 진출과 군국주의는 일본 자본주의의 패권을 더욱 확대시켰다. 1930년대에 일본의 식민지였던 한국과 타이완의 경제가 크게 성장했지만, 이는 제국 일본의 권역 내에서 이루어진 공업화와 역내 무역의 결과였으며, 엔 블록은 더욱 강화되었다. 반면 중국의 수출 지향 공업화와 경제발전의 가능성은 1930년대 후반 일본의 중국 침략으로 싹이 잘렸다. 정치군사적 제국주의와 자본주의 경제가 결합된 일본의 패권적 질서 아래서 동아시아의 경제 근대화는 수직적 차등을 두고 전개되었다. 제국의 근대를 경험한 일본 자본주의는 이러한 과거의 유산을 바탕으로 했기에 20세기 후반에도 성공 가도를 달릴 수 있었던 것이다.

4. 평행선의 끝은 어디인가?

한국 사학계의 주류 담론인 내재적 발전론에 대해 민족주의의 색채가 과도하게 투영되었다는 비판과 함께 일국사의 좁은 시야가 갖는 한계 역시 지적되었다. 또한 식민지 근대화론으로 이름 붙여진 경제사학 쪽의 근대화론에 대한 한국 사학계 측의 역비판도 제기되었다. 그런데 양쪽의 상이한 입장은 서로의 불신과 소통 부재 때문인지 생산적 논의나 결론을 내지 못한 채 평행선을 달리고 있다. 양쪽의 견해 차이는 역사를 바라보는 사관과 연구방법론의 차이에서 비롯되었으며, 현실의 정치지형을 바라보는 시각에서도 차이가 난다.

자본주의 맹아론으로 대표되는 내재적 발전론에 대해 식민지 근대화론 측에서는 어떻게 비판했을까? 우선 제국주의에 반감을 갖는 반식민지 정서가 내재적 발전론의 밑바닥에 깔려 있다고 보았다. 학문이 정치적 도식에 빠져서는 안 된다는 것으로, 심한 경우 식민지기를 다루는 근대사 연구를 민족주의의 포로라고 혹평했다. 이들은 경제적 근대화는 무엇보다 경제원리로 설명해야 하는데, 제국주의의 일방적 착취라는 정치논리로 환원해서 이해하는 것은 문제라고 주장한다. 또 자본주의 도입과 경제적 근대

1945년 8월
해방의 감격

화에는 외국 자본의 유입이 필수적인데, 내재적 발전론에서는 그것이 갖는 긍정적 역할이 도외시되었다고 한다. 비록 식민지이기는 했지만 일본 자본의 유입을 통해 한국이 근대적 경제성장을 이루었음을 인정해야 하며, 그러한 특수상황까지 '내재적' 관점에서 이해해야 한다고 역으로 제안했다.

내재적 발전론에 대한 비판론을 유형별로 살펴보면 다음과 같다.

첫째, 일국사적 관점에 치우쳐 세계사의 흐름과 국제적 계기라는 외재적 요인을 간과했다. 자본주의 경제성장에서 가장 중요한 요인인 세계사의 거시적 구조와 외부 영향에 대한 고려가 적었다는 것이다.

둘째, 사회변동 과정에서 발전만이 아니라 발전을 제약하는 구조적 요인이 무엇이었는지, 그 부정적 내재성 또한 해명되어야 한다. 조선 후기 이래 근대적 발전 가능성에만 주목하고 그것이 식민지가 되어 단절되었다는 주장은 역사의 연속성을 설명하는 데 한계가 있으며, 왜 발전이 막히고 식민지가 되었는지도 생각해봐야 한다는 것이다.

셋째, 토지의 광범위한 점유와 농민층의 분화, 미래 부르주아 계급의 형성 가능성 등을 '경영형 부농론'이라고 설명한 김용섭 등의 학설이나 조선 후기에 상품경제 발전이 이루어졌다는 통설은 입증할 만한 근거가 부족하다고 본다. 예를 들어 19세기에 새로이 등장한 부농층인 요호부민의 출현과 잦은 민란의 발생을 설명할 때 사회계층 간의 역동적 상호관계나 내적 대응 양상을 간과한 채 단지 자본주의 맹아론에 입각해 발전으로만 보는 것은 문제가 있다는 것이다.

넷째, 조선 후기와 식민지기, 해방 이후를 각각 단절적으로 파악하고, 더욱이 분단이나 독재 등 현대사의 모든 문제의 원인을 식민지로 환원시키고 책임을 전가한다고 비판한다. 이를 종합해보면 외재적·연속적 측면을 고려하지 않은, 더욱이 근거가 불충분한 관념적 역사인식이라는 것이다.

반대로 식민지 근대화론의 한계로 지적된 것은 다음과 같다.

제일 먼저 경제적 성장만 중시하다 보면 당대의 가장 큰 구조적 모순인 '식민지성'이 사라지게 된다는 것이다. 또한 소농사회가 유지되다가 그것이 근대화의 자원이 되었다고는 보지만, 전통사회의 대응이나 지향을 종속변수로만 한정하고 있다. 그렇게 되면 당시에 절실했던 꿈과 염원들, 역사의 동력으로서 '주체적 근대'의 힘이 시야에서 사라져버릴 수 있다. 무엇보다 식민지 체제의 경제적 수탈, 내선일체와 동화로 포장된 민족차별이라는 본질을 무시하고 개발의 성과와 부산물에만 주목해서는 안 된다. 식민지 근대화론의 기본 입장이 '성장과 개발의 근대'라면, 과연 '우리'가 식민지기에 무엇을 얻었는지 그것이 문제가 된다는 것이다. 실제로 경제적 성장과 발전을 강조하지만 당시 생산주체와 유통자본 문제를 보면, 대외무역은 주로 일본인과 중국 화교가 주도했고 한국인의 참여 비중은 매우 적었다. 이는 같은 일본의 식민지였던 타이완과도 다른 양상이었고, 그렇기에 경제발전의 성과물이 과연 누구에게 돌아갔는지를 짚고 넘어가야 한다.

해방 이후의 역사인식에서도 근대화론은 박정희 시대에 추진된 경제성장 지상주의의 조국 근대화론과 1990년대 이후 철저한 자본의 논리로 한국 사회를 휘감은 신자유주의를 긍정적으로 보는 경제 중심의 체제 옹호 논리다. 최근에는 일본의 우경화 속에서 일본 우익의 자유주의 사관이나 극우적 역사인식에 악용될 소지가 있다. 식민지기를 인프라 구축, 경제성장, 이후 경제발전의 토대가 마련된 시기로 보는 것은, 일본이 한국을 병합해 근대화를 시켜주었고 한국인도 그에 동조해 이익을 얻었다는 일본 우익의 기본 입장에 큰 힘을 실어주는 셈이다.

양측의 입장은 평행선을 달린 채 서로의 문제점과 한계에 대한 불신과 우려의 시선을 보내고 있다. 그런데 내재적 발전론이나 식민지 근대화론은 여러 차이점을 지닌 동시에 공통분모도 갖고 있다. '식민지'라는 가림막을 빼고 나면 근대화=경제발전=선善이라는 근대 지상주의의 목적론적 도식이 똑같이 적용된다. 이는 보편적 서양과 특수한 동양이라는 오리엔탈리즘의 변형된 양태지만, 지난 100년간 근대의 도입과 체화가 우리 역사의 최대 과제였음을 반영한다. 또한 국가와 같은 정치구조, 사회체제를 의식하고 중시한다는 점에서 양쪽 모두 정치적·이념적 색채에서 자유롭지 않다.

이처럼 내재적 발전론과 식민지 근대화론은 같은 태생이지만 모습은 전혀 다른 이란성 쌍둥이에 비유할 수 있다. 이 둘은 식민지라는 시공간에 대한 해석의 문제, 그리고 동아시아 자본주의의 성장이라는 거시사와 한국의 특수사 사이에서 합의된 절충점을 찾지 못하고 있다. 극단으로 치닫고 있는 이 둘의 평행선의 끝은 어디일까? 양측은 과연 공유된 역사인식의 상을 그려낼 수 있을까? 그 해답은 알 수 없다. 다만 몇 가지 생각해보아야 할 문제가 있다. 발전과 근대화 지상주의라는 기본 지향은 서로 일치하는 것이므로 논외로 하고 '내재적'이라는 지점에 주목해보자.

'내재적'은 역사발전의 주체를 상정하는 개념이므로 원론적으로는 양측 사이에 이견이 없을 것이다. 다만 내재적이라는 말을 쓰기 위해서는 전근대에서 근대로 이어지는 연속적이고 장기적인 역사, 그리고 질적 변화를 내포하는 전환기의 속성을 동시에 고려해야 한다. 식민지기의 실상과 전근대 시기의 역사적 기원 사이에 어떤 관계가 있는지, 그리고 괴리가 있다면 그 본질적 차이는 무엇인지 생각해보는 것이 우선이다. 그런 다음에야 한국의 '내재적 고유성'이라고 할 만한 것으로는 무엇이 있는지 논의가 가능하다. 방법론적으로 보편의 잣대를 무조건 들이밀기보다 특수를 특수 그 자체의 맥락에서 바라보고 나서, 그것과 보편과의 관계를 대비시키려는 숨고르기가 필요하다.

다음으로는 양측의 역사인식을 결합하고 확대하는 '이중구조'와 '역사인식의 확장'을 모색할 수 있다. 식민지 근대화론에서 주장하는 실재의 근대와 내재적 발전론의 주체의 근대를 같은 도화지 앞에 두고 이 둘의 복합적 이중구조를 그려본다고 해보자. 세계사적 보편성과 자본주의 수용으로 특징되는 '실재하는 근대'와, 한국의 특수성과 내재적 역량을 뜻하는 '주체적 근대'를 어떻게 하나의 도상 안에 집약할 수 있을까? 역사인식의 확장 측면에서는 한국사의 외연을 넓혀 동아시아 차원의 시야가 요구되며, 배타적 민족주의가 아닌 대등한 상호주의에 서 있어야 한다. 또한 민족, 자본, 계급에 따른 우열이나 차등이 역사의 실제 모습이라면, 역사적 지향은 동아시아 공동체의 공생과 보편적 가치를 추구하는 것이어야 한다.

식민지배에 대한 우리의 정서와 기억은 아직도 어두운 회색 빛으로 뒤덮여 있다. 식민지 경험은 한국사의 치부이자 민족적 자존심에 상처를 남겼고, 그로부터 나온 많은 문제가 지금까지 우리의 발목을 잡고 있다. 선진과 보편에 대비되는 후진과 특수의 자괴감은 떨칠 수 없는 트라우마였다. 하지만 과거사를 그 자체로 인정하고 그 안에서 유의미한 역사적 가치를 찾아야 할 때가 되었다. 식민지기를 포함한 역사를 바라볼 때는 늘 보편과 특수를 함께 고려해야 한다. 또 당시를 살았던 인간 군상의 조각난 행태들을 모자이크처럼 맞춰보아야만 그 시대가 보인다. 장기적 연속성과 사회구조의 변동, 세계체제와 고유성, 실존적 인간의 꿈과 좌절을 모두 시야에 넣을 때에야 비로소 내재적 발전의 지향과 실재했던 근대가 하나가 될 수 있다. 식민지기는 결코 기억 속에서 지워버려야 할 과거가 아니며, 오늘의 우리를 있게 한 엄연한 역사적 실체다. 스스로를 바라보는 내면의 거울이자 반면교사로서 식민지기를 다시 생각해볼 필요가 있다.

3

**한국과 일본의
공통점과 대안
찾기**

역사교과서,
무엇이 문제인가?

역사교과서는 중·고등학교 학생들에게 역사 속의 다양한 삶과 시대의 모습에 대한 지식과 이해를 제공해준다. 또한 한국인으로서의 정체성을 공유케 하며, 세계인으로서의 국제적 감각과 균형 잡힌 보편적 사고를 키우는 데 도움을 준다. 그런데 식민지, 전쟁, 독재 등 수많은 우여곡절을 겪은 한국의 근현대사는 민족보다 국가와 이념이 우선시되는 편향적 경험을 했고, 이러한 경험은 여전히 현재진행형이다. 이는 역사교과서, 특히 한국사교과서를 둘러싼 최근의 논란을 이해하는 데 중요한 열쇠가 된다.

　시야를 밖으로 돌려서 한국과 다른 양상의 근현대사를 겪었지만 공통된 지점을 보이는 일본의 역사인식과 비교해 우리 역사교과서 문제의 본질에 접근해보자. 과거사에 대한 공공의 기억을 누가, 어떤 형태로 차지할 것인가 하는 문제에서 한국과 일본의 우파는 동일한 인식과 지향을 보인다. 그렇기에 일본 우익의 역사인식과 우파 역사교과서가 지닌 문제점을 통해 최근 우리 사회에서 제기되고 있는 역사교과서 논쟁의 실체와 한계를 분명히 알 수 있다. 이번 토픽에서는 한국과 일본에서 자국사의 상대화를 통한 동아시아사의 보편적 지형을 그려내고 역사인식을 공유할 수 있을지, 그 대안을 모색해보자.

1. 뜨거운 이슈가 된 한국사교과서

최근 정부가 밀어붙인 역사교과서 국정화에 대한 학계와 시민사회의 반발이 거세게 일면서 정치사회적 이슈가 되었다. 2013년에도 뉴라이트 계열에서 만든 한국사교과서가 국사편찬위원회와 교육부의 검정을 통과해 많은 비판과 논란을 야기했다. 이후 국정교과서의 포문을 열게 된 이 교과서는 일부 역사학자와 정치학자, 경제학자를 비롯해 보수 우파임을 자임하는 이들이 필진으로 참여했다. 하지만 당시 대다수의 한국사 관련 학회에서는 반대성명과 반박 의견을 내놓았다. 비판의 초점은 이 교과서가 기본적인 사실관계에서 오류가 많고, 더욱이 식민지와 독재를 미화했다는 데에 모아졌다. 특히 식민지시대에 경제발전과 근대화의 초석이 놓였다는 식민지 근대화론이 은연중에 반영되었고, 이승만과 박정희 시대의 경우 반민주적 장기독재의 폐해보다 건국의 의미와 산업화의 성과를 집중적으로 부각시켰다는 점에서 논란이 되었다.

실제로 이 교과서는 "한국인들이 시간 사용의 합리화와 생활 습관의 개선을 일제로부터 강요받았고 근대적 시간관념이 한국인에게 점차 수용되어 갔다"라거나, "철도를 이용해 먼 거리 여행도 가능해졌다"는 식의 서술을 통해 식민지기에 일상생활과 교통 등 여러 측면에서 근대화가 이루어졌음을 에둘러 표현하고 있다. 또 식민지기의 민족주의, 사회주의, 무장투쟁, 실력양성과 자치운동 등 다양한 노선의 독립운동 가운데 반공주의만을 높이 평가하는 이념적 편향성을 보인다.

이 교과서에 반대하는 입장에서는 식민지기 친일파와 친일자본을 애국자와 민족자본으로 호도하고 이후 독재정권의 경제성장 과정에서 일어난 민주주의 압살과 인권유린을 간과했다는 점을 문제로 지적한다. 또 남북관계를 정치적 이념에 따라 선과 악의 이분법적 대결로 보아 무조건적인 적대감과 반감을 불러일으킨다는 것이다. 이처럼 뉴라이트 교과서는 식민지와 독재에 대한 무비판적 논조가 특징을 이루며, 냉전체제의 친미 근대화론, 반공 일변도의 국가주의를 미화하는 서술이 문제가 되었다.

이에 대해 뉴라이트 측은 기존의 한국사교과서, 나아가 한국 사학계의 분위기가 좌파의 진영 논리에 빠져 있다고 보았다. 특히 근현대사 전공자들이 자유민주주의와 건국의 정당성을 부정하고 대한민국의 자랑스러운 역사와 한강의 기적으로 불리는 비약적 경제발전을 폄훼하거나 축소시켰다고 비판한다. 뉴라이트 학자들은 문명사관에 의한 자유민주주의, 경쟁에 입각한 시장경제를 최고의 가치로 내세우며 역사학계를 일방적으로 좌파로 매도했다. 기존 교과서의 현대사 서술은 민중사관을 선호하고 '친북과 반미'의 좌편향에 빠져 있다는 극단적 이념공세도 펼쳤다. 이들은 기존 역사학을 '친일 대 반일', '독재 대 반독재'의 단순한 이분법에 사로잡힌 나머지 근현대 한국의 역사적 성과와 정당한 가치를 깎아내린 자학사관이라고 공격했다. 뉴라이트 한국사교과서의 주요 집필자 중 한 명은 제주 4·3사건에 대해, "대한민국 정부 수립을 방해하기 위해 남로당이 벌인 폭동"이라고 주장했다. 이야말로 이들이 우편향적 시각에 사로잡혀 역사를 왜곡하고 있음을 잘 보여준다. 4·3사건에 대한 정부의 공식 입장과 기존 교과서의 서술 내용은 경찰의 발포로 사건이 발화되어 무고한 양민이 학살되었다는 것이며, 명백히 국가권력에 의한 민간인 희생이라고 되어 있다. 그럼에도 사실관계를 따지지 않고 좌익이 일으킨 폭동을 정부가 토벌했다는 식의 잘못된 시각을 고수하며 이념적 색채를 드러냈다.

역사적 사실에 대한 해석과 평가는 사관이나 입장에 따라 다를 수 있다. 하지만 교과서에서는 사실관계의 오류를 피해야 하며 서술도 가급적 가치중립적이어야 한다. 역사교과서 국정화를 둘러싼 논란이 좌우의 이념논쟁인 것처럼 알려져 있지만, 정확히 말하면 보수 정치권과 뉴라이트 계열의 우파적 시각에서 역사학계를 좌파로 매도하고 정치적·이념적 잣대로 이슈를 만들어간 것이다. 일렬로 늘어선 줄에서 제일 오른쪽에 있는 사람이 보면 중간에 있는 사람도 왼쪽에 치우친 것처럼 보이는 법이다. 교과서와 역사교육은 학계의 전문성과 교육현장의 상식에 맡겨놔야지 이를 이념투쟁의 대상이나 정치적 선전도구로 활용해서는 안 된다.

우파의 정략적 의도에서 쓰인 뉴라이트 한국사교과서는 내용상의 오류와 객관성 문제 때문에 매우 낮은 채택률을 보였다. 이에 청와대와 정부 여당이 직접 나서서 1970년대 유신시대 이후 처음으로 역사교과서를 국정화로 회귀시키는 결정을 했다. 국정 역사교과서는 일부 독재국가와 정치적 후진국을 제외하면 세계 어느 나라에서도 그 예를 찾기 힘들다. 그런데 21세기 대한민국에서 그러한 비상식적·비민주적 행태가 벌어진 것이다. 역사를 이념의 잣대로 재단하고 권력의 입맛대로 덧칠해 획일적으로 주입하려는 발상은 어처구니없는 시대역행적 사고다.

한국의 우파와 뉴라이트의 역사인식, 역사교과서에 대한 집착은 과거의 기억을 자신들이 독차지하려는 일본 우익의 역사관과 그들의 행보를 그대로 따랐다. 그 궤적을 이해하기 위해 지난 20여 년간 일본 우익이 보여준 역사인식과 역사교과서를 둘러싼 정치사회적 배경에 대해 살펴보자.

2. 일본 우익의 역사교과서와 한국관

일본 우익의 교과서 출간

일본은 패전 이후 시작된 국제적 냉전체제와 미국의 정치적·군사적 보호 속에서 수출 위주의 급속한 경제발전을 이루었다. 그리고 그 기반 위에서 평화와 보편적 민주주의를 지향하는 안정된 정치질서를 구축했다. 하지만 1990년대의 거품경제 붕괴 이후 장기간의 경기침체가 지속되었다. 그 과정에서 강한 일본을 내세운 우익세력이 준동하게 되었고 정치적 파급력과 사회적 영향력도 점차 커졌다. 이러한 경제·정치·사회의 지형변화는 일본이 걸어온 '근대'의 길에서 영광을 되찾고 국민의 정체성을 확고히 하려는 우익의 요구와 절묘하게 맞아떨어졌다. 이후 과거사에 대한 대중의 기억을 새롭게 되살리고 자긍심을 갖게 하려는 역사개조의 노력이 뒤따랐다.

일본 우익의 역사관을 확립하고 대중화하려는 시도는 일찍부터 있었다. '자학사관' 탈피를 목표로 내걸고 1995년에 발족한 '자유주의 사관 연구회'가 그 시작이었다. 교육학을 전공한 후지오카 노부카쓰藤岡信勝 등이 만든 이 연구회는 중국의 난징대학살 희생자를 축소하고 교과서에서 일본군 위안부 관련 기술을 삭제하는 운동을 펼쳐나갔다. 이어 이 연구회 소속으로 독문학을 전공한 니시오 간지西尾幹二의 『국민의 역사』(1999)가 나왔다. 대표적 우파 언론인 산케이신문사에서 출간된 이 책에서 니시오 간지는 일본 학계의 기존 역사관을 태평양전쟁 전범재판 사관, 사회주의 코민테른 사관이라고 비판하고, 그 한계를 극복하기 위해 책을 저술했다고 밝혔다.

1996년에는 자유주의 사관 연구회 참여 인사들이 주축이 된 '새 역사

1907년 일본 황태자의 방문을 막으려는 조선인에 대한 풍자화

교과서를 만드는 모임'이 시작되었다. 여기에는 교수, 언론인, 작가, 기업인 등의 우익인사들이 대거 참여했다. 그런데 의아한 것은 앞서 연구회 때와 마찬가지로 일본사를 비롯한 역사 전공 학자들이 거의 들어가지 않았다는 점이다. 이 모임은 일본이 성취해낸 근대의 자랑스러운 역사를 기억하고, 이를 교육을 통해 전수함으로써 새로운 강한 일본을 만들자는 취지에서 결성되었다. 하지만 이 모임에 참여한 인사들은 한국, 중국 등 주변국과의 관계를 무시한 일본 독존주의와 일본이 가해자가 아니라 패전을 겪은 피해자일 뿐이라는 인식을 갖고 있어 문제가 된다.

그럼에도 이 모임에서는 결국 『새 역사교과서』(후소사)를 펴냈고 2001년 중학교 공민 역사교과서의 하나로 문부성의 검정을 통과했다. 모임 측은 교과서 채택률의 목표치를 10퍼센트로 잡았지만 첫해에는 0.04퍼센트에 지나지 않았고 2000년대 중반까지도 0.4퍼센트를 넘지 않았다. 그 후 두 곳의 출판사에서 우익 역사교과서를 내면서 최근에는 모두 합쳐 2퍼센트 정도의 채택률을 보인다. 결국 많은 우려를 불식시키고 일선 역사교사 등 일본 지식인 사회의 건전한 상식이 작동해 우익의 목표 기대치에 크게 못 미치는 결과를 낳았다. 그러나 일본 사회와 정치권이 최근 더욱 보수화·우경화되고 있고, 역사교과서의 내용에도 점차 우익의 일본 중심주의가 반영되고 있다. 독도(다케시마)가 일본의 고유 영토라는 주장이 이미 교과서 지침에 명기되었고 위안부나 학살, 전쟁 책임 등 민감한 문제는 애매모호한 서술이나 의도적 회피, 잘못된 사실 적시로 문제를 키우고 있다.

일본의 우익사관과 한국 인식

일본의 우익사관은 기본적으로 일본 중심주의, 동아시아의 근대를 연 것에 대한 일본 우월의식이다. 이들은 일본 역사학계의 통설이나 기존 역사교과서의 내용을 자학사관으로 매도했다. 반면 자신들의 역사관을 '자유주의 사관'이라고 포장했는데, 일본의 입장에서 정상적인 역사인식과 교육을 하자는 것이 그 취지라고 밝혔다. 한국에서도 대통령이 직접 나서서 기존의 역사인식과 교과서에 대해 "잘못된 역사를 배우면 혼이 비정상이 된다"는 이상한 표현을 써가며 비판한 일이 있었다. 이는 일본 우익이 내건 '정상적'이라는 용어를 따와 돌려서 쓴 것으로 알았지만, 최근 '혼이 비정상'이라는 말의 출처가 밝혀졌다.

　일본 우익은 "과거의 사실에 대해 과거의 사람들이 어떻게 생각하고 있었는지를 배우는 것"이라고 역사를 정의했다. 『국민의 역사』 서문에서도 "역사는 과학이 아니며 이야기이고 신화다"라고 선언했다. 이는 '과거의 기억'이 중요하다고 강조함으로써 역사적 사실을 주관적으로 왜곡하고 입맛대로 자유롭게 해석할 수 있는 가능성을 열어둔 것이다. 다시 말해 과거사의 집단적 기억을 되살려 역사를 자기합리화와 미화의 대상으로 삼을 수 있게 만든 것이다. 더 나아가 과거의 사실을 정확히 아는 것은 불가능하며 상상의 공동체인 국가의 내력인 역사는 어차피 픽션일 수밖에 없다는 주장까지 나왔다. 이는 실증주의와 합리성에 기초한 객관적 해석을 모토로 하는 역사학의 원칙을 정면으로 부정한 것이다.

근대사를 바라보는 일본 우익의 시각은 크게 서양에 대한 선망과 피해의식, 아시아에 대한 차별과 우월의식으로 집약할 수 있다. 근대 이후 일본이 걸어온 길은 다른 선택의 여지가 없는 최선의 결과라고 확신하며 황국 일본의 추억을 불러내고 재생하려는 것이다. 일본 우익은 이러한 자아도취적 긍정사관에 빠져서 역사학계의 통설을 자학사관이라고 비판하고 나선 것이다. 그렇다면 일본 우익의 새 역사교과서에 나타난 한국 인식의 문제점은 무엇일까? 우선 이를 배우는 청소년들이 자아의식이 형성되는 시기에 이웃 나라에 대해 부정적 인상을 갖게 될 가능성이 크다.

새 역사교과서에 보이는 한국관의 문제점은 다음과 같다.

첫째, 일본은 자주적 독립국이었지만, 한국은 중국에 종속된 비자주적 역사를 가졌다는 것이다. 이는 식민사관에서 비롯된 것으로 한국사는 한사군 때부터 조선시대까지 중국의 영향력에서 벗어나지 못했다고 보았다. 지리적 조건과 역사적 배경에서 한국과 일본은 분명한 차이가 있으며, 한국이 중화체제 안에 자리 잡고 있었음은 분명하다. 그러나 전통적 동아시아 질서에서 변방에 있던 일본과 중심에 있던 한국의 차이를 고려하지 않고 근대적 관점의 자주나 종속을 논하는 것은 말이 안 된다. 또한 19세기 말 일본이 조선을 자주국으로 인정함으로써 청의 종주권에서 벗어나게 해주었다는 시혜적 시각을 나타냈다. 반면 일본의 조선 침탈 야욕과 강압적 식민지화 과정은 의도적으로 배제했다.

둘째, 일본이 고대부터 한반도에 영향력을 미쳐왔다는 인식이다. 그 전 거로 든 것이 바로 임나일본부설인데, 일본이라는 국민국가의 입장에서 자의적으로 고대사를 해석한 대표적 사례다. 고대에 왜가 한반도 남부를 지배했다는 임나일본부의 실체는 불분명하며, 군사적 통치나 정치적 지배 기구는 더더욱 아니었다. 오히려 일본의 야욕을 만천하에 드러낸 임진왜 란과 강압적 식민지배야말로 동아시아 세계의 평화와 양국의 친선우호 관 계를 깨뜨린 대표적 사례다.

셋째, 역사의 전개과정을 볼 때 일본의 대응능력은 뛰어났음에 비해 한 국은 무능했다고 단정 짓는 태도다. 무인사회였던 일본은 현실에 대한 대 처가 빠르고 효율적이었지만 한국이나 중국 등 문관 위주의 사회는 경직 되고 무기력했다는 식이다. 이는 일찍부터 중앙집권제를 이루고 능력 중 심의 과거제를 시행해온 중국과 한국의 특장점을 무시한 채 일본의 특수 성만 부각시킨 것으로, 타당한 근거가 없는 비역사적 인식이다. 그 연장선 에서 중국과 한국은 근대의 세계정세를 파악하지 못해 자주적 근대화를 이룰 수 없었다고 주장한다. 하지만 이 역시 다양한 역사적 배경과 원인을 검토해보지 않은 결과론적 시각일 뿐이다.

넷째, 한반도는 지정학적 여건상 일본의 안전을 위협하는 흉기가 될 수 있다는 인식이다. 이는 가마쿠라시대 몽골과 고려 연합군의 일본 정벌 시 도, 근대기 러시아의 남하정책 등 북방세력의 일본 진출 기도가 한반도를 통해 이루어진다는 역사적 배경에서 나온 주장이다. 문제는 혹시 모를 위 험요소를 제거하고 일본의 안전을 보장하기 위해 한반도에 영향력을 행사 해야 한다는 논리로 이어진다는 점이다. 이러한 사고는 19세기 후반 일본의 안위와 국체를 지키기 위해 조선에 진출해야 한다는 정한론에서 기원한다. 이와 같은 자국 중심적 인식은 일본의 한국 침략과 식민지배를 합리화하려는 변명에 불과하다. 미래지향적 상생의 가치를 담아야 하는 교과서에 절대 들어가서는 안 되는 내용인 것이다.

다섯째, 일본은 한국의 문명개화를 위해 도움을 주었고, 한국이 주체적으로 달성하지 못한 근대화를 일본이 만들어주었다는 시각이다. 이는 일종의 식민지 근대화론으로서, 식민지배가 합법적이었다고 정당화하기 위한 논리다. 또 한국의 주체적 근대화 노력은 물론 강제병합과 경제적 수탈, 민족차별과 같은 식민지 현실을 제대로 다루지 않았다. 이뿐 아니라 이 교과서에는 위안부 문제처럼 일본에 불리한 사건은 대부분 생략되거나 왜곡, 축소되어 있다. 대신 일본이 미국으로부터 원자폭탄의 피해를 입은 사실을 강조했다. 이와 같이 근대 일본이 걸어온 길은 옳았고 어쩔 수 없었으며, 잘못된 결과의 책임은 일본만이 아니라 한국에도 있다는 것이 일본 우익의 기본 사고다.

3. 일본 현대사의 전개와 우익의 역사인식

전후 일본 사회의 지각변동

일본은 1945년 8월 15일 쇼와昭和 히로히토裕仁 천황이 항복 선언을 하면서 패전을 맞이했다. 일본점령군 최고사령관인 더글라스 맥아더의 미군정 체제에서 전후시대가 시작되었다. 앞서 1941년 일본의 예기치 않은 진주만 공습으로 태평양전쟁이 일어났고, 1942년 6월 미드웨이 해전을 계기

원자폭탄 투하 직후의 히로시마

로 전세는 미국 측의 우세로 역전되었다. 1945년 8월 6일과 9일에 히로시마와 나가사키에 원자폭탄이 투하되면서 전쟁은 결국 일본의 패전으로 막을 내렸다. 미군은 앞서 오키나와 등에서 전투에 진 일본군이 항복 대신 집단자결을 택하는 모습을 보았다. 따라서 미군이 일본 본토에 상륙하면 일본인들이 죽음을 무릅쓰고 저항할 것이라는 '1억 옥쇄설'이 퍼졌다. 결국 미군정은 전범처리 과정에서 전쟁의 최고책임자인 천황에게 면죄부를 주고 그 책임을 내각과 군부지도자에게 돌렸다. 1946년 도쿄 극동 국제군사재판소에서는 A급 전범 28명에게 사형을 비롯한 중형을 선고했다. 이들은 사후 야스쿠니 신사에 합사되어 제향되었는데, 이 때문에 일본 총리의 신사참배 문제는 여전히 국제적 이슈가 되고 있다.

천황과 대다수 일본 국민이 전쟁 책임에서 벗어나 면죄부를 받게 된 것은 동서 냉전의 시작과도 관련이 있다. 소련을 비롯한 공산권 국가들과 체제경쟁을 벌이게 된 냉전의 서막에서 일본은 미국에 의해 동아시아 자본주의의 보루로 낙점되었다. 국제정세를 고려한 정치적 타협의 결과, 일본은 침략전쟁과 식민지배 등 과거사 청산과 배상 책임을 면제받았다. 대신 미군정은 민주주의에 기초한 전후 평화체제의 틀을 짰다. 그 핵심은 천황을 상징적 존재로 두고 군대를 인정하지 않는 평화헌법의 제정, 민주시민 교육의 도입이었다. 미국은 사상의 자유와 다양성을 인정하는 민주주의 체제의 우월성을 과시하기 위해 보수와 혁신의 공존을 허용했다. 뒤에 자민당이 된 자유당, 민주당 외에도 사회당, 공산당까지 공인정당으로 허가해 정치적 자유를 보장했다. 그러나 미국의 정치적 영향력과 군사적 보호 아래에서 현실정치를 보수 우파가 주도함에 따라 친미의 틀이 더욱 공고해졌다.

일본이 전쟁의 참화를 딛고 빠른 경제회생을 할 수 있었던 것은 1950년에 일어난 한국전쟁 덕분이었다. 미군의 무기와 군수물자를 가까운 일본에서 만들어 조달하게 되었고, 미쓰비시를 비롯한 중공업 기업들이 폐쇄된 군수공장을 재가동했다. 일본은 패전 후 불과 몇 년 만에 도약의 발판을 마련했고, 일본 경제의 발전은 유럽의 서독과 함께 자본주의 체제의 승리로 선전되었다. 1964년에 열린 도쿄올림픽은 전 세계에 일본의 화려한 부활을 알린 국제적 이벤트였다.

1960년대 후반에는 학생과 노동자 중심의 변혁운동이 구미 각국에서 일어났다. 프랑스의 68운동, 미국의 반문화운동과 히피의 부상 등 혁명의 불꽃이 들불처럼 번져나갔다. 일본에서도 1960년대 말부터 급진좌파 이론으로 무장한 학생운동이 일어났다. 도쿄대학교 야스다 강당의 점거농성으로 상징되는 전공투(전학공투회의)운동이 당대를 풍미했다. 일본의 좌파운동은 1970년대 이후 내분을 겪고 적군파사건으로 급속히 쇠락했지만, 전공투 세대는 문화계와 학술계에 대거 진출해 현실변혁의 꿈을 이어갔다. 『상실의 시대(노르웨이의 숲)』를 쓴 무라카미 하루키도 그러한 시대 분위기에서 성장한 전공투 세대의 작가다. 좌파세력의 부상에 대한 반작용으로 당시 문부성(한국의 교육부)에서 교과서 검정제도에 대한 통제를 강화했으며, 정부가 역사교육의 기조를 정하고 지침을 마련했다.

1970년대와 1980년대는 소니Sony를 필두로 하는 전자왕국 일본의 '메이드 인 재팬'이 세계시장을 석권했고, 이에 힘입어 막대한 무역이익을 낸 일본은 세계 2위의 경제대국이 되었다. 일본 대기업은 세계 미술품 시장의 큰손이 되었고 미국 하와이의 부동산을 싹쓸이했다. 그 결과 미국에 대해 '노No'라고 말할 수 있는 일본을 꿈꾸게 되었다. 경제적 번영으로 자신감을 회복한 1982년에는 과거 군국주의의 색깔을 지우기 위해 아시아 침략을 진출로, 출병을 파견으로 바꾸는 역사교과서 파동이 일어났다. 하지만 한국과 중국 등에서 격렬히 항의하자 나카소네 야스히로中曾根康弘 총리가 사죄 성명을 내고 시정을 약속했다. 그리고 역사인식에서 아시아와의 공존과 상호 이해가 필요하다는 내용의 근린제국 조항이 교과서 검정기준에 추가되었다. 이는 아시아에서 일본이 벌어들이는 막대한 무역흑자를 유지하고 경제적 영향력을 확대하려는 불가피한 조치였다.

1980년대는 한국과 필리핀을 비롯한 아시아 여러 나라에서 민주화운동이 일어나고 독재정권이 몰락했다. 민주화의 성취는 각국의 시민사회에서 과거사에 대한 기억을 되살려내고 일본에 반성과 사죄를 요구하는 움직임으로 이어졌다. 위안부 문제도 1991년 생존자의 공개 증언이 처음 나

1970년 교과서 검정제가 위헌이라는 스기모토 판결에
환호하는 일본 시민들

오면서 공론화되기 시작했다. 일본에서도 그동안 법적·제도적으로 차별받아온 재일교포들이 '외국인'으로서 해야 했던 지문날인을 거부하는 운동을 펼쳐나갔다. 일본도 전처럼 독재정권을 상대로 한 정치적 거래만으로는 문제가 해결되지 않았기에 아시아 각국의 민중과 시민사회의 목소리를 의식해야 했다. 일본 제품에 대한 대대적 불매운동을 막고 아시아에서 정치경제적 리더십을 행사하기 위한 고육지책이 필요하게 된 것이다.

전후 50주년이 되는 1995년 8월 15일 종전기념일 때 당시 사회당의 무라야마 도미이치村山富市 총리가 과거사에 대한 반성과 사죄를 담은 담화문을 발표했다. 그 내용은 "식민지배와 침략으로 아시아 제국의 여러분들에게 큰 손해와 고통을 주었습니다. 의심할 여지없는 역사적 사실을 겸허하게 받아들여 통절한 반성의 뜻을 표하며 진심으로 사죄합니다"였다. 이는 전후에 나온 과거사 반성과 사죄 표명 가운데 가장 수위가 높은 것이었다. 그에 대한 화답으로 김대중 정부 때인 1998년에 한국에서 일본 대중문화를 공식 개방했고 양국 사이의 민간교류도 크게 늘어났다.

한편 1990년대는 일본이 거품경제의 붕괴로 장기 경기침체가 시작된 때였다. 이 시기를 '잃어버린 10년'이라고 부르는데, 한국에서도 2000년대 중반에 들어 당시 집권여당을 비판할 때 쓰는 정치적 유행어가 되었다. 1990년대 초 일본의 거품경제 붕괴는 세계 최고 수준인 부동산 가격이 폭락하고 주가가 곤두박질치면서 눈앞의 현실이 되었다. 부동산 담보대출을 갚지 못하거나 불량채권 처리가 늦어지면서 개인이 파산하고 중소 규모의 은행들이 도산했으며 막대한 공적 자금이 투입되었다. 이후 통화량 축소와 물가하락이 이어졌고 경제활동의 침체를 뜻하는 디플레이션으로 장기 불황의 늪에 빠졌다. 자산가치의 급락, 일본이 자랑하던 평생고용 신화의 붕괴, 청년층의 취업률 저하는 심각한 사회경제적 위기로 떠올랐다. 그 여파로 일본 사회는 급속히 정치적 우경화의 길로 빠져들게 되었다.

신우익의 등장과 자기중심적 역사관

경제대국 일본의 몰락은 파벌정치와 막후정치를 특징으로 하는 기성 정치권의 리더십 부재에 대한 질타를 낳았다. 나아가 전후 민주주의 체제에 대한 불신으로까지 이어졌다. 이에 '강한 일본'을 원하는 신우익의 논리와 대중의 요구가 맞아떨어지면서 보수 우파 정치인이 대거 등장했다. 대표적 인물로는 극우 성향 작가 출신으로 14년간 도쿄 도지사를 연임한 이시하라 신타로石原愼太郎, 우정성 민영화 등 제도개혁과 정치적 보수화를 동시에 추진해 큰 인기를 끌었던 고이즈미 준이치로小泉純一郎 전 총리였다. 그 계보를 이은 아베 신조安倍晉三 총리는 야스쿠니 신사 참배, 독도 영유권 주장, 반성과 사과 없는 위안부 합의, 헌법 개정 추진 등 극우 보수의 바람을 현실정치에서 관철시켰다.

신우익은 일본도 다른 나라처럼 군대를 보유해야 한다는 '보통국가론'을 주장하면서 군사적 무장을 금지한 헌법 9조의 폐기를 추진하고 있다.

전후 평화헌법의 핵심인 헌법 9조는 일본의 군사력 보유와 무력행사를 금지하고 교전권을 일체 인정하지 않는다는 내용이다. 일본에서는 한국전쟁을 계기로 1950년에 국내의 치안유지를 위한 경찰예비대가 창설되었으며 이후 보안대, 자위대로 명칭이 바뀌었다. 자위대는 헌법 조항 때문에 군대를 대신해 붙여진 이름으로 사실상 군대지만 일본의 자위권을 지키는 것으로 기능이 국한되었다.

그런데 1990년 걸프전이 발발하자 미국은 일본에 경제적·군사적 참여를 요구했고, 경제지원만 하고 위험은 감수하지 않으려 한다는 국제적 비판여론이 일자 일본은 자위대 함정을 파견했다. 이후 자위대는 분쟁 지역의 평화유지와 선거감시 등을 하는 유엔평화유지PKO 활동에 참여했고, 1999년부터는 아시아·태평양 지역에서 미군을 후방에서 지원하는 형태의 군사작전이 가능해졌다. 2001년의 9·11테러를 계기로 특별조치법에 따라 자위대의 활동 범위와 역할이 확대, 강화되었다. 이처럼 국제정세의 변화와 미국의 부추김 속에서 자위대의 군사적 기능과 재량권은 점차 커졌다. 더욱이 최근에는 헌법 조항 자체를 개정해 전쟁을 수행할 수 있는 정상적 군대로 거듭나야 한다는 주장이 자민당을 중심으로 공론화되고 있다.

일본의 신우익은 교육 등의 공공성 붕괴, 정치권의 리더십 부재와 관료주의, 저자세 대미외교 등 기존 일본 사회의 취약점에 대한 절망적 인식에서 출발했다. 이들은 전후 비무장 평화주의는 냉전체제의 정치적 타협에서 나온 허상이며, 강한 일본 정신이 퇴조하고 자기정체성이 약화된 것도 전후 민주주의 체제에서 비롯되었다고 보았다. 나아가 군국주의 전쟁 등 과거사에 대한 전면 부정에서 전후 체제가 시작되었으므로, 역사를 원점에서 다시 보아야 한다고 주장한다. 과거사에 대한 부정을 다시 부정함으로써 일본의 근대와 발전의 역사를 긍정적으로 재해석하고 복원해야 한다는 논리다.

이들은 전후 체제에 바탕을 둔 역사학도 과거를 부정적으로 보는 자학사관이라고 맹렬히 공격했다. 일본 역사학계는 메이지시대의 청일전쟁, 러일전쟁이나 타이완과 한국의 강제병합에 대해서는 부정적이지 않다. 하지만 1931년 만주사변부터 1937년 중일전쟁, 1941년 태평양전쟁을 거쳐 1945년 패전까지 15년간의 군국주의 전쟁은 회의적으로 본다. 특히 미국을 위시한 연합국에 대한 군부의 무모한 전쟁 도발이 일본 패망의 결정적 요인이었다고 설명한다. 일본의 국민작가 시바 료타로司馬遼太郞가 "메이지까지는 좋았는데 쇼와부터 잘못되었다"고 한 것과 흡사하다. 메이지시대는 서양 제국주의 침탈로부터 일본을 지켜낸 자위전쟁이었고, 1930년대 이후의 전쟁은 무모하고 잘못되었다는 기본 인식을 읽을 수 있다. 아시아를 탈피해 서구로 눈을 돌린 '탈아입구脫亞入歐'의 시기, 아시아의 맹주로 서구세력과 맞서 싸운 '탈구입아脫歐入亞'의 시기로 나누어 전자는 긍정적으로, 후자는 부정적으로 본 것이다.

우리 입장에서는 이것 또한 아시아를 무시하거나 가볍게 보는 시각이며, 식민지배 등 일본 제국주의의 팽창과정을 결코 좋게 볼 수 없다. 하지만 일본 입장에서 승전과 확장, 발전의 자랑스러운 과거로 보는 것 자체를 탓할 수만은 없다. 문제는 일본 역사학계에서 그나마 비판적으로 본 1930년대 이후의 전쟁을 우익은 선택의 여지가 없는 어쩔 수 없는 일이었다고 규정한다는 사실이다. 그러면서 그들은 기존 역사인식을 자학사관이라고 몰아붙였다. 이처럼 일본 우익의 역사인식은 철저한 자기합리화와 일본 중심주의에 빠져 있다.

4. 역사인식과 교육에 대안은 존재할까?

유럽에 비해 동아시아는 국가 간의 경쟁과 대립이 치열하며 민족주의나 국가주의가 강하게 작동하고 있다. 일본은 전후 민주주의 체제와 비약적 경제발전을 통해 일찍이 선진국의 입지를 다졌다. 하지만 1990년대 거품 경제 붕괴와 장기 경기침체를 겪으며 정치적 우경화가 급속히 진행되었다. 현재는 보통국가론에 의한 헌법 개정 움직임, 독도와 센카쿠 열도를 둘러싼 영토 갈등, 역사교과서와 야스쿠니 신사 참배, 위안부 문제에까지 주변국과 첨예한 대결양상을 보이고 있다.

동아시아 역시 유럽연합EU과 같은 권역공동체를 이룰 수는 없을까? 현재로서는 배타적 국민국가의 틀을 뛰어넘는 뾰족한 묘수를 찾기가 쉽지 않아 보인다. 남북한의 불신과 대결, 북한의 핵개발로 불거진 위기의 끝도 보이지 않는다. 북한의 개방과 발전, 경제적 시너지 효과는 한국뿐 아니라 동아시아의 미래 청사진을 그리는 데 필수 요건이 된다. 하지만 중국과 북한, 미국과 한국·일본 사이를 나누는 냉전의 유산과 전략적 동반자 관계는 평화와 번영의 길과는 어긋나 보인다. 특히 과거사와 영토 갈등에서 야기된 일본과 한국, 일본과 중국의 대립은 미국과 중국의 패권 다툼과 맞물려 긴장감을 높여왔다.

동아시아는 유럽과 달리 제대로 된 전후 처리나 과거사 청산을 하지 못한 채 냉전의 소용돌이 속에 빨려들어갔다. 1980년대 후반에는 소련의 고르바초프 전 서기장이 정치·경제·사회·외교의 전면적 개혁인 페레스트로이카를 적극 추진했다. 그 결과 냉전의 상징물인 40킬로미터의 베를린 장벽이 붕괴되고 소비에트연방이 해체되면서 동유럽 사회주의 국가가 몰

붕괴된 베를린 장벽

락했다. 자본주의와 공산주의의 냉전체제가 사그라짐에 따라 세계는 이념과 체제가 아닌 지역별 권역으로 재편되었다. 국제질서의 다각화와 지역화가 전망되면서 탈국가적 역사학이 모색되기도 했다. 일본에서도 탈국민국가적 역사관이 떠올랐는데, 이는 전후 역사학의 성과에 기반을 두고 있으며 일본의 식민지배와 군국주의 전쟁에 대한 반성과 성찰적 시각을 내포한다.

　냉전 후의 세계는 신자유주의로 상징되는 글로벌 자본에 의한 단일한 세계체제로 재편되었다. 일본은 장기 경제불황 속에서 무력감과 위기의식이 심화되었고, 한국도 구제금융IMF시대를 거치며 구조조정과 투기자본 유입 등으로 글로벌 경제체제에 깊이 편입되었다. 일본에서는 우익세력이 목소리를 드높이며 국민국가의 위기감을 부각시키고 전후 체제를 비판했다. 또 국가 중심의 역사관을 앞세워 일본이 일으킨 과거 침략전쟁에 대해 모두가 피해자라는 기괴한 논리를 세웠다. 일본도 전쟁의 피해자이며 당시 일본인의 대다수는 전쟁에 책임이 없다는 주장이다.

한국에서도 최근 일본 우익과 유사한 논리로 역사의 통념을 뒤집는 시도가 일고 있다. 친일과 반민족, 독재와 반민주의 어두운 과거의 치부를 슬쩍 덮는 대신 대한민국 건국과 근대화, '한강의 기적'으로 불리는 산업화와 경제발전 성과를 내세워 현대사를 미화하려 한다. 한국의 뉴라이트는 일본 우익의 역사인식과 개념을 빌려 역사학계의 통설을 자랑스러운 대한민국사를 부정하는 자학사관이라고 비판하고 심지어 종북좌파로 매도하기까지 한다.

일본과 한국에서 유사한 형태로 나타난 역사의식 후퇴와 정치적 여론몰이는 경제와 국민국가의 위기, 노령화와 우경화 등의 공통점을 갖고 있다. 일본은 경제불황과 침체된 사회 분위기에서 국가정체성을 확인하고 과거의 영광을 되찾으려는 심리가 역사인식에 투영되었다. 한국도 전쟁과 분단체제라는 태생적 한계 속에서 반공, 종북 타도를 앞세운 보수 우파가 대한민국의 정체성을 찾고 경제발전을 강조하려는 것이다.

그러나 역사와 교육은 국민국가의 체제 대결이나 정치이념의 표출장이 아니다. '있는 그대로의 사실'에 대한 객관적 해석과 엄밀한 평가가 있어야 하며, 보편타당한 기준과 성찰적 태도가 요구된다. 역사학은 과거를 다루는 종합적 학문이지만 과거를 통해 현재를 직시하고 미래를 전망할 수 있는 능력을 얻기도 한다. 따라서 '나'와 '우리'에 치우친 특수사가 아닌 독재와 전쟁을 반대하고 인권과 평화를 옹호하는 보편사로서의 한국사를 지향해야 한다. 또한 대립되는 상대에 대한 기본적 이해를 하면서 자국사를 상대화하는 노력이 필요하다. 민족주의와 국가주의를 강조할수록 국가 간 대결은 끝나지 않으며 합의된 역사상도 도출할 수 없다.

20세기에 식민지와 전쟁을 겪고 아직도 분단되어 있는 한국은 과거사의 피해자이지만 오히려 보편적 전망을 제시할 수 있는 적임자다. 경제발전과 민주화를 단기간 내에 이룬 저력을 바탕으로 동아시아의 미래를 그려낼 충분한 자격이 있다. 중국과 일본의 대립이 격화될수록 한국은 캐스팅보트의 기회를 쥐고 가야 하며, 특히 한반도 문제는 한국이 주도해 풀어야 한다. 이를 고려하면 한국의 역사인식과 교육은 국수주의에 매몰되면 안 되며, 과거사의 피해의식이나 정치와 이념의 대립에 갇혀서도 안 된다. 대신 보편주의와 동아시아 공동체를 지향해야 한다. 올바른 역사교육을 통해 과거를 공유하고 성찰함으로써 글로벌시대의 국제인과 통일시대 한국인을 키우는 것을 목표로 해야 한다.

일본이 위안부나 난징학살에 대해 증거자료를 무시하고 정치적·법적 틀로 끌고 들어가 진실을 감추려 드는 것은 심각한 문제다. 한국에서도 친일과 독재의 과오를 덮고 논점을 흐리는 시도는 비판받아야 마땅하다. 과거사를 말할 때 근거를 부인하고 사실을 호도한다면 그것은 역사가 아니라 정치다. 근대 국민국가의 역사교육은 원래부터 '국민 만들기'의 목표 아래 정책적으로 추진되었다. 하지만 21세기 오늘날에는 국민보다는 시민으로서의 목표와 세계사적 보편성이라는 상위의 가치가 요구된다. 특정 이념과 사관을 일방적으로 주입하는 것은 잘못된 역사교육이다. 따라서 최근 한국

사회에서 펼쳐진 정치논리에 의한 역사 흔들기, 정부가 주도하는 국정 역사교과서의 강행 시도는 역사학과 역사교육에 대한 심각한 도전이자 민주주의의 퇴보다. 국가가 역사를 마음대로 주무를 수 있다고 여기고 역사교육에 깊이 개입하는 행태는 결국 역사가의 냉혹한 평가에 직면할 수밖에 없다.

역사교과서는 민족과 국가공동체에 대한 정체성과 자긍심을 미래 세대에게 심어주는 중요한 매체다. 과거와 현재에 대한 우리 시대의 인식이 역사교육에 드러나 있고, 미래의 전망도 그 안에 담겨 있다. 최근 동아시아 권역 내의 국가주의 강화와 대립 격화, 국내의 이념 갈등과 정치적 공방 속에서 역사에 대한 공공의 기억을 둘러싼 논란과 주도권 다툼이 일고 있다. 일본이나 북한과의 관계, 국내의 정치지형을 놓고 볼 때 나와 너, 우리와 저들이 나뉘어 있는 현실을 부정할 수는 없다. 그렇다고 해서 불신과 대결, 오해나 타협과 같은 정치적 관계를 역사교육의 장에 그대로 끌어다 넣어서는 안 된다. 과거와 현재의 잘못된 행태와 관성으로 우리 미래를 볼모로 삼을 수는 없기 때문이다.

역사교육의 바람직한 방향은 한국인으로서 정체성과 자의식을 느끼게 하는 동시에 동아시아인, 세계인의 자질을 갖게 하는 것이다. 이를 위해 자기 성찰과 열린 마음, 세계주의, 다원주의, 상대주의 등 다양한 가치가 요구된다. 역사는 과거와 현재를 통해 평화와 상생이 뿌리내린 더 나은 미래를 꿈꾸는 것이다. 그렇기에 역사를 대할 때 일방적 주입과 수동적 자세가 아닌 왜, 어떻게를 스스로 묻고 맥락을 생각하는 능동적 태도가 절실히 필요한 것이다.

4

민족, 국민국가,
국사, 동아시아

한국사의
위기와 도전

이번 토픽에서는 식민지기에 시작되어 1960년대 이후 본격화된 한국사 연구의 시기별 동향을 살펴보고 '국사'교육에 투영된 민족주의와 국가주의의 특성을 검토한다. 또한 1990년대 이후 전개된 역사학의 새로운 대안 모색과정을 소개한다. 이어 한국의 근대적 민족 형성과 민족주의 담론의 특징을 통해 국민국가 체제에서 파생된 문제를 한국적 특수성과 세계사적 보편성의 두 측면에서 고찰해본다. 자국 중심의 일국사적 민족주의 사관의 한계와 그에 대한 비판, 오늘날과 같은 글로벌시대에 요구되는 열린 민족주의의 방향성을 모색해보자. 나아가 한국의 지정학적 조건과 국제적 관계에서 필수적인 동아시아 담론이 무엇인지, 좁은 틀의 국민국가 체제를 넘어서는 한국 민족주의의 새로운 방향성은 어떤 것인지 생각해보자. 이는 로컬과 글로벌이 공존하는 글로컬의 관점에서 한국사를 바라보고 한국인으로서 우리의 정체성을 고민해보려는 시도다.

1. 한국사 연구의 흐름과 민족주의

한국사 연구의 시기별 동향

근대 학문으로서 한국사 연구는 20세기 전반 식민지기에 그 단초가 마련되었다. 근대 역사학의 연구방법론은 문헌 실증주의에 기초한 것이었다. 이는 경학經學과 사학史學, 예학禮學과 보학譜學을 위주로 한 전통학술의 고증학적 접근방식과 공통점도 있지만 적지 않은 차이가 있다. 근대적 학문 연구의 가장 큰 특징은 성리학에 관한 도학적 접근과 학파나 문중 중심에서 대상을 대폭 확대해 방대한 문헌 집성과 주제별 분류, 체계적인 편찬과 유통, 객관적·실증적 연구로 나아갔다는 점이다. 다양한 고전의 발굴과 간행, 조선총독부의 고적 조사사업과 조선사편수회 활동, 근대 역사학의 이론과 방법론 도입이 식민지기에 시도되었다. 그 바탕 위에서 각 분야의 여러 성과가 나와 한국사를 바라보는 기본 틀과 시각이 생성되었다.

그러나 당시 그려진 전통의 상은 한편으로는 왜곡되고 굴절된 자기부정의 슬픈 자화상이기도 했다. 한국의 근대 학문 연구는 일본인 학자들에 의해, 또는 일본을 통해 수입된 연구방법론을 적용하며 활성화되었다. 그리고 그 안에는 식민지라는 시대의 한계와 배경을 반영해 오리엔탈리즘에 입각한 동양학의 타자적 시각이 도사리고 있었다. 서구 제국주의는 근대와 문명개화, 과학과 기독교를 앞세워 비서구 세계에 대한 식민지화와 자본주의 침탈을 감행했다. 이는 학문 영역에도 영향을 미쳐서 타자에 대한 부정과 폄하라는 오리엔탈리즘의 그늘에서 벗어나지 못했다. 동양학은 문

헌학과 역사학을 표방하면서도 대
상 지역에 대한 무지와 편견, 제국
주의적 시각을 드러냈다. 제국주의
의 아시아 행동대장이던 일본도 동
양학의 관점에서 동양을 타자화하
며 접근했다.

한국학, 당시 용어로는 조선학
연구에서도 그러한 경향이 나타났
다. 유럽에서 아시아를 바라보는
타자 폄하의 시각이 그대로 적용
되어, 한국은 타율성·정체성의 전
형으로 낙인찍혔다. 한국은 종속

단재 신채호

의 역사를 가졌고 주체적 근대의 가능성이 없었기에 일본에 의해 식민지
가 되고 근대화가 이루어졌음이 강조되었다. 한국사에 대한 일본인 학자,
또는 일부 한국인 학자의 부정적 관점이 투영된 것이 바로 '식민사관'이다.
그에 의해 한국의 전통은 낙후된 구시대적 유물이며 타파하고 극복해야
할 타자로 그려졌다. '사대주의'와 '당파 싸움', '문약'과 '공리공담', '족벌
주의'와 '유교망국론' 등 편향적 시각과 부정적 서술이 한국사 연구 전반에
담겨졌다.

한편 민족의 자의식을 드러낸 민족주의 사학, 시대조류의 반영인 마르
크스주의 유물사관에 입각한 사회경제 역사학이 급부상했다. 전자는 독립
이나 자치권을 추구하며 민족의식을 강조한 민족주의 계열로서 신채호,
박은식, 안재홍, 정인보 등을 들 수 있다. 민족주의 사학에는 1930년대에

활발히 일어났던 조선학운동 계통도 포함된다. 이들은 근대 역사학의 문헌 실증주의를 활용했으며, 민족문화와 한국의 전통에 대한 애정을 갖고 식민사학을 극복하려 했다. 후자는 민족해방과 실천적 역사학을 지향하는 사회주의 계열로서 백남운이 대표 주자다. 식민지기 한국사 연구는 이처럼 시대적 조건을 반영해 민족, 계급과 같은 이데올로기적 경향성을 강하게 띠었다. 이 시기의 한계로는 제도적 연구교육기관인 대학이 경성제대밖에 없었다는 점인데, 그마저도 일본인이 3분의 2를 차지했다. 전문학교도 연희, 보성, 혜화, 명륜, 이화 등 소수였기 때문에 학문의 축적과 안정된 재생산이 쉽지 않았다.

1945년 해방이 되어서야 한국사는 일본사 대신 국사의 자리를 차지할 수 있었다. 독립된 민족국가, 국민국가의 건설이 당시의 지상과제였으며, 국사학계에서는 신민족주의 사학이 부상했다. 하지만 좌우 이념 대립과 통일국가 수립의 실패, 동족상잔의 한국전쟁 발발로 민족과 민족주의를 전면에 내세우는 것은 좌익으로 오해될 소지가 있었기 때문에 금기시되었다. 전후 민생 파탄과 국가 재건의 시급한 현실은 학문 연구를 위한 제도와 토대를 조성하는 데 많은 어려움을 주었다. 그러다 1960년 4·19혁명으로 이승만 정권이 붕괴되면서 민족주의 물결이 다시 사회 전체를 휩쓸었다. 그 결과 1960년대와 1970년대를 거치며 민족주의 사학이 한국 사학계의 주류로 떠올랐다. 연구자들도 많이 배출되어 고대사, 사회경제사, 근대사, 독립운동사 연구가 활성화되었다. 이 시기의 목표는 식민사관의 타율성론과 정체성론을 극복하고 내재적 발전의 관점에서 한국사의 주체적 전개과정을 조망하는 것이었다. 식민사학에 의해 가려지고 왜곡된 고대사의 진실을 밝히고, 주체의 발전 노력과 양상, 식민지에 대한 저항운동을 재조명함으로써 상처받은 민족의 자존심을 달래는 데 관심이 모아졌다.

1980년대에는 학생 운동권과 재야 정치세력을 중심으로 한 민주화 운동이 격렬하게 전개되었다. 학계에서도 민중적 민족주의 사학, 과학적·실천적 역사학 등이 새롭게 떠올랐다. 근현대사 연구는 크게 각광받았고 조선시대 사회경제사와 실학 분야도 주체적 근대화의 가능성 때문에 지속적으로 주목받았다. 한편 이 시기에

1948년 8월 15일 대한민국 정부 수립 축하식

는 재야 사학자들이 민족주의적 관점에서 적극적으로 우리 고대사의 영광을 알리려 했고 제도권 역사학계에 대해 식민사학의 계승자라고 비판하기도 했다. 대중 민족주의가 큰 호응을 얻던 시대정서에서 재야 사학계의 잃어버린 고대사 찾기는 한때 큰 열풍을 불러일으켰다. 하지만 객관적인 근거와 엄밀한 해석이 없는 아마추어적 주장은 환상이자 바람일 뿐 아카데미즘의 영역에서 지분을 갖기는 어려웠다.

1990년대는 냉전시기 공산권역의 맹주였던 소련과 동구권 국가들이 붕괴하면서 자본주의 체제로의 급격한 선회와 일원화가 이루어졌다. 이와 함께 개혁·개방 성과가 나타나기 시작한 중국이 점차 세계의 공장으로 성장하게 되었다. 이념과 체제는 이제 구시대의 유물로 비쳤고 민족과 국가를 넘어 지역 권역화, 세계화가 시대의 화두로 떠올랐다. 마르크시즘 유물사관에서 나온 역사발전의 합법칙적 전개에서 자본주의 이후의 마지막 단계로 제시된 사회주의는 현실 사회주의 국가의 몰락과 함께 장밋빛 미래에서 잿빛 나락으로 굴러떨어졌다.

당시 전 세계적으로 신자유주의의 세계화 논리가 확산되었고 권력과 주체 등 근대적 기획과의 단절을 선언한 포스트모더니즘 담론이 유행했다. 역사학계에서도 국가와 민족, 정치와 사회경제, 이념과 계급, 거시사의 강고한 틀에서 빠져나와 다원과 개체, 사상과 문화, 일상과 대중, 미시사의 영역으로 관심이 옮겨졌다.

국사교육과 민족주의의 발현

서양의 근대 국민국가에서 국사교육은 '국민'을 양성하는 제도적 장치로서 중요한 의미를 가졌다. 한국은 식민지로 전락해 자주적 민족국가 수립의 기회를 잃었고 해방 후에야 국민국가의 건설과 발전을 도모할 수 있었던 만큼 국사교육의 필요성은 매우 절실했다. 국사교육은 민족주의 전파와 국민국가 건설의 보루였다. 민족 구성원의 정체성을 확립하고 문화유산 계승, 민족국가의 발전을 도모하기 위한 제도적 장치였던 것이다. 특히 식민사관 극복, 자기정체성의 새로운 발견, 서구 중심 근대주의와 세계 자본주의 체제 아래서 민족과 국민을 보전하기 위한 효과적 기제였다.

한국전쟁 당시
양측의 삐라

　하지만 해방 직후의 국사교육은 민족국가 수립이 지연되고 이념 대립이 격화되는 한편 여건과 제도 미비 등으로 정상화되기 힘든 상황이었다. 심하게 말하면 식민지기 '국사(일본사)'교육의 틀을 유지하면서 주어를 일본에서 한국으로, 내용을 일본사에서 한국사로 바꾼 데 불과했다. 1948년 대한민국 정부가 수립된 후에는 국민국가의 정체성 확립이 무엇보다 중요한 과제였지만, 통일된 민족국가 건설이라는 지상과제를 해결하지 못한 채 분단의 길이 고착되었다.

　더욱이 1950년 한국전쟁을 겪으며 남북한에서는 서로 다른 국민국가의 상이 뚜렷해졌다. 유구한 역사와 문화, 언어와 정서를 공유해온 같은 동포가 전쟁으로 말미암아 완전히 적대적인 국가가 되었다. 그 결과 민족보다는 국가와 국민 위주의 국사교육이 본격화되었다. 더는 하나의 민족, 통합된 '우리'가 아닌 대한민국의 국민, 저들과 다른 우리로 거듭나게 되었던 것이다. 영화 〈태극기 휘날리며〉에서도 볼 수 있듯이 동족 간의 전쟁은 친형제가 서로 총부리를 겨누고 싸우는 기이한 상황을 민족 전체가 겪게 된 참극이었다. 전쟁 이후 역사상의 군사와 국방 영웅 및 애국자가 부각되어 남한의 국방군은 신라 화랑으로, 북한의 인민군은 고구려 전사로 상징화되었다. 분단과 전쟁의 결과 1950년대의 국사교육은 공산주의에 대한 자본주의 체제의 수호, 그리고 민족보다는 이념이나 국가에 중점을 둔 '국민 만들기'가 최우선의 목표였다.

1960~1970년대는 역사학이 대학과 학교교육의 틀 속에서 제도적 기반을 마련한 때였다. 4·19혁명 이후 민족주의 발흥의 분위기, 5·16군사쿠데타 이후 가시화된 조국근대화 논리가 결합되면서, '국사'라는 타이틀 속에서 민족과 국민의 정체성이 다져졌다. 박정희 정권 때인 1968년 12월 5일에 반포된 국민교육헌장은 학교교육 현장에서 국민 만들기의 상징적 지표가 되었다. 민족주의와 국가주의 고취, 정신과 도덕의 함양이 교육의 주된 목표임이 드러났다. "우리는 민족중흥의 역사적 사명을 띠고 이 땅에 태어났다"로 시작되는 국민교육헌장은 민족중흥에 기여하지 못하면 국민이 아니라는 압박감을 주기에 충분했다. 유구한 민족사와 전통에 대한 자부심, 민족문화 창달과 국가발전의 주역으로서 국민에게 책임과 사명감을 갖게 한 것이다. 철학자 박종홍이 기초한 국민교육헌장은 메이지시대인 1891년에 반포된 일본의 '교육칙어'를 모델로 했다. 자연히 이 둘은 국가주의의 색채를 강하게 띠며 국민국가의 전인적 국민을 양성하기 위한 장치라는 점에서 공통점이 있다.

이와 함께 1972년부터 "나는 자랑스러운 태극기 앞에 조국과 민족의

무궁한 영광을 위하여 몸과 마음을 바쳐 충성을 다할 것을 굳게 다짐합니다"라는 내용의 '국기에 대한 맹세'가 전국적으로 시행되었다. 이는 학교의 애국조회 시간과 정부 및 국공립 기관의 각종 공식행사에서 국기에 대한 경례와 함께 행해졌다. 늦은 오후 국기하강식과 함께 애국가가 거리에 울려 퍼지면 길을 가던 행인들이 걸음을 멈춘 채 가슴에 손을 얹고 경례와 맹세를 했던 아련한 기억이 난다.

학교 안의 국사교육 외에도 다양한 상징기제와 표상을 통해 국민의 정체성, 반공의식, 반일정서가 전파되었다. 예를 들어 서울 시내 거리명 가운데 세종로, 충무로, 을지로는 해방 직후인 1946년에 혼마치를 비롯한 일본식 지명을 없애고 새로 지은 것이다. 각각 세종대왕, 충무공 이순신, 고구려 을지문덕 장군에서 따온 것으로 독립된 민족국가의 자부심과 긍지를 담았다. 북한과의 대립과 체제 경쟁이 매우 심했던 1970년대와 1980년대에는 전국의 국민학교(현재의 초등학교)에 세종대왕, 이순신 장군과 함께 "나는 공산당이 싫어요"로 잘 알려진 이승복 어린이의 동상이 세워졌다. 각각 민족문화, 항일구국, 반공을 상징하는 아이템이었다.

민족문화를 선양하고 국가발전에 이바지하는 것이 국민의 당연한 의무였던 시대에, 국사교육은 국민의 민족의식과 국가의식 형성에 중요한 역할을 해야 했다. 국사교과서는 유신시대 이후 국정화가 되었으며, 현대사는 북한을 주적으로 상정하고 대한민국의 정통성과 자본주의 체제의 우월성을 과시함과 아울러 국민의 정체성 함양과 통합을 목표로 했다. 전쟁의 적대적 기억과 북한과의 체제 경쟁이라는 시대상황 때문에 국시인 반공을 기준으로 한 민족과 반민족의 이분법이 뚜렷이 적용되었다. 사회주의 독립운동가나 친일파 서술은 배제했고 해방 후 친일청산 실패보다 이념 대립에 초점을 맞추었다. 친일에 앞장선 이도 반공투사로서 자유민주주의 체제의 수호자가 될 수 있었다.

1970~1980년대 독재정권시대에는 유신과 한국적 민주주의, 정의사회 구현과 같은 체제 수호의 정치적 구호가 교과서에 그대로 실려 '올바른 국민'을 양성하려 했다. 하지만 정권 차원의 선전문구는 '있는 그대로의 역사'에 대한 균형 잡힌 시각과 비판의식을 가로막았다. 그뿐 아니라 한국사에 대한 흥미를 반감시키고 잘못된 이해를 갖게 했으며 국사교육에 대한 불신을 낳았다. 당시 국사교과서와 국사교육은 고리타분함, 단순한 암기, 체제와 정권 홍보의 수단이라는 부정적 이미지가 강했다. 정부가 일방적·획일적으로 교육의 목표와 교과서 지침을 정해 하달했기 때문에 현장의 생동감과 교육의 자율성은 크게 떨어질 수밖에 없었다.

1990년대에는 페레스트로이카 이후 일어난 소련과 동유럽 사회주의 국가의 몰락, 베를린 장벽의 붕괴와 독일 통일 등 세계질서의 변화와 함께 역사학에도 새로운 바람이 불었다. 민족주의 역사학을 비롯해 국가, 이념, 계급 중심의 근대적 패러다임이 깨지기 시작했다. 세계화의 추세 속에서 탈권력, 탈이념, 탈국가적 역사학이 부상함에 따라 민족주의 역사학에 대한 비판이 급속히 확산되었다.

한편 2000년대 이후 한국의 정치지형, 사회경제상의 변화에 따라 국사교육은 또 다른 도전과 위기를 맞이했다. 세계화시대의 국제경쟁력 강화, 입시부담의 완화라는 명목 아래 중·고교와 대학에서 한국사교육의 비중이 줄어들었다. 다행히 최근 들어 한국사교육의 중요성이 다시금 부각되었지만, 근현대사를 둘러싸고 보수와 진보 사이의 진영 논리와 이념 대결 또한 더욱 심해졌다. 무엇보다 정부가 한국사교과서의 국정화를 일방적으로 선언하면서 정치사회적 이슈로 비화되었고 극심한 반발과 대립이 일어났다. 그렇다면 21세기의 한국사교육은 어떤 방향으로 가야 할까? 일단 국정교과서는 마땅히 폐기되어야 하며, 집필의 자율성과 교사·학생의 선택권이 존중되어야 한다. 양극화와 사회적 갈등을 해소하기 위해 공동체 의식을 강화하고 지역사에 대한 관심을 높이며, 통일을 위한 민족정체성을 함양하는 일이 우선되어야 할 것이다.

2. 민족주의와 국민국가를 넘어선 새로운 지형

민족과 민족주의의 탄생

엄밀히 말해 민족은 근대적 개념이며 민족의식은 국민국가의 형성과 맥을 같이한다. 전근대에는 신분의 차등이 있었고 같은 조선인이라고 해도 양반과 노비 사이에는 넘을 수 없는 벽이 가로놓여 있었다. 지역과 혈연에 따른 공간적 차등과 관습적 차별도 존재했다. 한 번도 접해보지 못한 함경도의 노비와 전라도 양반 사이에 같은 민족이라는 동질감이나 정서적 유대감이 있을 수 있었을까? 한편 한국이 속한 동아시아는 서구 유럽과 달리 일찍부터 지리, 언어, 문화의 경계에 따라 독자적 국가들로 나뉘었으며, 그것도 중앙집권적 국가를 형성해왔다. 그렇기 때문에 한국인과 중국인, 일본인을 구분하는 의식이 당연히 존재했다. 민족의 원형이 되는 혈연·지연·국가공동체 의식, 타자와 구분되는 문화적 자기정체성을 분명히 가졌던 것이다.

고려 태조 왕건은 「훈요십조」에서, "우리 동방은 예로부터 중국의 풍물을 따랐고 문물예악이 모두 그 제도를 준수하고 있지만, 지역과 풍토가 다르고 사람들의 품성도 각기 다르므로 굳이 (풍속까지) 같이할 필요가 없다. 더욱이 거란은 금수의 나라로서 풍속이 다르고 언어 또한 다르니 의관제도를 삼가고 본받지 말라"고 유시했다. 이 기록에서 고려라는 국가의 독자성과 고유한 풍속, 역사공동체에 대한 자의식이 있었음을 분명히 알 수 있다. 하지만 이는 고려를 대표하는 국왕의 자의식이었을 뿐 당시 고려인들이 오늘날의 민족과 같은 정체성을 공유했다고 보기는 어렵다. 전근대 시기의 민民은 국가의 주권을 가진 국민이 아니었고, 국왕의 통치와 시혜의 대상인 신민이었다. 국가라고 하면 국왕과 동의어였고, 민은 국가의 주체나 동격 존재가 될 수 없었다.

이처럼 전근대의 한국사에서 민족의 원형은 발견할 수 있지만 민족의식은 근대에 들어서야 형성되기 시작했다. 한국사 개설서인『한국사 특강』에서는 "한국인들은 유구한 역사 속에서 풍습과 습관, 의식주의 공통성을 지녀오고 있으며, 공통의 언어를 사용하여 왔고, 다른 나라의 역사에서는 희귀하리만큼 1천 년 동안이나 단일한 국가, 그것도 중앙집권화된 국가에서 살아왔다"고 기술하고 있다. 하지만 "민족과 민족의식은 오랜 역사 속에서 서서히 형성되었다. 부족사회나 혈연공동체, 골품제 사회는 말할 것도 없고, 엄격한 신분제가 지탱되고 다수의 천민과 노비가 존속한 봉건사회에서 민족의식은 자리 잡기 힘들다"고 하여, 신분제 사회에서 오늘날과 같은 민족의식을 찾기는 어렵다고 보았다.

실제로 서구 열강의 진출과 일본의 제국주의 침략이 가시화된 19세기 말부터, 외세라는 타자와 대비되는 같은 민족으로서의 '우리'를 발견하게 되었다. 바람 앞 등불과 같은 국가 존망의 위기 앞에서 근대적 민족의식이 생겨난 것이다. 1898년 4월의 『독립신문』에는 "지금 대한의 인민이 학문 없는 것을 생각할진대, 외국군사(일본군)가 있는 것이 도리어 다행인지라. 만일 외국군사가 없었다면 동학과 의병이 벌써 경성을 범하였을 터"라는 내용이 실려 있다. 여기에는 자신들과 차별적인 농민, 일부 지방유생이 주축이 된 동학과 의병을 적으로 보고, 외국 군대의 힘을 빌려서라도 신분적 특권과 기득권을 유지해야 한다는 시각이 고스란히 배어 있다.

이에 비해 1900년대 후기 의병의 격문에서는 "우리 2천만 동포형제여, 일심 합력하여 원기를 진작하고 왜를 망하게 하여 3천리 강토를 회복하자"고 호소하고 있다. 같은 뿌리를 가진 동포형제로서의 민족, 외세와 확실히 구분되는 국가공동체 인식이 잘 드러나 있다. '2천만 동포, 3천리 강토, 나아가 4천년 역사'라는 구호에서 볼 수 있듯 바야흐로 한민족, 영토, 역사가 하나의 조어로 탄생한 것이다.

그렇다면 근대적 민족 개념과 민족주의는 과연 무엇일까? 보통 서구의 근대 민족 개념은 국민국가의 성립을 전제로 형성된 민족공동체를 의미한다. 피터 슈거는 '민족공동체ethnic group'를 "언어, 역사, 신화, 관습, 그리고 종교까지 포함하는 기본적 삶의 경험으로 말미암아 하나의 공동체(국민국가)에 속하는 인민"으로 정의했다. 다시 말해 근대적 민족이란 국민국가의 성립과 국민의 정체성 형성을 통해 만들어진 관념적·제도적 산물인 셈이다. 앵글로색슨, 게르만과 같은 유럽의 민족은 영국과 독일 등 국민국가의 형성과정에서 국민의 공동체 의식을 고양하는 혈연·지역·문화의 상징이자 구심체였다. 또 타자와 구분되는 배타적 방식의 민족주의를 통해 국민의 국가의식과 민족의식을 함께 고취해나갔다.

프랑스나 영국과 같이 근대를 선도한 유럽 선진국들은 국가 → 국민주의 → 국민(민족)의 순으로 된 국가민족주의가 성립되었다. 이에 비해 비서구 세계에서는 민족주의 → 민족 → 국가 → 국민의 과정을 거쳐 근대 국민국가nation state를 역으로 만들어간 것이다. 이 경우 대개는 '위로부터의 혁명'의 방식일 수밖에 없었고, 민족의식은 결코 저절로 주어진 것이 아니었다. 정치적 리더와 지식인들이 함께 참여하여 일으킨 것이다. 근대 국가 체제의 작동원리를 설명한 데이비드 헬드의 『전지구적 변환』(2002)에서는 비서구 세계의 험난한 근대화 과정을 잘 보여준다.

"비유럽 세계는 자생적 발전의 길이 차단당했고, 연속적이고 오랜 국가적 전통을 가진 곳을 제외하고는 국가 형성과정에서 입은 상처가 거의 치유 불가능할 정도로 심각했다. 국가 형성과정에서 유럽과 다른 길을 걸었던 구세계는 새로운 국제적 작동방식과 운영원리에 적응키 위해 다시 태어나는 산고를 겪어야 했다."

한국은 '연속적이고 오랜 국가적 전통을 지닌' 동아시아의 일원이었다. 하지만 같은 동아시아의 구성원인 일본의 힘에 밀리면서 자생적 근대의 길이 막히고 식민지로 전락했다. 그 여파로 근대 국민국가를 건설하는 데 일본에 비해 더 많은 시간이 걸릴 수밖에 없었다. 일본이라는 타자가 있어 자신을 자각하고 민족을 발견했지만, 식민지의 차별과 구조적 모순은 우리에게 씻을 수 없는 상처를 남겼다. 식민지를 거쳐 해방 후 국민국가 수립까지 오랜 산고를 겪었을 뿐 아니라 동족 간의 전쟁과 체제 대결 속에서 민족 내부의 적대감은 쉽게 치유되지 않았다. 통일된 단일 민족국가의 수립 또한 여전히 멀고 먼 꿈으로 남아 있다.

국사를 위한 변명

근대 국민국가가 성립되고 '국가 만들기Nation building'가 가시화되면서 국민의 통합과 정체성 형성을 위한 제도적 장치로서 국사교육이 본격화되었다. 서양은 물론 일본에서도 19세기 후반에 이미 국민 만들기의 필수 요건으로 자국의 역사교육이 중시되었다. 역사교육은 학교와 군대 같은 국가기관에서 체계적으로 행해졌다. 나라별로 방식과 내용에서 차이는 났지만 같은 국민국가의 국민이라는 동질감과 일체감을 갖게 한다는 목표는 같았다. 우리의 경우 식민지기 황국신민 양성 교육과 해방 후 국사교육은 일본 천황의 신민, 대한민국 국민을 육성한다는 점에서 하늘과 땅만큼의 차이가 있다. 그럼에도 국가에 대한 소속감을 키우고 국민의 정체성을 공유한다는 점에서 이 둘의 목표는 같았다. 대한민국 정부 수립 후 국사교육은 국민의 자긍심과 민족의 얼을 기르는 장치였지만, 전쟁과 분단의 지속은 이념과 체제 대립을 격화시켰으며, 배타적 민족주의와 국가주의가 선양되었다.

이념적·배타적 국가주의나 체제지향적 국사교육에 대한 비판은 예전부터 제기되었으며, 1990년대 이후에는 한국 사회의 민족주의 과잉에 대한 우려와 자성의 목소리가 봇물처럼 터져 나왔다. '국사 해체'와 같은 극단적 주장이 나온 데는 냉전 종식과 신자유주의의 세계적 확산, 민주화와 시민사회 성숙과 같은 시대변화가 전제되어 있다.

그럼 과연 한국사 연구 및 교육의 기본 축과 동력이 된 민족주의의 유효기간은 이제 끝났을까? 정치적 의도와 목적에 따라 국민을 획일적으로 통제하는 국가주의적 국사교육은 마땅히 없어져야 한다. 타자를 적대시하는 배타적이고 극단적인 민족주의 또한 경계해야 한다. 앞서 살펴본 대로 한국의 민족주의는 국권 강탈과 식민지라는 특수한 역사적 경험에서 탄생했다. 그렇기에 민족주의의 역사적 타당성과 순기능이 없지는 않았다. 지금도 중국과 러시아, 일본 등 초강대국에 둘러싸인 지정학적 조건, 극단적 대립으로 치닫는 한반도 정세 속에서 민족통일의 필연성과 민족주의의 역할까지 부정할 수는 없다. 그러므로 반일, 반공 등 적대적 대결을 피하고 평화와 통일, 공존과 번영을 위한, 안과 밖으로 열려 있는 확장된 민족주의로 나아가야 한다.

오늘날처럼 세계적으로 부의 양극화 현상이 심화되고 글로벌 자본의 독점적 지위가 강화된 시대에는 민족이나 국가 단위의 결속이 전과 같은 중요한 의미를 갖기 어려울 수도 있다. 그럼에도 대한민국 대표 기업인 삼성과 현대가 세계 굴지의 무국적 자본으로 성가를 드높이는 것보다 한국에서 일자리를 만들고 수출로 경제를 견인해나가는 것이 더 낫지 않을까? 또한 우수한 인재들이 미국에 유학해 글로벌 기업이나 대학에서 획기적인 연구 성과를 내는 것도 훌륭한 일이지만, 이들이 한국의 발전에 공헌한다면 더 큰 박수를 칠 것이다. 정치인이나 고위관료 등 사회지도층 인사들이 국방의 의무를 지지 않고 그 자녀들이 미국 국적을 가질 때 곱지 않은 눈초리를 보내는 것도 '우리'라는 민족공동체에 대한 공감의식과 책임감 때문일 것이다.

우리는 개인과 개인의 관계, 개인과 세계의 중간지대에 지역, 국가, 민족 등의 연결고리를 두고 그것을 통해 자신의 정체성과 집단의식을 확인하는 데 익숙하다. 근대 국민국가의 강고한 틀이나 민족주의의 흡인력 때문에 그런 것일 수도 있지만, 혈연과 지연을 매개로 한 역사적·문화적 공동체에 대한 소속감과 애정은 인간의 당연한 본능이기도 하다. 글로벌 세계체제, 자본주의 사회의 냉정한 현실 속에서 민족이나 국가의 동일한 구성원임을 자각하고 공감하려면, 대등한 관계가 필수적이며 상호 평등한 민족주의가 전제되어야 한다. 역사교육 역시 그러한 인식과 지향점을 담아내야 한다.

한국사의 시야를 동아시아와 세계로

우리가 안고 가야 할 민족주의는 안과 밖으로 모두 열려 있어야 한다. 편협한 배타적 민족주의, 강한 국가주의의 벽을 넘어서 안팎으로 넘나들고 소통하는 상생의 미래를 모색해야 할 시점이다. 한국의 역사와 지정학적 조건을 고려할 때, 다시 동아시아론에 주목해야 한다. 동아시아론은 막스 베버와 카를 마르크스 등 근대 유럽인들이 가진 오리엔탈리즘에 의한 아시아 인식에서 비롯되었다. 동양에 대한 서구의 기본 인식은 전제주의, 사회구조의 정체성과 같은 부정적 이미지였고, 서양은 그와 차원이 다른 역사발전의 길을 걸었다는 상대적 우월감이 깔려 있다. 하지만 동아시아의 근대를 연 일본을 시작으로 20세기 후반 한국과 타이완 등 신흥 공업국들의 급속한 경제발전이 있었고, 중국 역시 오랜 잠에서 깨어나 옛 영화를 되찾으려 함에 따라 '동아시아 발전모델'이 새로운 각도에서 조명되고 있다.

여러 논의 가운데 동아시아 각국의 공통분모 하나를 추출한 것이 바로 유교적 특성에 주목한 '유교자본주의론'이다. 이는 교육열, 직업윤리의 원형을 유교적 가치에서 찾고 국가와 조직 질서에 순응하는 동아시아의 유교적 인간형에 주목한 것이다. 국가 주도로 추진된 경제개발 계획과 정책, 국가의 적극적 시장 개입을 요체로 하는 '발전국가론'이 동아시아 각국의 경제성장 모델을 설명하는 주요 개념으로 활용되었다. 그러나 전통적인

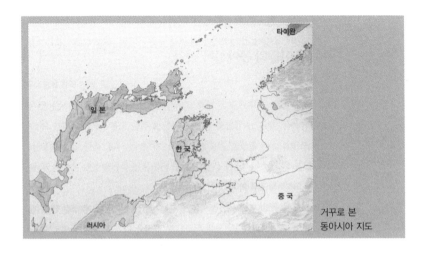

타이완

일본

한국

중국

러시아

거꾸로 본
동아시아 지도

유교의 가치관이 현대 동아시아인들에게 얼마나 영향을 미치고 있는지, 그리고 한국은 그렇다 처도 중국, 일본 등의 역사문화 전통을 유교 하나로 묶어 설명할 수 있을지 의문이다. 동아시아에서 근대는 전통의 단절을 낳았고, 자기정체성의 혼돈과 서구적 가치의 수용을 가져왔다. 따라서 유교 전통의 지속과 영향을 전제로 한 유교자본주의의 패러다임을 금과옥조로 삼을 수 있을지 모르겠다.

동아시아에서 서양의 근대를 가장 빨리 수용하고 아시아 유일의 제국을 이룬 일본에서는 일찍부터 동아시아론이 등장했다. 일본은 서양과 아시아에 대한 '이중의 타자화'를 추구했고 아시아를 벗어나 서양이 되고자 했다. 하지만 군국주의의 확장은 확전을 낳았고 동아시아의 맹주로서 대동아공영권을 구축하려 들었다. 이러한 일본의 군사적 패권주의와 그로부터 나온 식민지기의 동아시아론은 식민지배나 침략을 겪은 아시아인들에게 결코 좋은 기억으로 남아 있지 않다. 이는 전후에도 경제대국 일본의 정치적 리더십에 대한 강한 불신과 의혹을 낳았다.

일본에서는 1990년대 이후 신내셔널리즘(신국가주의)이 등장하고 우익이 정치적 헤게모니를 쥐면서 과거사에 대한 공공의 기억을 누가 차지할 것인지를 놓고 역사 주도권 다툼이 벌어졌다. 일본 우익은 영광의 근대사와 군국주의 미화에 앞장섰고, 그 반대편에 진보적 학자들이 중심이 된 동아시아 담론이 새롭게 자리 잡았다. 이들의 동아시아론은 국가와 민족 중심의 근대적 패러다임이 내포하는 대립과 차별의 벽을 넘어서, 일본의 침략과 지배의 과거사를 반성하고 동아시아 공통의 역사적 내재성을 발굴해 공생의 길을 가자는 것이다. 간단히 정리하면 보편적 주제와 각국의 특수성을 아울러 '지역' 중심의 동아시아사를 재구성하고, 국가와 민족을 뛰어넘어 '지방 – 지역 – 세계체제'의 3중 구조로 역사를 바라보자는 주장이다.

하지만 이러한 구상이 한국에서 쉽게 받아들여질 것 같지는 않다. 식민지배와 일본 제국주의의 망령에 대한 반감과 불신이 워낙 깊기 때문이다. 그간 한국에서는 반일감정을 통해 민족주의를 확산시켜왔는데, 민족주의는 식민지의 상처와 트라우마를 극복하고 민족의 자긍심을 되찾는 데 효율적인 방안이었다. 하지만 우리 근현대사에서 민족주의가 갖는 필연성이나 당위성을 인정한다 해도, 일본 신우익의 민족주의를 비판하기 위해서는 그에 걸맞은 보편적 기준과 잣대를 한국 민족주의에도 적용해야만 한다.

과거 일본의 식민지배와 전쟁, 강제동원 문제는 평화와 인권 등 보편적 가치로 성토해야 한다. 그러나 동시에 과연 우리는 피해자이기만 한지, 정말로 전쟁문제에서 떳떳하고 당당할 수 있는지 되물어야 한다. 베트남전쟁 때 발생한 한국군의 비인도적 행위, 민간인에 대한 폭력과 학살은 없었는지 먼저 진상을 밝혀야 한다. 만약 그런 일이 전혀 없었다고 부인하거나 전쟁이라는 특수상황에서 부득이하게 생긴 일이라고 치부해버린다면, 잔혹행위나 강제동원을 인정하지 않는 일본 우익과 다를 바 없다. 우리가 일본 측에 명백한 역사적 사실을 인정할 것과 과거사에 대해 진심으로 반성하고 사죄하라고 요구하듯이, 우리도 베트남에 대해 그에 상응하는 조치를 취해야 한다. 상호주의와 보편성에 입각한 사고와 행동이야말로 국제사회의 지지를 얻고 국가의 품격을 높이는 출발점이 될 것이다.

우리의 '안'으로 더 들어가면 현재 한국 사회의 다문화·다민족 공생문제를 언급하지 않을 수 없다. 우리는 식민지 때는 말할 것도 없고 해방 후 재일교포에 대한 일본의 민족적 차별을 비판한다. 하지만 우리 사회 안의 외국인 노동자나 조선족, 탈북자에 대한 무시나 차등은 그와 무엇이 다른가? 일본의 잘못을 바로잡기 위해서라도 우리가 똑같은 행태를 보이거나 유사한 인식을 가져서는 안 될 것이다. 이 역시 형평성과 공정성의 문제인 것이다.

한국과 북한, 중국과 일본, 타이완은 동아시아에 속해 있고 앞으로도 그럴 것이다. 그렇기에 민족이나 국가 사이의 갈등과 대립, 전쟁의 위험을 피하고 상생과 발전, 평화를 추구해야 한다. 이를 위해서는 민간교류와 시민사회의 연대를 통해 정치사회적 우경화에 공동으로 대처해야 한다. 현재와 같은 국가 단위의 대결구도는 배타적 민족주의, 자국 중심의 국가주의, 일국사적 역사인식만 키울 뿐이다. 따라서 동아시아의 오랜 역사와 전통 속에서 지속가능한 보편문화와 공통의 가치를 찾아내려는 노력이 필요하다.

한국사는 무엇일까? 근대 이후 혈연을 매개로 관념적으로 이데올로기화된 '한민족'의 역사인가? 오랜 세월 한반도에서 살아온 모든 이, 존재했던 모든 나라의 역사인가? 아니면 영역을 넓혀 고조선, 고구려 이후의 만주사까지 한국사의 범주 안에 넣을 것인가? 현재 한국인들이 '우리 역사'라고 생각하는 모든 역사가 다 한국사가 될 수 있을까? 이처럼 한국사의 범주는 보는 관점에 따라 달라질 수 있기에 가치중립적 한국사란 있을 수 없다.

한국사는 한국인들이 만들어온 국가의 역사를 말하지만, 이는 민족의식과 국민국가가 태동한 근대 이후의 개념이다. 중국사, 일본사도 마찬가지다. 한국사가 민족과 국가만을 키워드로 하는 '국사'가 되면 중국, 일본과는 동떨어진 독자적 모습의 '한국'만 보이게 된다. 보편성과 거시적 관점이 없는 우리만의 한국사를 갖게 되면 우리가 사는 미래 세상은 더 작고 힘들어질지 모른다.

한국사의 범주와 한국사교육의 목표는 어떤 것이어야 할까? 대한민국의 한국인, 한민족의 한국인, 동아시아 속 또는 세계 속의 한국인 등 가치에 따라 달라질 것이다. 한국사에 대한 도전과 위기는 우리가 한국사를 자랑스럽게 생각하고 한국인으로서 자부심을 느낀다고 없어지는 것은 아니다. 타자를 배제한 우리만의 자화자찬은 '그들만의 리그'가 되기 쉽다. 이제 한국사를 동아시아와 세계사 속의 일부로 볼 필요가 있다. '한국인'이 만들어졌듯이 '한국사'도 현재의 역사인식을 담아 만들어가야 하며, 그 방향은 평화와 공존, 그리고 미래지향적 가치의 추구가 되어야 할 것이다.

이 책의 독자가 시간과 공간을 종횡으로 넘나드는 12개의 토픽을 다 읽고 난 뒤의 느낌은 과연 어떨까? 책을 마무리하면서 든 첫 번째 의문이다. 한 국사의 복합적 지형도를 다채롭게 그려내어 독자의 호기심을 불러일으키 려 한 처음의 의도와는 달리, 상다리 휘어지게 차려놓은 밥상에서 쉽게 체 하고 마는 결과를 낳지는 않을지, 또 오늘날의 관점에서 한국사를 어떻게 바라볼지 성찰하기에는 12개의 토픽이 너무 적지 않은가 하는 생각도 든 다. 필자의 능력에 비해 욕심이 과했다면, 한국사에 대한 필자의 마음속 깊 은 애정을 떠올려 너그럽게 이해해주기를 바랄 뿐이다.

이 책에서는 12개의 토픽을 3부로 엮었다. 1부는 '토픽으로 읽는 시대', 2부는 '토픽으로 보는 전통', 3부는 '토픽으로 생각하는 현재'다. 고대부터 근대까지 전통과 현재를 교차하면서 한국사가 어떻게 전개되어왔고, 또 한국사는 어떤 색채를 가지고 있는지 이야기를 풀어보았다. 이를 통해 한 국인인 '우리'는 누구인지, 역사 속에서 우리는 무엇을 배우고 또 어떤 미 래를 꿈꾸어야 할지를 함께 고민해보려 했다.

1부는 고조선, 삼국, 고려, 조선의 시대 순으로 4개의 토픽을 선정했다. 고조선과 단군, 광개토왕릉비와 임나일본부설, 고려와 원의 세계체제, 임진왜란과 병자호란이라는 토픽을 통해 각 시대의 정체성과 당시를 어떻게 바라보아야 할지 문제를 던져보았다.

2부의 4개 토픽은 불교와 내세관 및 종교, 유교와 가치관 및 윤리, 친족과 남녀균등, 근대와 전통의 자화상을 다루었다. 여기서는 한국적 전통의 에토스가 무엇인지, 전통은 왜 생성되고 또 연속과 불연속이 어떻게 전개되었는지를 살펴보았다.

3부는 현재의 관점에서 한국인과 한국 사회의 역사인식을 어떤 식으로 이해해야 할지 정리해보았다. 한국 속의 세계와 세계 속의 한국, 내재적 발전론과 식민지 근대화론, 한국과 일본의 역사교과서, 민족과 동아시아의 4개 토픽은 타자와의 관계와 한국의 근현대사 속에서 우리가 무엇을 배우고 고민해야 할지를 짚어본 것이다.

역사학은 기본적으로 문헌학, 계보학에서 시작하며 인간의 삶에 대한 해석학이자 다양한 분야를 포괄한 융합학문이다. 역사학에서 다루는 대상은 인물과 사상, 사건과 제도, 시간과 공간 등 제반 영역을 망라한다. 현재 한국은 과연 이게 나라인지 싶을 정도로 크나큰 문제에 직면해 있고, 그것을 어떻게 해결해야 할지 누구도 자신 있게 정답을 내놓기 어려운 상황이다. 이럴 때일수록 우리는 한번쯤 긴 호흡을 하면서 지나온 역사를 되돌아보아야 한다.

역사학을 비롯한 인문학의 위기는 어제오늘의 일이 아니다. 학계를 중심으로 한 제도 인문학과 일반에 유통되는 대중 인문학 사이는 높은 장벽으로 가로막혀 있고 교류와 소통의 몸짓은 두터운 관습의 벽을 넘지 못하고 있다. 경계를 허무는 것은 지식과 정보의 단순한 전달만으로는 되지 않는다. 역사학을 통한 지혜의 창출과 대중적 실천은 우리 모두의 몫이며 스스로에 대한 인문학적 성찰이 필히 요구된다.

역사학의 장점은 검증된 사실에 입각해 판단하고 추론하는 능력을 키우는 데 있다. 과거와 현재의 상황적 맥락을 통찰하고 그로부터 나오는 지혜를 바탕으로 '나'와 '우리'의 현재를 직시하고 내일을 꿈꾸는 것은 역사를 배운 이들의 특권이자 자부심이기도 하다. 그리고 그것이 더는 역사학자들의 전유물이 되어서는 안 되는 시대다.

작게는 동아시아의 일원으로 살아왔고 크게는 세계의 당당한 구성원이기도 한 한국은 인류 문명의 장구한 흐름 속에서 그 나름의 역할을 하며 고유의 정체성을 일구어왔다. 그렇지만 우리는 한국인의 눈으로만 한국사를 보는 데 익숙해 있다. 아시아인이나 세계인들이 한국을 어떻게 바라보는지, 또 우리는 세계를 어떻게 인식할지, 그리고 한국사가 세계사에서 어떤 비중과 위상을 차지하는지 그다지 생각해본 경험이 없는 것이다.

이제 우리는 한국사의 특수성을 어떻게 보편사적 관점에서 이해하고, 그것을 어떤 식으로 받아들여야 할지 속 깊은 질문을 던져야 한다. 우물 안 개구리가 연못으로 나갔을 때의 당혹스러움이야 물론 있겠지만, 드넓은 세상과 마주했을 때의 희열은 그것을 훌쩍 털어버리고도 남는다. 잘나고 못난 것은 타자의 눈이나 거울에 비친 표면적 모습일 뿐이지 나는 나로서 충분한 존재가치를 지니며 그 자체로 아름다운 것이다. 나아가 내가 아닌 우리, 우리가 아닌 타자에 대한 이해와 공감대를 넓히는 것도 역사에서 얻을 수 있는 덕목이다. 이 책이 역사에 더욱 친숙하게 다가가고, 한국사에 대해 조금이라도 생각해볼 수 있는 기회가 된다면 더 바랄 것이 없을 것이다.

참고문헌

한국사 논쟁과 개설

역사비평편집위원회, 2000,『논쟁으로 본 한국사회 100년』, 역사비평사
역사비평편집위원회, 2002,『한국 전근대사의 주요 쟁점』, 역사비평사
한국사연구회, 2008,『새로운 한국사 길잡이』상·하, 지식산업사
한국사특강편집위원회, 2008,『한국사특강』, 서울대학교출판부
한국역사연구회, 2000,『20세기 역사학 21세기 역사학』, 역사비평사
한영우, 2014,『다시 찾는 우리역사』, 경세원

토픽별로 읽어볼 책과 논문

1부 토픽으로 읽는 시대

1장 고조선과 단군 다시 보기 ― 한국사의 시작, 한민족의 상징

고구려연구재단 편, 2004,『고조선·단군·부여』, 고구려연구재단
노태돈, 2000,『단군과 고조선사』, 사계절
송호정, 2003,『한국 고대사 속의 고조선사』, 푸른역사
송호정, 2004,『단군, 만들어진 신화』, 산처럼
윤내현, 2015·2016,『고조선 연구』상·하, 만권당
노태돈 외, 2000,「특집: 단군, 그는 누구인가」,『한국사시민강좌』27
이기동, 2011,「고조선 연구, 무엇이 문제인가?」,『한국사시민강좌』49
이기백 외, 1988,「특집: 고조선의 제문제」,『한국사시민강좌』2

2장 광개토왕릉비와 임나일본부의 진실 — 고대사를 둘러싼 기억 쟁탈전

노태돈, 2003, 『고구려사 연구』, 사계절

이성시(박경희 역), 2001, 『만들어진 고대』, 삼인

박시형, 2007, 『광개토왕릉비』, 푸른나무

김태식, 1997, 「광개토왕릉비와 임나일본부설」, 『역사비평』 36

김태식, 2000, 「한국학계의 고대 한일관계사 연구동향—임나문제를 중심으로」, 『역사교과
        서 속의 한국과 일본』, 혜안

김현구 외, 1992, 「특집: 임나일본부설 비판」, 『한국사시민강좌』 11

이기동 외, 1988, 「특집: 광개토왕릉비」, 『한국사시민강좌』 3

이영식, 1994, 「임나일본부를 재해석한다」, 『역사비평』 26

3장 고려, 세계를 만나다 — 원의 세계체제와 패러다임 변화

김호동, 2007, 『몽골제국과 고려』, 서울대출판부

김호동, 2010, 『몽골제국과 세계사의 탄생』, 돌베개

스기야마 마사아키(임대희 역), 1999, 『몽골 세계제국』, 신서원

오카다 히데히로(이진복 역), 2002, 『세계사의 탄생』, 황금가지

이종서, 2005, 『제국 속의 왕국 14세기 고려와 고려인』, UUP

도현철, 2000, 「원명교체기 고려사대부의 소중화의식」, 『역사와 현실』 37

민현구 외, 2004, 「고려의 멸망과 조선의 건국」, 『한국사시민강좌』 35

박종기 외, 2003, 「특집: 원간섭기 유교지식인의 사상적 지형」, 『역사와 현실』 49

이익주, 2010, 「세계질서와 고려-몽골 관계」, 『동아시아 국제질서 속의 한중관계사—제언
        과 모색』, 동북아역사재단

4장 두 번의 전쟁, 임진왜란과 병자호란 — 조선 500년의 최대 위기

구범진, 2012, 『청나라 키메라의 제국』, 민음사

기시모토 미오·미야지마 히로시(김현영 역), 2003, 『조선과 중국 근세 오백년을 가다』, 역사비평사

이민웅, 2004, 『임진왜란 해전사—7년 전쟁, 바다에서 거둔 승리의 기록』, 청어람미디어

한명기, 1999, 『임진왜란과 한중관계』, 역사비평사

한명기, 2009, 『정묘 병자호란과 동아시아』, 푸른역사

한명기, 2013, 『병자호란』 1·2, 푸른역사

오수창, 2005, 「청과의 외교 실상과 병자호란」, 『한국사시민강좌』 36

한명기, 2000, 「명청교체기 동북아 질서와 조선 지배층의 대응」, 『역사와 현실』 37

허태구, 2009, 「丙子胡亂의 정치·군사사적 연구」, 서울대 국사학과 박사학위논문

2부 토픽으로 보는 전통

1장 불교와 한국의 사상 전통 — 한국인의 내세관과 종교적 심성

국사편찬위원회, 2007, 『신앙과 사상으로 본 불교전통의 흐름』, 두산동아

금강대 불교문화연구소, 2006, 『불교의 이해』, 무우수

김영태, 1986, 『한국 불교사』, 경서원

김용태, 2010, 『조선후기 불교사 연구—임제법통과 교학전통』, 신구문화사

사이토 아키라 외(이자랑 역), 2016, 『대승불교의 탄생』, 씨아이알

이만 외, 2003, 『불교사의 이해』, 조계종출판사

조계종교육원, 2004, 『조계종사: 고중세편』, 조계종출판사

조계종포교원, 2011, 『한국 불교사』, 조계종출판사

최병헌 외, 2013, 『한국 불교사연구입문』 상·하, 지식산업사

Kim Yong-tae, 2014, *Glocal History of Korean Buddhism*, Dongguk University Press

2장 유학과 한국의 유교 전통 — 한국인의 가치관과 윤리의 잣대

미야지마 히로시(노영구 역), 1996, 『양반』, 너머북스

유봉학, 2013, 『실학과 진경문화』, 신구문화사

이태진, 1989, 『조선유교사회론』, 지식산업사

정옥자, 1998, 『조선후기 조선중화사상연구』, 일지사

정재훈, 2005, 『조선전기 유교 정치사상 연구』, 태학사

지두환, 1999, 『한국사상사』, 역사문화

한형조 외, 2013, 『500년 공동체를 움직인 유교의 힘』, 글항아리

노관범, 「대한제국기 실학 개념의 역사적 이해」, 『한국실학연구』 25

이태진 외, 2001, 「특집: 양반문화의 재평가」, 『한국사시민강좌』 29

3장 친족제와 혈연관념, 그 상식을 깨다 — 남녀균등의 전통 발견

권순형, 2006, 『고려의 혼인제와 여성의 삶』, 혜안

문숙자, 2004, 『조선시대 재산 상속과 가족』, 경인문화사

역사학회 편, 1992, 『한국친족제도연구』, 일조각

이종서, 2009, 『고려·조선의 친족용어와 혈연의식 — 친족관계의 정형과 변동』, 신구문화사

최재석, 1983, 『한국 가족제도사 연구』, 일지사

김기흥 외, 1994, 「기획1: 혼인으로 보는 사회사」, 『역사비평』 25

노명호 외, 1999, 「특집: 족보가 말하는 한국사」, 『한국사 시민강좌』 24

이종서, 2003, 「고려중기 이후 '동기' 이론의 전개와 혈연의식의 변동」, 『동방학지』 120

이종서, 2004, 「'전통적' 계모관의 형성과정과 그 의미」, 『역사와 현실』 51

4장 근대로의 이행과 전통의 자화상 — 삶의 변화와 굴절된 이미지

고부자, 2001, 『우리 생활 100년, 옷』, 현암사

노형석, 2004, 『한국 근대사의 풍경 — 모던 조선을 거닐다』, 생각의나무

신영훈·이상해, 2001, 『우리 건축 100년』, 현암사

안국선, 1915, 『공진회』, 국립중앙도서관 소장

염복규, 2011, 『아! 그렇구나 우리 역사 13 — 일제 강점기 편』, 여유당

조계종교육원, 2005, 『조계종사 — 근현대편』, 조계종출판사

천정환, 2003, 『근대의 책 읽기 — 독자의 탄생과 한국 근대문학』, 푸른역사

한국역사연구회, 1998~1999, 『우리는 지난 100년 동안 어떻게 살았을까』 1~3, 역사비평사

한복진, 2001, 『우리 생활 100년, 음식』, 현암사

김용태, 2010, 「근대불교학의 수용과 불교 전통의 재인식」, 『한국사상과 문화』 54

김용태, 2011, 「근대 한일 불교의 정교분리 문제와 종교성 인식」, 『불교학연구』 29

김용태, 2011, 「동아시아 근대 불교연구의 특성과 오리엔탈리즘의 투영」, 『역사학보』 210

3부 토픽으로 생각하는 현재

1장 타자와의 교류와 시선의 교차 — 한국 속의 세계, 세계 속의 한국

노태돈, 2003, 『예빈도에 보인 고구려』, 서울대출판부

박노자, 2001, 『당신들의 대한민국―귀화 러시아인 박노자가 바라본 한국사회의 초상』, 한겨레신문사

연갑수, 주진오, 도면회, 2016, 『한국 근대사 1―국민 국가 수립 운동과 좌절』, 푸른역사

요모타 이누히코(양경미 역), 2001, 『우리의 타자가 되는 한국』, 삼각형북스

이강한, 2013, 『고려와 원제국의 교역의 역사―13~14세기 감춰진 교류상의 재구성』, 창비

이광래, 2003, 『한국의 서양사상 수용사』, 열린책들

이사벨라 버드 비숍(이인화 역), 1996, 『한국과 그 이웃나라들』, 살림

장동하, 2006, 『개항기 한국 사회와 천주교회』, 가톨릭출판사

정수일, 1992, 『신라 서역교류사』, 단국대출판부

이만열 외, 2004, 「특집: 한국을 사랑한 서양인」, 『한국사시민강좌』 34

2장 식민지, 어떻게 보아야 하나? ― 내재적 발전론, 식민지 근대화론의 평행선

김인걸, 1996, 「국사교육 이대로 좋은가」, 『법보신문』, 법보신문사

김인걸, 1997, 「1960년, 70년대 내재적 발전론과 한국사학」, 『한국사인식과 역사이론』, 지식산업사

안병직, 2002, 「나의 학문 나의 인생―민족주의에서 경제성장주의로」, 『역사비평』 59

윤해동, 2002, 「한국 민족주의의 근대성 비판」, 『역사문제연구』 4, 역사문제연구소

이기백 외, 1987, 「특집: 식민주의사관 비판」, 『한국사시민강좌』 1

조인성 외, 1997, 「특집: 한국사학, 무엇이 문제인가」, 『한국사시민강좌』 20

梶村秀樹, 1977, 『朝鮮における資本主義の形成と展開』, 龍溪書舍

朝鮮史研究會, 1981, 『新朝鮮史入門』, 東京: 龍溪書舍

吉野誠, 1987, 「朝鮮史における內在的發展論」, 『東海大學文學部紀要』 47

3장 역사교과서, 무엇이 문제인가? ― 한국과 일본의 공통점과 대안 찾기

권희영 외, 2013, 고등학교 한국사, 교학사

린다 심콕스·애리 윌셔트(이길상·최정희 역), 2015, 『세계의 역사교육 논쟁』, 푸른역사

역사교과서연구회 편, 2000, 『역사교과서 속의 한국과 일본』, 혜안

이원순·정재정 편, 2002, 『일본 역사교과서 무엇이 문제인가』, 동방미디어

서의식 외, 2001, 「집중토론: 한국역사학 역사교육의 쟁점」, 『역사비평』 56

안병우 외, 1996, 「특집: '세계화' 시대의 역사교육」, 『역사와 현실』 20

정재정 외, 1999, 「대토론: 근현대 한일관계의 전개와 21세기」, 『역사비평』 49

西尾幹二, 1999, 『国民の歴史』, 産經新聞社

西尾幹二 編, 2001, 『新しい歴史教科書』, 扶桑社

高橋哲哉, 2001, 『歴史/修正主義』, 岩波書店

4장 한국사의 위기와 도전 — 민족, 국민국가, 국사, 동아시아

강상중, 2004, 『내셔널리즘』, 이산

데이비드 헬드 외(조효제 역), 2002, 『전지구적 변환』, 창비

역사문제연구소, 일본교과서바로잡기운동본부 편, 2002, 『화해와 반성을 위한 동아시아 역사인식』, 역사비평사

윤해동, 2003, 『식민지의 회색지대』, 역사비평사

임지현·이성시, 2004, 『국사의 신화를 넘어서』, 휴머니스트

패트릭 기어리(이종경 역), 2004, 『민족의 신화 그 위험한 유산』, 지식의풍경

고영진 외, 2000, 「특집: 한국사 속의 세계화와 민족의식」, 『역사와 현실』 37

윤해동, 2003, 「연대와 배제—동아시아 근대 민족주의와 지식인」, 『역사문제연구』 10

윤해동 외, 2002, 「좌담: 동아시아 역사학의 반성: 국민국가의 담 밖에서」, 『기억과 역사의 투쟁—2002년 당대비평 특별호』, 삼인

임지현 외, 2000, 「특집: 한국 민족주의—저항이데올로기인가 지배이데올로기인가」, 『역사문제연구』 4

지수걸 외, 2002, 「특집: 역사교과서 비판—내셔널 히스토리의 해체를 향하여」, 『역사비평』 59

프랜시스 후쿠야마(이상훈 역), 1992, 『역사의 종말』, 한마음사

도판출처

19쪽   비파형 동검과 세형 동검: 『박물관 속의 한국사』, 최형철, 휴머니스트, 2007, 51쪽

24쪽   『삼국유사』의 고조선 기록: 『고조선 단군 부여』, 동북아역사재단, 2004, 18쪽

31쪽   『무당내력』의 단군 기록: 『한국학, 밖에서 본 한국』, 서울대 규장각한국학연구원,
        2013, 93쪽

34쪽   단군 영정: 『과학으로 찾은 고조선』, 이종호, 글로연, 2008, 21쪽

44쪽   광개토왕릉비와 광개토호태왕이 쓰인 청동그릇: 『광개토왕릉비』, 박시형, 푸른나
        무, 2007, 8쪽, 『박물관 속의 한국사』, 최형철, 휴머니스트, 2007, 47쪽

49쪽   고구려 안악 3호분 벽화: 『벽화여, 고구려를 말하라』, 전호태, 2004, 193쪽

58쪽   4~5세기 고구려의 확장: 『아틀라스 한국사』, 한국교원대 역사교육과, 2004, 35쪽
        참조

66쪽   가야연맹: 위의 책, 33쪽 참조

67쪽   가야 철기와 수레바퀴 토기: 『박물관 속의 한국사』, 최형철, 휴머니스트, 2007, 335쪽

75쪽   몽골의 침입과 고려의 항쟁: 『아틀라스 한국사』, 85쪽 참조

78쪽   원 세조 쿠빌라이 칸: 『몽골제국의 만주 지배사』, 윤은숙, 소나무, 2010, 174쪽

90쪽   혼일강리역대국도지도: 『조선이 그린 세계지도』, 미야 노리코, 소와당, 2010, 책 앞
        부분 도판

92쪽   훈민정음: 간송미술관 소장

104쪽   부산진과 다대포진의 전투 모습: 『규장각 명품도록』, 서울대 규장각한국학연구원,
        2000, 207쪽

107쪽   일본군의 침략로와 주요 격전지: 『아틀라스 한국사』, 119쪽 참조

111쪽   일본 『회본태합기』의 거북선: 『한국학, 밖에서 본 한국』, 13쪽

117쪽   루벤스가 그린 〈한복 입은 남자〉: 미국 게티미술관 소장

122쪽 『동국여도』에 실린 남한산성도: 『남한산성 연구총서』 2, 경기문화재단, 2011, 책 앞부분 도판

133쪽 석굴암 석가여래상: *The colors of Korean Buddhism*, Korean Buddhism Promotion Foundation, 2010, p. 44

141쪽 1~8세기 불교의 전파: 『아틀라스 한국사』, 62쪽 참조

151쪽 원효, 분황사의 진영 : 『원효』, 고영섭, 한길사, 1997, 책 앞부분 도판

155쪽 고려 불화 〈수월관음도〉: 『고려불화대전』, 국립중앙박물관, 2010, 53쪽

167쪽 제사 놀이로 예를 익히는 공자: 『내 인생의 논어, 그 사람 공자』, 이덕일, 옥당, 2012, 31쪽

178쪽 현재 지폐의 모델, 이황과 이이: ⓒ 김용태

185쪽 효명세자 성균관 입학례 모습: 『규장각 명품도록』, 198쪽

196쪽 1973년 가족법 개정 홍보 포스터와 1984년 서명운동: 『한중일이 함께 쓴 동아시아 근현대사 2』, 한중일3국공동역사편찬위원회, 휴머니스트, 2012, 195~196쪽

202쪽 자녀균분상속 화해문기: 『족보, 왜 사대부에게 꼭 필요했는가』, 권기석, 한국학중앙연구원 출판부, 2015, 102~103쪽

204쪽 신부 집으로 가는 신랑 행렬: 『한중일이 함께 쓴 동아시아 근현대사 2』, 182쪽

207쪽 순조와 순원왕후의 결혼식: 『규장각 명품도록』, 42쪽

212쪽 『상례의집록』의 본종 오복도: 국립중앙도서관 소장

214쪽 근대기 『장화홍련전』 표지: 『장화홍련전』, 현실문화, 2007의 표지

219쪽 서울 남대문 앞의 전차: 『사진으로 보는 근대한국 상―산하와 풍물』, 서문당, 1986, 9쪽

220쪽 한강철교와 뱃사공: 위의 책, 57쪽

233쪽 1930년대 경성(서울)의 모습: 위의 책, 10쪽

236쪽 개화승 이동인: 『동아시아 불교, 근대와의 만남』, 동국대 불교문화연구원, 동국대출판부, 2008, 47쪽

247쪽 사마르칸트 고구려 사신 벽화: 『아틀라스 한국사』, 37쪽

249쪽 경주 괘릉 서역인 무인 석상: 위의 책, 54쪽

251쪽 『노걸대』: 『규장각, 세계의 지식을 품다』, 서울대 규장각한국학연구원, 2015, 77쪽

255쪽 병인양요, 신미양요의 격전지였던 강화부 지도: 『규장각 명품도록』, 129쪽

258쪽 조선을 낚으려는 일본, 청, 러시아:『일본, 만화로 제국을 그리다』, 한상일·한정선, 일조각, 2006, 58쪽

267쪽 1964년 한일회담 반대시위:『한중일이 함께 쓴 동아시아 근현대사 1』, 290쪽

269쪽 2000년 6월 남북정상회담: 위의 책, 338쪽

277쪽 한국 병탄 기념 스고로쿠 놀이 말판:『일본, 만화로 제국을 그리다』, 234~235쪽

280쪽 경성 혼마치 모습:『사진으로 보는 근대한국 상―산하와 풍물』, 20쪽

287쪽 동양척식주식회사: 위의 책, 32쪽

292쪽 1945년 8월 해방의 감격:『한중일이 함께 쓴 동아시아 근현대사 1』, 247쪽

302쪽 1907년 일본 황태자의 방문을 막으려는 조선인:『일본, 만화로 제국을 그리다』, 213쪽

307쪽 원폭 투하 직후의 히로시마:『미래를 여는 역사』, 한중일 공동역사편찬위, 한겨레신문사, 2005, 책 앞부분 도판

310쪽 스기모토 판결:『마주보는 한일사 Ⅲ―평화와 공존을 위한 역사교실』, 전국역사교사모임(한)·역사교육자협의회(일), 사계절, 2014, 287쪽

315쪽 붕괴된 베를린 장벽:『독일 통일, 그리고 한반도의 선택』, 김동명, 한울, 2007, 112쪽

321쪽 단재 신채호:『단재 신채호의 사상과 민족운동』, 충남대 충청문화연구소, 경인문화사, 2010, 335쪽

323쪽 정부 수립 축하식:『마주보는 한일사 Ⅲ』, 182쪽

325쪽 한국전쟁 당시 양측의 삐라:『한중일이 함께 쓴 동아시아 근현대사 1』, 251쪽

336쪽 거꾸로 본 동아시아 지도:『마주보는 한일사 Ⅲ』, 359쪽

토픽 한국사 12

2016년 12월 5일 초판 1쇄 발행

지은이 ㅣ 김용태
펴낸곳 ㅣ 여문책
펴낸이 ㅣ 소은주
등록 ㅣ 제2014-000042호
주소 ㅣ (03994) 서울시 마포구 동교로 224, 102호
전화 ㅣ (070) 5035-0756
팩스 ㅣ (02) 338-0750
전자우편 ㅣ yeomoonchaek@gmail.com
페이스북 ㅣ www.facebook.com/yeomoonchaek

ISBN 979-11-87700-11-1 (03900)

이 도서의 국립중앙도서관 출판시도서목록(cip)은 e-CIP 홈페이지(http://www.nl.go.kr/ecip)에서
이용하실 수 있습니다(CIP 제어번호: 2016026777).

여문책은 잘 익은 가을벼처럼 속이 알찬 책을 만듭니다.